촘스키와 푸코,
인간의 본성을 말하다

촘스키와 푸코, 인간의 본성을 말하다

초판 1쇄 2010년 11월 22일 발행
초판 5쇄 2013년 8월 19일 발행
2판 1쇄 2015년 12월 21일 발행
2판 3쇄 2022년 5월 23일 발행

지은이 노엄 촘스키 · 미셸 푸코
옮긴이 이종인
펴낸이 김성실
그림 김중화
표지 디자인 오필민
제작 한영문화사

펴낸곳 시대의창   **등록** 제10−1756호(1999. 5. 11)
주소 03985 서울시 마포구 연희로 19−1
전화 02)335−6121   **팩스** 02)325−5607
전자우편 sidaebooks@daum.net
페이스북 www.facebook.com/sidaebooks

ISBN 9/8−89−5940 585−5 (03100)

잘못된 책은 구입하신 곳에서 바꾸어드립니다.

촘스키와 푸코, 인간의 본성을 말하다

노엄 촘스키
Noam Chomsky
미셸 푸코
Michel Foucault 지음
이종인 옮김

시대의창

| 차 례 |

일러두기

1. 각 장의 출처

1장 "Human Nature: Justice vs. Power"(1971)는 *Reflexive Water: The Basic Concerns of Mankind*(Souvenir Press, 1974)에 맨 처음 실렸다.

2장 "Politics"(1976)와 3장 "A Philosophy of Language"(1976)는 *On Language*(The New Press, 1998)에 1부 1장과 3장으로 실린 바 있다.

4장 "Truth and Power"(1976)와 5장 "Omnes et Singulatim"(1978), 6장 "Confronting Governments"(1984)는 *Power: Essential Works of Foucault, 1954-1984*(The New Press, 2001)에 실린 바 있다.

2. 원서의 주석은 각 글의 말미에 미주로 두고, 옮긴이와 편집자의 보충 설명은 본문의 괄호 안에 쓰고 '옮긴이' 표시를 하거나 각주로 달았다.

| 서 문 |

촘스키와 푸코의 대담은 1971년 11월 네덜란드에서 이루어졌다. 노엄 촘스키는 영어로, 푸코는 프랑스어로 말했고 이들의 대담은 네덜란드 텔레비전으로 방영되었다. 그것은 네덜란드의 사상가 폰스 엘더르스Fons Elders가 사회를 맡고, 서로 다르거나 대립되는 사상을 지닌 20세기 철학자 두 명이 초대되어 토론을 벌이며 때로는 격돌하는 텔레비전 프로그램이었다.[1] 좁은 의미에서 보면 사실 촘스키나 푸코가 철학자는 아니다. 두 사람은 언어 연구에 관해 아주 독창적인 접근 방법을 개발했고, 이후에는 활동 범위를 넓혀 정치적 지식인 혹은 대중적 지식인으로 널리 활약했다.

1971년은 두 사람의 연구·활동이 언어 분석으로부터 정치 평론으로 돌아서기에 적절한 해였다. 1968년에 벌어진 사건들은 여전히 생생한 기억으로 새로운 토론 분위기를 제공했으며, 프라하, 버클리, 파리, 멕시코시티 그리고 아시아에서 기존의 정치·경제 체제를 훌쩍 뛰어넘는 국제적international(요즘 말로는 '국제교류적인transnational') 규모로 새로운 부문divisions과 새로운 행동가들이 출현했다. 엘더르스가 진행하던 지식인들의 토론에 새로운 차원이 추가되었다. 이런 사건들로부터 영향을 받은 서로 다른 장소의 지식인들이 서로를 상대로 이야기하는 방법은 무엇일까? 다양한 장소에서 정치적 운동이 벌어지는 데 따라 생겨나는 새로운 질문과 질문 제기 방식은 어떤 틀을 취할 것인가? 다소 낡기는 했지만 마르크스주의식 틀로 충분한가? 아니면 계몽주의 전통에서 다른 사상을 끌어내야 할까? 혹은 시민의 불복종이나 참여민주주의 같은 구체적 변화 과정에서 힘을 얻어야 할까?

이런 특정한 시기에 두 사상가는 네덜란드 텔레비전 시청자들 앞에서 영어와 프랑스어로 대담을 했다. 그들은 언어와 창조성 문제에서 시작하여 권력과 정치 문제로 나아갔고, 덕분에 지성적·정치적 지형을 두루 살펴보는 계기가 되었다. '인간성'에 대한 논쟁은 촘스키와 푸코의 연구 작업과 두 나라의 연구 분위기에 언어적·철학적·정치적 접근 방법의 차이가 있음을 결정적으로 보여주었다.

언어와 담론에 관한 연구가 어떤 방식으로 두 사람의 새로운 정치적 역할에 토대를 제공했는가? 달리 말해 언어와 정치의 관계 문제, 또 담론 분석에서 권력이 어떤 역할을 하는가 하는 문제는 어떻게 보면 촘스키-푸코 토론의 핵심인데, 두 사람은 자신의 관점에서 이 근본적인 질문에 답변하려 애썼다. 그것은 촘스키가 주장하는 것처럼 언어의 보편성에 얽힌 문제이며 그런 보편성이 인간의 정의正義와 품위에도 그대로 적용되는가? 아니면 푸코가 주장하는 바대로 (보편적 정의란 없으며 _옮긴이) 말해지는 것(담론 _옮긴이)에는 역사적·물질적 규제가 있고 그 규제는 결국 권력 행사와 밀접하게 관련되는가? 두 사람은 어떤 접점을 찾으려고 애썼지만 결국 이 문제로 확연하게 견해 차이가 드러났고, 이런 토론이 흔히 그렇듯이 결국 합의에 이르지 못한 채 막을 내렸다. 1970년대가 지나가는 동안 두 사람은 언어와 정치, 언어와 권력의 관계를 계속 탐구하면서 정치적 지식인의 역할을 수행했다. 두 사람이 토론 이후에 내놓은 저작이나 대담에서는 두 사람의 차이점과 연계 지점이 밝혀지기도 하고 1971년 토론 당시의 입장이 보강되기도 한다.

이 책에는 두 사람이 토론 후 1976년에 각자의 견해를 좀 더 자세하게 밝힌 자료(2~4장)가 실려 있다. 그리고 푸코가 1978년에 스탠퍼드대학에서 강연한 내용(5장)과 간단한 성명서(6장)도 들어 있다. 성명서는 푸코의 사망 직전인 1984년 프랑스 신문 《리베라시옹Libération》에 처음 게재되었던 것이다. 2장부터 6장까지는 1971년 토론의 후속편으로 읽으면 될 것이다. 토론 당시에도 두 사람은 예전의 가능성들이 이미 '약효가 다했고', 따라서 새로운 가능성을 추구해야 한다는 것을 암시한 바 있다. 이 보조 자료들은 1971년 토론 때 수용했던 논지를 더욱 심화한 것이다. 보조 자료라고는 하지만 네덜란드 토론 때와 마찬가지로 느긋한 분위기를 유지하면서, 인터뷰와 강연을 통해 일반 대중을 상대로 발언한 것이다. 그리하여 두 사람이 학문 연구의 테두리 너머 대중적인 정치 활동으로 나아간 궤적이 드러난다.

정치와 언어에 관한 촘스키의 인터뷰(2장과 3장)에는 1971년 토론과 마찬가지로 영어와 프랑스어가 사용되었다. 이 1976년 인터뷰는 《미추 로나와 나눈 대화Dialogues avec Mitsou Ronat》라는 제목으로 당초 프랑스에서 출판되었다.[2] 프랑스의 저명한 언어학자인 로나는 프랑스어로 질문했고 촘스키는 영어로 답변했으며 대화의 녹취록은 나중에 프랑스어로 번역되었다. 이 책의 영어판은 1979년 《언어와 책임Language and Responsibility》이라는 제목으로 출간되었고, 얼마 전에는 촘스키의 예전 논문들과 함께 《언어에 관하여On Language》라는 제목으로 재출간되었다. 촘스키는 이 책의 서문에 "일부 내용 수정과 문체의 상당한 변화"를 가했다고 밝혔다. "프랑스어 원본의 뼈대는 그대로 유지하는 한편, 내 말의 프랑스어 번역을 다시 영어로 번역한 데 그치지 않고 프랑스어판을 거듭 가다듬었으며 때로는 수정했다"는 것이다.[3] 그리하여 촘스키와 함께 작업했던 영어판 번역자는 그 책에서 "언어학과 관련 문제에 관한 촘스키의 기본 개념이 가장 명확하게 드러났다"고 말했다.[4] 흥미롭게도 두 번째 대화(3장)에서 촘스키는 푸코와 1971년 토론했던 것을 회상하면서 이런 말을 했다.

"어떤 유파에 속하든지 간에 마르크스 철학은 우리가 토의하고 있는 문제에 대해 실질적인 기여를 한 바가 없다고 봅니다."[5]

1971년으로부터 5년이 흐르는 동안 정치와 언어라는 주제는 많은 토론의 대상이 되었다. 미추 로나는 그동안의 변화에 대해 촘스키에게 예리한 질문을 던졌다. 가령 장피에르 파예Faye, Jean-Pierre가 제기한 전체주의 언어, 윌리엄 라보프Labov, William의 비표준 영어 분석 등에 대해 물었다. 어느 경우든 촘스키는 자신의 '타고난' 보편성이라는 줄기 개념program을 옹호했다. 라보프의 흑인영어 연구에 대해 논평하면서 촘스키는 말했다.

"순전히 언어학적 관점에서, 빈민촌 말씨에 대한 연구가 대학교육을 받은 사람의 말씨에 대한 연구와 어떻게 다르다는 건지 이해되지 않습니다."[6]

하지만 그는 "그 어떤 사람도 규정된 언어대로 말하지 않는다"고 시인했다. 언어학자들이 연구하는 민족어 혹은 '자연' 언어란 비록 그것이 '합리적' 언어 연구의 조건이기는 하지만, 균일한 추상 혹은 이상화한 언어라는 것이다. 당시 질 들뢰즈는 이 주장을 문제 삼으면서 흑인 영어는 학자의 영어와 달리 언어 사용에 '비주류minor' 정치를 끌어들이며, 그리하여 촘스키의 '합리적' 추상화를 바탕으로 한 언어 능력과 언어 수행이라는 도식으로 환원되지 않는 '실천적' 요소를 내포한다고 반론을 폈다.[7]

이러한 생각들이 1971년 토론에서 언어 문제에 관해 촘스키와 푸코가 의견 일치를 보지 못했던 사실과 어떤 관련을 맺는가? 이 토론에서 논의는 '창조성'이라는 문제에 집중되었다. 촘스키는 어린아이가 '자연' 언어 속에서 전혀 학습한 바 없는 무수하게 많은 문장을 생성하는 능력에 감탄을 표시한다. 아이가 실제로 배운 언어적 단서들은 도저히 이런 '평범한 창조성'이 발현되는 언어 사용 능력의 증거가 되지 못한다. 다시 말해 스키너가 말한 것(인풋input은 곧 아웃풋output이라는 행동주의 도식 _옮긴이)은 틀렸다. 따라서 아이의 놀라운 언어 능력을 설명하려면 데카르트의 '본유관념(생득관념)'과 유사한, 타고난 능력을 전제해야 한다는 것이다.

이와는 대조적으로, 푸코는 '평범한 창조성'이 허용하는 수많은 발언 중에서 오로지 소수만 실제로 (말이나 글로) 발현된다는 사실에 주목한다. 또한 실제로 표출된 발언들은 시대와 장소에 따라 뚜렷이 구분되는 유형을 보인다는 것이다. 그래서 푸코는 les choses dites(말해진 것들)에 깊은 관심을 두었다. 그는 특정한 시대와 장소에 따라 '말해지는 것'을 규제하는 원리 내지 '규칙성'이 있다고 보았다. 이러한 규칙은 말해지는 것의 종류를 규제할 뿐만 아니라 그것들에 대해 말하는 사람들의 역할과 지위마저 규제한다. 이러한 담론의 역사적 규칙성은 언어 학습자의 마음이나 두뇌 속에 들어 있는 태생적 구조나 태생적 선결 조건 등으로는 설명이 되지 않는다. 타고난 것도 아니고 학습된 것도 아닌 이것은, 사회의 여러 물질적·제도적 실행에 대한 인간 두뇌의 활용을 규제하고 제약한다. 이것은 우리가 언어 그 자체에 대해 말하는 방식을 규제할 뿐만 아니라 그 범위마저 제한하여, 시대별로 그 범위에 해당되는 것만이 '합리적' 연구 대상이 되게 만든다. 가령 어느 시대에는 언어의 역사에 집중하다가 어느 시대에는 언어의 '구조'에 집중하는 식이다. 따라서 고전철학에서 말하는 '관념'은 이제 다른 방식으로 이해되어야 한다.

이렇게 주장하는 푸코는 촘스키에게 다음과 같은 의견을 건넨다. 데카르트가 말하는 정신mind이란 그리 창조적인 것이 아니고 그저 "증거에 따라 깨우침을 얻는 능력" 정도에 지나지 않는다. 오히려 라이프니츠에게서 '뒤로 접힌' 정신의 모습을 발견하게 되는데, 이것이 세상과 접촉히여 그 자체를 활짝 펴면서 어떤 잠재태潛在態나 '현실태現實態'를 개발한다. 오히려 이것이 '창조성' 개념에 더 가깝다고 볼 수 있지 않을까.

오늘날 이런 '이름 없는' 규칙성을 드러내는 공인된 원리는 없으며, 마찬가지로 영어는 물론이고 그 어떤 자연 언어에서도 '생성문법'이 보편적 통설로 인정되지 않는다. 하지만 '창조성'에 대한 두 사람의 상반되는 견해는 철학적으로 제시하는 바가 많다. 푸코의 이야기를 들으면 이런 질문을 던지게 된다. 그렇다면 담론의 새로운 방식은 어떻게 생겨나는가? 현대의 담론에서 비상한 창조성을 낳는 전제 조건과 정치적 환경은 무엇인가?

두 사상가의 이러한 의견 불일치가 언어 연구와 정치 활동의 관계 문제에는 어떻게 반영되었을까? 촘스키는 미추 로나와 인터뷰하면서 이 문제를 언급했다. 그는 자신이 언어학자로서 갖고 있는 전문 지식 이 "사회·정치적 문제와는 직접적인 관련이 없"으며 그래서도 안 된다 고 말했다. 달리 말해서 정치 활동을 펼치는 데에는 특별한 전문 지식 이 필요 없다는 얘기다. 누구나 열린 마음과 의욕이 있으면 관련 정보 를 가지고 정치 분석을 할 수 있다. 이 분석에 필요한 것은 '데카르트의 상식'인데, 이는 '누구나 고르게 갖고 있다.'[8] 언어의 보편성과 국제 정 의正義의 상관관계는 심오한 문제이기는 하나, 그것이 비판적인 사고 의 필수 전제가 되지는 않는다. 촘스키의 이런 상식적 접근 방법은 정 보를 전파하는 과학기술에 대해 그가 지닌 낙관론과도 일치한다. 그는 1971년 토론에서도 과학기술 덕분에 "관련 정보와 관련 지식이 아주 신속하게 모든 사람에게 전달될 수 있다"는 견해를 피력했다.[9]

보편 언어는 우리에게 '평범한 창조성'을 주었고, 우리는 상식적 연 구를 통해 그 창조성을 자유롭게 활용하며 그 결과는 발달된 매체를 통 해 재빨리 모든 사람에게 전달된다. 촘스키가 프랑스에서 언어학 연구 보다 정치적 저작 활동 때문에 더 유명하다는 사실은, 언어학과 정치가 무관하다는 그의 견해와도 일치한다.

푸코는 1970년대에 좀 다른 길을 걸었다. 그는 1968년의 일을 단지 대학 내의 위기로만 보지 않고 지식의 위기, 특히 상아탑의 전문가들에 게 닥친 지식의 위기로 보았다. 1968년의 사건들은 새로운 문제를 제 기했다. 그런 만큼 새로운 지식인상像과, 사물(특히 진실과 권력에 관한 문 제를 중심으로)을 바라보고 말하는 새로운 방식이 필요하다고 주장했다. 그가 1976년 이탈리아에서 폰타나*와 파스퀴노**와 한 인터뷰(4장)에서 는 진리와 권력에 관한 새로운 투쟁을 설명하는 데 그치지 않았다. 그는 이미 프랑스에서 했던 관련 인터뷰[10]에서도 밝혔듯이, 지식인 집단을 '보편적' 지식인과 '국지적' 지식인으로 구별하려 했다. 전자의 전통에 입각한 지식인으로는 볼테르, 에밀 졸라, 사르트르가 있는데 이들은 사회의 도덕적 양심이라는 고상한 가치에 호소하는 집단이다. 후자의 전형적인 예로 J. 로버트 오펜하이머***를 들 수 있는데, 그는 자신이 개발에 참여하여 얻어낸 지식의 구체적 결과(원자폭탄 _옮긴이)를 두고 고뇌했다.

푸코가 촘스키와 대담하기 직전인 1971년 2월 GIP(Le Groupe d'Information sur les Prisons: 감옥에 관한 정보를 수집하는 모임)를 창설한 것이 바로 '국지적' 활동의 한 예였다. 이것은 당시 활약하던 마오주의(마오쩌둥 사상 _옮긴이) 집단의 움직임이나 대학의 학과 세분화 운동과도 다른, 새로운 집단 활동이었다.[11] GIP는 프랑스의 감옥 상황에 관한 정보를 수집했다. 언론 매체에 기사를 제공하기 위한 취재 활동은 아니었고, 감옥 상황에 대한 더 깊은 분석 혹은 '진단'을 위한 작업의 일환이었다. 감옥의 운영 실태에 관한 새로운 관점과 사고방식을 정립하려는 커다란 프로젝트였다. 푸코는 이 작업을 발전시켜 1975년 《감시와 처벌Surveiller et punir: Naissance de la prison》이라는 책을 펴냈다. 이 책은 매체를 통해 쉽게 전해지거나 누구나 알아낼 수 있는 정보를 묶어놓

* 알레산드로 폰타나Fontana, Alessandro(1936~)는 유럽의회 부의장을 맡은 바 있는 이탈리아의 정치가다.
** 파스콸레 파스퀴노Pasquino, Pasquale(1948~)는 이탈리아인 정치학자로 현재 뉴욕대학교 국제공훈교수(Global Distinguished Professor)이자 프랑스 국립과학연구소 권리이론센터(Centre National de la Recherche Scientifique-Centre de Théorie du Droit, Paris: CNRS)의 수석연구위원Senior Research Fellow이다.
*** Oppenheimer, Julius Robert(1904~1967). 미국의 이론물리학자로 2차 세계대전 중 원자폭탄 개발을 이끌었으나, 전후에 수소폭탄 개발을 반대한 뒤 반역 혐의로 기소당하고 군 기밀에 대한 접근을 금지당했다.

은 게 아니었다. 그것은 1968년 이후 마르셀 오퓔스*와 장뤼크 고다르가 1976년 텔레비전의 (즉석 인터뷰 _옮긴이) 프로그램인 〈시스 푸아 되(Six fois deux: 6 곱하기 2)〉에서 시도했던 것과 비슷한 활동이었다. 곧 대중매체가 역사와 사건을 전달하는 방식에 도전하여, 그들이 무엇을 빠뜨렸는지 폭로하고 나아가 새로운 질문을 제기하려는 것이었다.[12]

푸코의 근본적 관심사는 마르크스주의 '신학'에서 데카르트의 상식으로 이행하는 데 있지 않았다. 정치와 진리, 그리고 진리를 말하는 방법이 서로 연계되는 방식과 그 실행이 개발되거나 '조작'됨을 폭로하는 데 있었다. 그러자면 사물을 바라보고 말하는 우리의 습관과 실천을 지배하는 '자명성self-evidence'을 깨뜨릴 필요가 있다. 가령 감옥이라고 하면 죄인을 '교화'하거나 단순히 법률을 집행하는 곳이라는 자명성이 확립되어 있다. 정보의 공개 그 이상을 노리는 푸코의 '담론 분석'은 우리의 사고방식에서 당연시되는 것들을 다르게 보기 혹은 '문제화하기'다. 이렇게 해야 다른 가능성이 제시될 수 있고 공론의 장에서 토론될 수 있다. '통상적인 정치'와 그 보조 장치에 대해 색다른 생각과 질문을 제기함으로써 정치를 실험의 무대 위로 끌어낼 수 있다.(1971년 토론에는 이런 실험의 관점에서 이해될 수 있는 마르틴 루터 킹과 간디의 시민 불복종 얘기가 나온다. 법과 정의라는 영역에서 당연시되던 것을 '문제화'하여 '진리를 발언함으로써' 민권운동의 한계를 넘어서는 가능성을 펼칠 수 있다.)

촘스키가 프랑스에서 미추 로나와 인터뷰했던 1976년 푸코는 새로운 관심사를 놓고 작업하고 있었고, 그 내용을 나중에 스탠퍼드대학 강

---

* Ophüls, Marcel(1927~). 독일 태생으로 미국에서 활동한 다큐멘터리 영화감독.

연에서 발표했다(5장). 그가 1975과 1976년에 걸쳐 콜레주 드 프랑스에서 했던 강의가 《사회는 지켜져야 한다Society Must be Defended》는 제목으로 영역되어 나왔는데, 이 책은 당시 푸코의 관심사들을 잘 보여준다.[13] 강연에서 푸코는 안보와 인구, 전쟁과 복지 같은 문제를 다루었다. 각국의 행정부와 그 행정부가 '자명하게' 의존하는 전문가 집단—푸코는 이 집단을 (통치 권력과 구분하여) '바이오파워(bio-power: 생명관리권력)'라고 불렀다—이 가지고 있다고 여겨지는 '정치적 합리성'의 측면에서 이들 문제를 살펴본다.

푸코는 이 '정치적 합리성'의 특징과 결과를 캘리포니아에서 스탠퍼드대학의 청중에게 영어로 강연하면서, 정치와 정치 세력을 지원하는 투쟁 속에는 일종의 '안an-아키한archic'* 요소가 있다고 말했다. 그것은 사전 지식이 전혀 없기 때문에 존재할 수 있는, 환원 불가능한 논쟁적 요소다. 그렇다고 해서 예전에 사회주의 사상이 가르친 것처럼, 이 요소에는 성의롭고 합리적인 사회가 깃들여 있어서 우리가 그것을 일반 대중의 의식 세계로 꺼내 오기만 하면 된다는 얘기는 아니다. 그보다는 예측하기 어려운 사건들을 말하는 것이다. 그런 사건들 때문에 우리는 스스로의 정치적 습관을 재고하고, 새로운 사고방식과 관점을 도입하게 되고, 말하는 방식의 독창성이나 '창조성'을 발휘하게 되며, 바로 정치 행태와 '정치적 합리성'의 여러 가지 형태에 의문을 제기하게 된다.

이리하여 권력의 문제는 1971년 토론의 말미에 촘스키가 제기한 정의의 문제로 확대된다. 어떻게 하면 우리는 정의를 다루는 담론과 제

---

* '무정부적인(anarchic)'과 '태고의(archaic)'라는 두 가지 뜻이 합쳐진 의미의 단어 분철—옮긴이.

도에서, 또 정의라는 개념 자체에서 이러한(독창성을 발휘하여 의문을 제기하는 _옮긴이) 정치적 가능성을 발견할 것인가? 이것은 푸코가 깊은 관심을 둔 문제였고 그래서 GIP 참여자이며 나중에 프랑스 법무장관에 오른 로베르 바댕테르°와 긴밀히 협력하며 연구한 과제였다.[14] 그들의 연구에서 중요한 사항은 '사법적 담론'과 사법적 실천, 그리고 그것들에 관한 방대한 지식과 실제 사례, 그 담론과 실천을 '문제화'하여 바꾸어놓은 사건들이었다.

'권리'의 문제도 이런 방식으로 이해될 수 있을 것이다. 민권운동은 귀족의 권리를 혁명적으로 '문제화'했기 때문에 발전했다. 사회적 권리는 사회적 조건과 노동 조건에 대한 지식과 그런 조건들을 개선하기 위한 투쟁으로부터 발전했다. 결국 이러한 권리의 구체적 성격과 보장 여부는 정치적 터전과 그 터전에 얽힌 '진리의 실천', 그 터전에 도전하는 새로운 세력 등에 달려 있다. 그래서 2차 세계대전 후 유럽에 성립된 '복지welfare-전쟁warfare' 국가와 그 국가를 지원하는 정치사상(너무나 당연한 것이라고 그들이 선전하는 것)에 대적하기 위하여, 새로운 세력은 새로운 사고방식, 다시 말해 사상의 새로운 '창조성'이 필요하다고 푸코는 역설한다. 푸코는 1984년 '생명관리정치적bio-political' 국가로 말미암아 제기된, 인권과 인도주의적 개입 문제에 관한 성명서(6장)를 발표했다. 이러한 정치적 행위의 관점은 '현재 벌어지고 있는 일을 감당하는 어려움을 공유하는' 모든 국제적 혹은 '국제교류적인' 시민들이 겪는 더 큰 문제와 맥이 닿는다.

푸코는 1984년 말 사망함으로써 논의를 지속하지 못하게 되었다.

° Badinter, Robert(1928~). 프랑스의 형법학자이자 사회당 정치인으로, 미테랑 정부에서 헌법회의 의장을 지냈다.

하지만 근 35년 전에 '인간의 본성'을 주제로 촘스키와 토론한 내용에 반영되어 있듯이, 그가 빚어낸 (정치에 대한 _옮긴이) 개입, 의견 교환, 변화translation는 여전히 유효한 힘으로 남아 있다. 영어와 프랑스어를 오가며 이루어진 그 '국제교류적인' 특성도 그러하고, 현대에 벌어지는 급박한 문제들에 대해 다양한 '철학적 지성'을 총체적으로 동원하여 대응해야 한다는 필요성을 제기한 점도 그러하다.

2006년 5월 뉴욕에서

존 라이츠먼*

---

* Rajchman, John(1946~). 예술사, 건축, 대륙철학을 연구하는 철학자로 컬럼비아대학 교수다.

주 석

1_ 촘스키는 나중에, 두 사람이 방송 시간 외에도 많은 대화를 나누었다고 밝혔다.

2_ Noam Chomsky, *Dialogue avec Mitsou Ronat*(Paris: Flammarion, 1977.)

3_ Noam Chomsky, *Language and Responsibility*(New York: Pantheon, 1979). Noam Chomsky, *On Language*(New York: The New Press, 1998), p.ix.

4_ Ibid, p.viii.

5_ 이 책의 3장 170쪽을 볼 것.

6_ Noam Chomsky, *On Language*, pp. 53~54.

7_ Gilles Deleuze et al., *Dialogues*(New York: Columbia University Press, 2002). 이 말은 *A Thousand Plateaus*(Minneapolis: University of Minnesota Press, 1987, 한국어판: 김재인 옮김, 《천 개의 고원》, 새물 결, 2001)에 자세히 설명되어 있다. 들뢰즈와 가타리는 이 책에서 촘스키 의 '동일화하는 추상' 개념에 반대하면서 '소수자 언어minor languages'

의 화행론話行論을 주장했다(특히 pp.102~103, 한국어판은 178~181쪽).

8_ 이 책의 2장 98쪽 참조.

9_ 이 책의 1장 90쪽 참조.

10_ Michel Foucault, "La Fonction politique de l'intellectuel", *Politique-Hebdo*, November 29-December 5, 1976. *Dits et écrits* (Paris: Édition Gallimard, 1994), III, pp. 109~114에 재수록.

11_ GIP의 창설에 대해서는 다음 자료 참조. Daniel Defert's "Chronologie" in *Dits et écrits*(Paris: Édition Gallimard, 1994), III, pp. 37ff. GIP 창립 이후 마오쩌둥을 비판한 시몬 레이Simon Leys의 책《마오 주석의 새 옷 Les Habits neufs du président Mao》(1971)이 나온 뒤로 푸코가 마오쩌둥, 마오주의와 점점 멀어진 것은 흥미로운 일이다. GIP의 자료들은 최근에《감옥 관련 정보군Le groupe d'information sur les prisons》(Paris: Éditions de l'Imec, 2005)이라는 제목으로 프랑스에서 출간되었다.

12_ 1968년이 프랑스의 텔레비전에 미친 영향에 대해서는 다음 자료 참조. Jill Forbes's entry "Television" in *The Columbia History of Twentieth-Century French Thought*, ed. Lawrence D. Kritzman(New York: Columbia University Press, 2005), pp. 740ff. Gilles Deleuze reviewed Godard's Six fois deux in *Negotiations* (New York: Columbia University Press, 1997). 들뢰즈는 오퓔스와 고다르의 작업 속에 탐구된 '사건들'의 특정한 '시간'을, 텔레비전의 '현재'와 대비시켰다. 그에 의하면 텔레비전은 시청자를 수동적인 구경꾼, 더 나쁘게는, 벌어지는 사건의 관음증 환자로 만드는 경향이 있다.

13_ Michel Foucault, *Society Must Be Defended*(New York: Picador, 2003, 한국어판: 박정자 옮김,《사회를 보호해야 한다 : 1976, 콜레주 드

프랑스에서의 강의》, 동문선 문예신서 375, 동문선, 1998). 자유주의(와 신자유주의)를 '정치적 합리성'의 일종으로서 분석한 내용은 푸코의《생명관리정치의 탄생Naissance de la biopolitique》(Paris: Éditions Gallimard, 2005)에 들어 있다.

14_ 푸코 사망 직후 발표된 짧은 증언에서 로베르 바댕테르는 푸코와 만나 "공동의 지평선인…… 정의"에 대해 얘기했던 것을 회상했다. 그는 푸코가 아주 분명하고 명쾌한 어조로 말했고 "잘 알려진 것 뒤에 숨어 있는 잘 알려지지 않은 것을 밝히려는" 열정을 품고 있었다고 했다("Au nom des mots" in *Michel Foucault: une histoire de la verite*, Syros, 1985, pp. 73~75). 두 사람은 피에르 노라*의 초대를 받고 징벌의 사회적 기능에 대해 공개 토론을 벌였다. 이 토론은 법치의 '은밀한 기능과 실제 적용'을 주제로 학제간 연구 집단을 만들려는 준비 단계였다. 푸코는 법치가 서로 다른 힘들을 한데 묶는 '날아가는 바람벽' 같다고 비유했다. 이 프로젝트는 푸코가 입원하여 사망하는 바람에 중단되었다. 법무장관이 된 바댕테르는 (과반수 여론의 반대를 무릅쓰고) 사형제 폐지 운동의 선두에 선다. 푸코 자신도 사형제 폐지에 동의했다. 하지만 아버지의 법과 상징적 질서에 관심이 많은 정신분석학자 장 라플랑슈Laplanche, Jean는 사형제를 지지했다. 푸코는 사형제를 '생명관리정치'의 형성에 따른 죽음의 새로운 역할과 관련지어 생각해야 한다고 보았다(*The History of Sexuality*, New York: Vintage, 1980, pp. 137~138 참조).

* Nora, Pierre(1931~). 유대계 프랑스인 역사학자.

the
CHOMSKY-
FOUCAULT
debate
ON HUMAN NATURE

1장

인간의 본성

정의와 권력

노엄 촘스키와 미셸 푸코의 토론

HUMAN NATURE
Justice vs. Power

폰스 엘더르스 신사 숙녀 여러분, 〈국제 철학자 프로젝트〉의 세 번째 토론에 참석하신 것을 환영합니다. 오늘 밤의 토론자는 콜레주 드 프랑스의 미셸 푸코 씨와 MIT대학의 노엄 촘스키 씨입니다. 두 철학자는 공통점이 있는가 하면 차이점도 있습니다. 두 철학자를 비교하는 가장 좋은 방법은 두 분을 산의 양쪽에서 터널을 뚫어 오는 사람이라고 가정하는 것입니다. 두 사람은 전혀 다른 도구를 가지고 같은 산에서 터널 작업을 하면서도 상대방이 반대쪽 방향에서 작업하고 있음을 모릅니다.

두 사람은 완전히 새로운 발상을 가지고 연구하면서 철학과 정치의 두 분야에 아주 깊이 천착해왔습니다. 오늘 밤 철학과 정치에 관한 흥미로운 토론을 기대해도 좋을 듯합니다.

자, 시간을 더 낭비하지 않고 가장 핵심적이면서 영원한 화두인 인간의 본성 문제를 가지고 시작해보겠습니다.

역사학에서 언어학을 경유하여 심리학에 이르기까지 모든 인간 연구는 다음과 같은 문제에 봉착합니다. 곧 우리 인간은 각종 외부 요소들의 산물인가, 아니면 개개인의 차이가 있지만 공통적인 인간성 human nature, 다시 말해 우리 자신을 인간으로 인식하게 만드는 어떤 특징을 갖고 있는가 하는 것입니다.

먼저 촘스키 씨에게 질문을 던지고자 합니다. 당신은 종종 인간 본성이라는 개념을 사용했고 또 그와 관련하여 '타고난 관념' 혹은 '타고난 구조'라는 용어도 사용했습니다. 그 인간 본성 개념에 핵심적 지위를 부여하기 위해 당신은 언어학의 어떤 점에서 주장의 논거를 가져왔습니까?

노엄 촘스키 우선 약간 전문적인 방식으로 시작하고 싶습니다. 언어학에 관심이 있는 사람은 아주 경험적인 대상과 봉착하게 됩니다. 그 대상은 원숙한 성인成人 화자話者입니다. 그는 놀라운 범위에 걸친 능력을 갖고 있어서 자신의 의중을 남에게 알릴 수도 있고 또 남이 하는 말을 알아듣기도 합니다. 저는 이렇게 하는 과정이 아주 창조적이라고 생각합니다……. 달리 말해서 그 사람이 남들과 교제하며 말하는 것이나 듣는 것은 상당 부분 새로운 것입니다. 곧 그 사람의 기존 체험과는 별 유사성이 없습니다. 그렇지만 그런 말하기와 듣기가 새롭고 무작위적인 행위는 아닙니다. 어떤 의미에서 보면 그 행동의 특징을 파악하기가 대단히 어렵습니다. 상황에 따라 특징이 달라지기 때문입니다. 이것은 제가 말하는 창조성의 여러 가지 특징을 그대로 가지고 있습니다.

이 복잡하고 정밀하게 조직된 능력의 덩어리—우리는 이것을 언어 지식이라고 부릅니다만—를 가진 사람은 평생 동안 일정한 체험에 노출됩니다. 이 사람은 평생을 살아나가면서 정보를 일정량 받아들이고 또 직접적인 언어 체험을 일정량 쌓게 됩니다.

우리는 이 사람이 가지고 있는 정보를 조사할 수 있습니다. 이렇게 하고 나면 우리는 그 범위가 아주 분명하게 규정되는 과학적 문제에 직면하게 됩니다. 다시 말해 그 사람에게 제공된 정보의 양은 비교적 소량이고 그 품질이 형편없는데도, 그 데이터로부터 아주 분명하고, 아주 체계적이고 아주 심오하게 조직된 지식을 갖추게 되는데, 이 소량인 정보와 그로부터 유래된 심오한 지식 사이의 격차를 해명해야 하는 문제가 그것입니다.

게다가 특정한 언어 환경에서 각자 다양한 체험을 하는 각자 다른 개개인이 아주 비슷한 언어 체계에 도달합니다. 영어를 말하는 두 화자가 서로 다른 경험을 쌓은 결과 도달하게 되는 언어 체계에는 서로 상당히 일치하는 바가 있습니다. 그래서 아주 광범위한 주제에 대하여 갑이라는 화자가 하는 말을 을이라는 화자가 수월하게 알아듣는 것입니다.

그리고 더욱 놀라운 사실은, 다양한 범위의 언어에서—실제로 진지한 연구의 대상이 되는 모든 언어에서—화자들이 접하는 서로 다른 종류의 경험들로부터 생겨나는 체계에는 뚜렷한 한계가 있다는 것입니다.

이것은 딱 한 가지로만 설명할 수 있는데, 저는 이 놀라운 현상에 대해 좀 도식적으로schematic 말씀드리겠습니다. 언어 지식의 보편적인 체계 구조와 심지어 특정한 각 내용의 상당 부분, 사실상 대부분이 각 개인의 산발적이고 제한된 체험에서 나왔다고 가정합시다.

제한된 정보로부터 고도로 복잡하고 조직된 지식을
이끌어내게 하는 도식 체계야말로 인간성을
구성하는 기본 요소입니다.

　어떤 언어를 말할 줄 아는 개인에게는 그런 지식이 있습니다. 왜냐하면 그는 아주 명백하고 상세한 도식 체계schematism를 가지고 언어학습 체험에 접근하기 때문입니다. 이 도식 체계 덕분에 한 개인은 현재 자신이 접하는 언어가 어떤 언어인지를 알게 되는 겁니다.

　좀 구체적으로 말하자면 이렇습니다. 언어를 접하는 어린아이는 자신이 영어나 네덜란드어, 프랑스어 등등을 듣고 있다고 생각하지 않습니다. 오히려 자신이 아주 작은 폭의 변화만 허용하는, 매우 협소하고 분명한 유형의 인간 언어를 듣고 있다고 생각합니다. 그리고 이 아이는 고도로 조직되고 아주 제한된 도식 체계를 갖고 있기 때문에, 산발적이고 저급한 정보로부터 고도로 조직적인 지식으로 비약적인 도약을 할 수 있습니다. 아이가 언어를 배울 때 동원하는 이 타고난 언어 혹은 본능적 지식, 이러한 지식 체계의 속성을 밝혀내려면 우리는 아주 오래 더 연구해야 한다고 봅니다. 아이가 이런 지식을 획득할 때 드러나는 심리적 체계를 이해하는 일 역시 오랜 시간이 걸릴 것입니다.

　따라서 이 본능적 지식, 제한된 정보로부터 고도로 복잡하고 조직된 지식을 이끌어내게 하는 도식 체계야말로 인간성을 구성하는 기본 요소의 하나라고 주장하고 싶습니다. 기본 구성요소라고 말씀드리는 것은, 언어가 의사소통에서 차지하는 역할 때문이기도 하지만 나아가 사상의 표현이나 사람들 사이의 상호 작용에도 이 구성요소가 작용한다고 보기 때문입니다. 따라서 인간 지능이 발휘되는 다른 분야, 인간의 인지와 행동 분야 등에서도 역시 같은 얘기를 할 수 있다고 봅니다.

그러니까 이 도식 체계의 덩어리, 생래적인 조직 원리의 덩어리, 이것이 우리의 사회적·지적·개인적 행동을 인도한다고 보는 것이며, 이것이야말로 인간 본성 개념이라고 생각합니다.

엘더르스 푸코 씨, 당신의 저서 《광기의 역사Histoire de la folie à l'âge classique》나 《말과 사물Les Mots et les Choses》을 읽어보면, 전혀 다른 차원에서 정반대되는 목표와 목적을 가지고 작업하고 있다는 것을 알 수 있습니다. 인간성을 도식 체계로 설명하려 한다면, 당신은 여러 시대에 여러 도식 체계가 있었다고 할 텐데요. 이에 대해서 어떻게 생각하십니까?

미셸 푸코 먼저 프랑스어로 말하는 것을 양해해주기 바랍니다. 제 영어는 너무 신통치 않아서 남의 질문에 능숙하게 답변할 정도가 되지 못합니다.

제가 인간 본성이라는 개념을 의심쩍게 보는 것은 사실입니다. 그렇게 된 것은 다음과 같은 이유 때문입니다. 과학이 사용하는 개념이나 관념들은 그 정교함의 정도가 일정하지 않습니다. 게다가 과학 담론에서 동일한 기능이나 유형으로 사용되는 것도 아닙니다. 가령 생물학의 사례를 봅시다. 기능을 분류하는 개념, 기능을 변별하는 개념, 분석적 기능을 가진 개념 등 다양합니다. 그중 어떤 것은 사물의 특징을 파악하게 해줍니다. 가령 '조직'이라는 개념이 그렇고, 여러 요소들을 분리하는 개념인 '유전적 특질'이 그렇고, 요소들의 관계를 정하는 '반사'라는 개념이 그러합니다. 과학 담론에서 일정한 역할을 수행하는 요소가 있는가 하면 추론적 실천이라는 내부적 규칙의 역할을 수행하는 요소도 있습니다. 그 밖에 '주변적' 개념들도 있습니다. 이들은 과학적 실천이 다른 실천들로부터 그 자신을 변별하고, 과학적 대상의 영역을 제한하고, 과학의 장래 과제를 지시하기 위한 개념입니다. 가령 생명이라는 개념은 한동안 생물학에서 그런 역할을 수행했습니다.

그런데 17세기와 18세기에 자연과학에서 생명이라는 개념은 거의 사용되지 않았습니다. 생물이든 무생물이든, 광물에서 인간으로 올라가는 방대한 서열의 어느 한 지점에 지위가 부여되었을 뿐, 광물과 식물, 식물과 동물의 경계는 불명확했습니다. 인식론의 측면에서, 이런 자연물의 지위를 반박 불가능한 방식으로 고정하는 것이 가장 중요했습니다.

18세기 말에 이르러 이런 자연물에 대한 묘사와 분석은, 완성도 높은 도구와 최신 기술에 힘입어, 대상(자연물)의 전체 영역, 그 관계와 과정의 전반을 포착하게 되었습니다. 이렇게 하여 자연과학이라는 지식 내에 생물학의 존재를 구체화시키게 되었습니다. 그렇다면 생명 연구가 마침내 생물학에 자리 잡게 되었을까요? 생명이라는 개념이 생물학적 지식을 조직하는 데 커다란 역할을 했을까요? 저는 그렇게 생각하지 않습니다. 18세기 말에 벌어진 생물학 지식의 변화는 한편으로는 과학 담론에서 사용되는 일련의 새로운 개념들을 보여주는 것이고, 다른 한편으로는 특정 유형의 과학 담론을 지정하고, 제한하고, 위치 짓는 생명 등의 개념이 부상했음을 보여주는 것입니다. 저는 생명이 **과학적 개념**이 아니라고 봅니다. 그것은 분류하기, 제한하기와 기타 기

> 지식의 역사에서 인간성이라는 개념은 주로
> 인식론적 지표 구실을 했습니다.
> 인간성을 과학적 개념이라고 보기는 어렵습니다.

능들이 과학 담론에 미치는 효과를 보여주는 일종의 **인식론적 지표**입니다. 그런 기능(분류하기, 제한하기 등)들이 다루는 구체적 대상의 속성은 아니라는 말입니다.

　인간성이라는 개념도 마찬가지입니다. 언어학자들이 자음 변화의 법칙을 발견하고, 프로이트가 꿈 분석의 원리를 발견하고, 문화인류학자들이 신화의 구조를 발견한 것은 인간성을 연구한 결과가 아닙니다. 지식의 역사를 볼 때, 인간성이라는 개념은 주로 인식론적 지표 구실을 했습니다. 그러니까 어떤 특정 유형의 담론이 신학, 생물학, 역사학 등과 어떤 관계를 맺는지 혹은 갈등 관계를 맺는지 보여주는 지표라는 말입니다. 그래서 인간성을 과학적 개념이라고 보기는 어렵습니다.

　촘스키　인간성 문제를 신경망neutral network에 한정해서 말해보자면, 그러니까 어린아이로 하여금 복잡한 언어 체계를 획득하게 만들어주는 인지 구조의 특성이라는 점을 말해보자면, 이 특성이 곧 인간성의 구성요소라고 자신 있게 말할 수 있습니다. 그러니까 생물학적 소여所與가 있다는 얘기입니다. 우리가 인간의 정신적 능력에 대하여 어떤 논의를 펼치든 간에 그 소여는 불변의 기반이 됩니다.

　방금 말씀하신 생물학 분야의 생명 개념에 대해서는 저도 전적으로 동의합니다만, 거기에 대하여 좀 더 부연하고 싶습니다.

여기서 과거가 아니라 미래의 일을 좀 추측해보자면, 인간성이라는 개념이든 태생적인 조직하는 메커니즘이든 본능적인 심리적 도식 체계든 혹은 또 뭐라고 부르든 간에—줄여서 그냥 인간성이라고 합시다—그것이 생물학이 넘어서야 할 다음 과제가 아닐까 생각합니다. 생물학자들은 이미 생명이란 무엇인가 하는 질문에 대해 어느 정도 만족스러운 대답을 얻었으니까(물론 다르게 생각하는 생물학자도 있을 겁니다).

아무튼 인간성에 대한 생물학적 설명 혹은 자연과학적 설명이 가능할까요? ……어린아이가 언어 지식을 획득하는 능력, 나아가 그 능력을 바탕으로 아주 창의적이고 놀라운 방식으로 언어를 활용하는 능력을 고정불변하는 과학적 개념으로써 설명하고, 그 특징을 파악하는 것이 가능할까요?

먼저 그런 언어 능력을 획득하고 이어 그 능력을 활용하는 이 놀라운 특성을 생물학 용어로나 과학 용어로 설명하는 것이 가능할까요? 현재로서는 그것을 설명하지 못합니다. 하지만 과학자들은 신념을 갖고서 많은 다른 것들을 설명해왔으니 이것도 언젠가는 설명하게 될 것입니다.

이 문제는 결국 신체와 정신 문제의 변종이라고 생각합니다. 과학이 여러 난제를 극복해온 방식, 그리고 오랜 암중모색의 시기를 거쳐 과학이 마침내 생명 개념에 도달한 방식을 돌아보면 결국 자연과학의 영역 자체가 확대되었기 때문에 과학적 발전이 가능했다고 봅니다. 17세기와 18세기가 특히 분명한 예입니다. 고전적 사례는 뉴턴이 발견한 만유인력입니다. 데카르트 학파에게 원거리 작용action at a distance*은 신비한 개념이었습니다. 실제로 뉴턴도 그것이 과학의 범위 밖에 있는 신비한 실체라고 보았습니다. 하지만 원거리 작용은 후대에 와서 과학의 범위 안에 포섭되었고, 상식이 되었습니다.

왜 이렇게 되었느냐 하면 신체 곧 물리the physical 개념이 바뀌었던 겁니다. 만약 오늘날 엄격한 데카르트 학파가 환생하여 여기에 나타난다면 그는 천체의 움직임을 설명하지 못할 겁니다. 또 전자기력으로 설명되는 현상도 이해하지 못할 겁니다. 하지만 자연과학이 확대되어 지금껏 알려지지 않은 개념, 완전히 새로운 발상을 포섭했기 때문에 아주 광범위한 현상을 포함하는, 더욱 정교하고 복잡한 구조를 구축할 수 있었습니다.

하지만 과거의 데카르트 물리학에서는 현대 물리학의 아주 기본적인 요소들도 설명하지 못했고 나아가 생명의 개념도 설명하지 못했습니다.

마찬가지로 생물학을 포함하여 오늘날의 자연과학이 어린아이의 타고난 지적 능력과 그것을 제약이 없는 상황에서 활용하는 능력을 설명하는 원리나 개념을 갖고 있는지 묻고 싶습니다. 현재로서는 생물학이나 물리학이 이런 개념을 다루고 있지 않다고 생각합니다. 따라서 이 개념을 체계화하는 것이 이들 학문의 다음 봉우리가 되지 않을까 생각합니다. 그런 과정에서 자연스럽게 자연과학의 범위가 더욱 넓어질 겁니다.

엘더르스 두 분의 답변에 따라 좀 더 구체적인 질문을 드려야 할 것

• 우주 공간에서 서로 떨어져 있는 두 물체 간의 상호 작용을 말한다. 뉴턴은 이 작용이 어떻게 이루어지는지 설명하기 위해 우주 공간이 '에테르'라는 매개 물질로 가득 차 있다고 주장했다—위키피디아 참조.

같습니다. 그렇게 하지 않으면 토론이 너무 전문적으로 흐를 우려가 있습니다. 두 분의 의견 차이는 주로 접근 방법의 차이에서 오는 듯합니다. 푸코 씨는 과학과 과학자들이 특정 시대에 기능을 발휘하는 방식에 관심이 많고, 반면에 촘스키 씨는 말하자면 '그 뭔가가 무엇이냐' 하는 물음에 더 관심이 많은 듯합니다. 그러니까 언어가 어떤 기능을 발휘하는가 하는 문제보다는 우리가 언어라는 능력을 갖게 된 **까닭**은 무엇인가 하는 데 더 집중하고 있습니다. 이 문제를 좀 더 평이한 수준에 맞춰 풀어봅시다. 푸코 씨는 18세기 합리주의의 범위를 제한하려는 반면, 촘스키 씨는 자유와 창조성 같은 개념을 가지고 18세기의 합리주의를 종합하려고 합니다.

17세기와 18세기의 구체적 사례를 가지고서 이 문제를 더 쉽게 얘기할 수 있을 것 같습니다.

촘스키 먼저 저는 과학사가나 철학사가의 관점으로 고전적 합리주의에 접근하는 게 아니라는 점을 말씀드리고 싶습니다. 그보다는 특정 범위의 과학적 개념을 알고 있고, 또 과거의 사람들은 과연 이런 개념을 어떻게 모색했는지 알고자 하는 사람의 관점에 서 있습니다.

따라서 제 입장은 역사를 엄격한 역사 연구가의 관점에서 바라보는 게 아닙니다. 그러한 사람이라면 17세기 사람들이 어떤 생각을 했는지 아주 정밀한 설명을 내놓을 수 있겠지요. 이렇게 말한다고 해서 그런 설명을 시시한 것으로 본다는 얘기는 결코 아닙니다. 그런 의도는 전혀 없습니다. 제 관점은, 뭐라고 할까, 예술 애호가의 그것입니다. 17세기를 바라보면서 그 안에서 가치 있는 것을 찾으려고 노력하고, 또 그런 애호가다운 접근 방법 덕분에 얼마간 가치를 발견하는 입장이라는 겁니다.

저는 다른 접근 방법도 반대하지 않는 한편, 저의 접근 방법도 타당하다고 생각합니다. 그러니까 현재의 지식 수준을 바탕으로 과거의 과학 사상을 살펴보는 것이 가능하다고 봅니다. 과거의 위대한 사상가들이 그들 나름의 시대적 한계 안에서 어렴풋이 깨닫게 된 개념, 발상, 통찰을 어떻게 암중모색했는지 살펴보는 것도 가능하다고 생각합니다.

예를 들어 누구나 자신의 생각을 가지고 이렇게 해볼 수 있습니다. 과거의 위대한 사상가들과 비교해볼 필요도 없이, 현재 자신이 알고 있는 지식을 20년 전에 자기가 알던 지식과 비교해보는 겁니다. 운이 좋다면 그 20년의 암중모색 덕분에 이제야 비로소 이런저런 것을 이해하게 되었구나 하고 깨달을 수 있습니다.

마찬가지로 자신의 현재 생각을 바꾸지 않고서 과거의 사상을 살펴볼 수 있습니다. 저는 바로 이런 관점에서 17세기를 살펴보고자 합니다. 자, 이제 17세기와 18세기를 돌아볼 때 가장 제 눈에 띄는 것은 데카르트와 그 제자들이 정신을 신체와는 무관하게 존재하는, 생각의 실체라고 규정했다는 겁니다. 이런 제2의 실체(정신)를 규정한 이유들을 살펴보면, 데카르트는 당시 이렇게 생각했습니다. 자연 세계에서 벌어지는 사건들, 심지어 행동과 심리의 세계에서 벌어지는 일들(가령 이런저런 감각)도 물리학으로 설명할 수 있다고 말이죠. 물론 오늘날에 와서는 이것이 잘못된 견해임을 알게 되었습니다. 아무튼 데카르트는 그런 것(사건, 행동, 심리 등 _옮긴이)을 서로 부딪치고 굴러다니는 물건처럼 생각했습니다.

그는 이런 기계적 원리로써 특정한 현상의 영역을 설명할 수 있다고 생각했습니다. 그런 다음 이런 원리로는 설명할 수 없는 현상의 영역

데카르트가 물질과 구분되는 제2의 실체를 규정한 것은 아주 과학적인 행위였습니다.

이 있다고 말했습니다. 그런 영역을 설명하기 위하여 독창적인 원리를 창조했는데, 그것은 나름의 속성이 있는 정신의 원리라는 개념입니다. 그리고 나중에 그의 추종자들이, 스스로는 자신을 데카르트 학파가 아니라 반反합리주의자라고 생각하는 사람들이 규칙 체계 안에서 창조라는 개념을 발전시켰습니다.

여기서 세부 사항을 말씀드리지는 않겠습니다만 저는 이 주제를 연구하다가 궁극적으로 빌헬름 폰 훔볼트를 만나게 되었습니다. 훔볼트는 물론 자기 자신을 데카르트 학파라고 생각하지 않았습니다. 하지만 그는 다른 얼개framework(생각의 틀 _옮긴이)를 가지고, 다른 역사적 시대에, 다른 통찰력을 탁월하게 발휘하면서—저는 훔볼트의 사상이 지속적으로 중요시될 거라고 봅니다만—내재된 형태의 개념을 발전시켰습니다. 곧 데카르트 학파가 맞닥뜨렸던 것과 똑같은 난제를 갈파하려고 애쓰다가 규칙 체계 안에서 자유로운 창조라는 개념을 정립한 것입니다.

바로 여기서 저는 제 동료들과는 아주 다른 생각을 하게 되었습니다. 그러니까 데카르트가 물질과 구분되는 제2의 실체(정신 _옮긴이)를 규정한 것은 아주 과학적인 행위였다는 겁니다. 그것은 형이상학적이거나 반과학적인 일이 아니었습니다. 여러 면에서 원거리 작용을 가정한 뉴턴의 지적 행위와 맞먹는 것이었습니다. 뉴턴은 처음에는 천체의 상호 작용이 신비의 영역이라고 생각했습니다. 그는 기존 과학과는 상관없다고 생각되던 이 분야에 진출하여, 적절하게 해명된 개념들로 천체 운동의 이론을 정립함으로써 신비의 영역을 과학의 영역에 통합시켰습니다.

저는 데카르트가 제2의 실체를 가정함으로써 뉴턴과 유사한 지적知的 움직임을 보였다고 생각합니다. 하지만 그는 뉴턴이 성공한 곳(과학적 이론 정립 _옮긴이)에서 실패했습니다. 그는 정신에 대한 수학적 이론을 정립할 토대를 마련하지 못했던 거지요. 반면에 뉴턴과 그 제자들은 원거리 작용이나 전자기력 등 신비한 개념을 포함하는 물리적 실체에 대한 수학적 이론 정립의 토대를 놓았습니다.

따라서 우리는 정신의 수학적 이론을 가지고 계속 씨름하여 그것을 정립하는 일을 떠안게 되었습니다. 정확하게 표현되고 분명하게 규정된 추상 이론을 정립하여, 경험적 현상을 설명하게 하는 일 말이지요. 우리가 추구하는 이론이 맞는지 틀렸는지 혹은 우리가 옳은 길로 가고 있는지 아닌지 등을 밝혀야 합니다. 우리는 엄정함과 정확함을 특성으로 하는 수학적 이론을 개발하여 어떤 전제 조건으로부터 결론을 유도해낼 수 있어야 합니다.

저는 바로 이런 관점으로 17세기와 18세기를 바라보면서 요점을 추려내고자 합니다. 물론 17~18세기의 당사자들은 이런 식으로 생각하지 않았겠습니다만.

엘더르스 푸코 씨, 당신은 이런 견해를 크게 비판할 것 같은데요?

데카르트가 말한 정신이란 그리 창조적인 것이 아닙니다. 그것은 사물을 보고 인식하고, 증거에 따라 깨우침을 얻는 능력입니다.

푸코 아닙니다……. 한두 가지 사소한 역사적인 요소를 제외하고는 촘스키 씨의 역사적 분석, 그 논거와 양상에 반대하지 않습니다. 그렇지만 이 점에 대해서는 언급해야 할 것 같군요. 당신이 데카르트의 창조성에 대해 이야기할 때 그의 후대 학자들이나 동시대 학자들의 사상을 데카르트의 것으로 중첩시키지 않았나 하는 생각이 듭니다. 데카르트가 말한 정신이란 그리 창조적인 것이 아닙니다. 그것은 사물을 보고 인식하고, 증거에 따라 깨우침을 얻는 능력입니다.

더욱이, 직관적으로 분명하고 뚜렷하게 이해되는 한 가지 생각이 다른 생각으로 어떻게 이행하는지, 그러한 이행의 증거에 어떤 지위를 부여해야 하는지 하는 문제는 데카르트가 풀지 못했고 제대로 파악하지도 못했습니다. 데카르트는 정신이 진실을 포착하는 그 순간을 창조로 보았는지, 아니면 한 진실에서 다른 진실로 이행하는 그 과정을 창조로 보았는지 불분명합니다.

오히려 파스칼과 라이프니츠에게서 당신이 말한 창조의 개념에 훨씬 가까운 것을 발견할 수 있습니다. 다시 말해 파스칼과 성 아우구스티누스를 정점으로 하는 기독교 사상의 흐름 속에서 정신의 깊이에 대한 관념을 찾을 수 있습니다. 정신은 일종의 무의식에 둘러싸인 채 아득한 곳에서 뒤로 접혀 있는데, 스스로 더욱 깊어짐으로써 잠재성을 개발할 수 있다고 합니다. 이 때문에 당신이 언급한 포르루아얄Port Royal* 문법은 데카르트보다 아우구스티누스에 더 가깝습니다.

또한 라이프니츠에게서도 당신이 말한 정신 개념을 발견할 수 있습니다. 정신의 아주 깊숙한 곳에는 논리적 관계의 그물망이 있는데, 이것이 의식의 합리적 무의식을 구성한다는 겁니다. 그리고 아직 해명되지 않고 가시적이지 않은 형태의 이성은 단자(單子, monad)** 혹은 개인에 의해서 조금씩 조금씩 발전하는데, 이 덕분에 개인은 전체 세상을 이해하게 된다는 거지요.

이것이 제가 제기하는 아주 사소한 비판입니다.

엘더르스 촘스키 씨, 잠깐만요.

푸코 씨, 오늘의 토론은 남의 사상에 대한 역사적 비평을 하자는 것이 아니고, 이런 근본적 개념들에 대한 당신 자신의 의견을 듣자는 것입니다.

푸코 개인의 근본적 의견은 이런 정밀한 분석을 통해 예증되는 거지요.

엘더르스 그렇군요. 좋습니다. 그런데 당신의 책《광기의 역사》에는

---

* 17세기 중엽 프랑스 포르루아얄 데샹(Port-Royal des Champs) 수도원을 중심으로 이루어졌던 문화운동. 포르루아얄 수도원은 1204년 파리 근교에 세워졌다가 1626년 파리로 옮겨 왔다. 포르루아얄 학파가 철학적으로 중요해지게 된 것은 아르노, 피에르 니콜, 파스칼 덕분이다. 세 사람은 성 아우구스티누스를 숭상하는 종교·철학 운동인 얀센주의를 따랐다. 아르노와 니콜은 논리 분석에서 데카르트의 방법론을 따랐다—옮긴이.
** 17~18세기 독일의 철학자 고트프리트 빌헬름 라이프니츠의 철학에서 궁극적 실재를 이루는 극소한 정신·물리적 실체—브리태니커백과사전.

17세기와 18세기를 억압, 탄압, 배제의 측면에서 서술한 부분이 있습니다. 반면에 촘스키 씨는 이 시대가 창조성과 개인성으로 충만하다고 보았습니다.

그런데 왜 이 시기에 역사상 처음으로, 폐쇄된 정신병원 혹은 광인 수용소가 생겨난 것입니까? 저는 이것이 매우 근본적인 질문이라고 보는데요…….

푸코 창조성에 대한 근본적 질문이라는 말이죠? 예, 그렇습니다! 하지만 촘스키 씨가 더 하실 말씀이 있을 듯한데…….

엘더르스 아뇨, 아뇨. 계속 이야기하세요.

푸코 우선 이걸 말씀드리고 싶습니다. 제가 수행해온 역사 연구 작업에서는 개인의 창조성, 창조 능력, 발명 능력에 관한 독창적인 개념, 이론, 과학적 진리 등에 많은 부분을 할애하지 못했습니다.

그렇지만 제 문제는 촘스키 씨와 다르다고 생각합니다. 촘스키 씨는 '말하는 주체the speaking subject'의 창조성을 아예 무시해버리는 언어학적 행동주의와 줄기차게 싸워온 분입니다. 행동주의자들은 이렇게 해석했지요. 말하는 주체란 백지의 표면 같은 것이어서 그 위로 조금씩 조금씩 정보가 기록되고, 나중에 말하는 주체가 그 정보를 종합한다.

과학사 분야, 좀 더 넓게 보아 사상의 역사 분야에서는 다루는 문제가 아주 다릅니다.

지식의 역사는 오랫동안 두 가지 기준에 따랐습니다. 첫째는 **소재**所

在라는 기준입니다. 지식의 발견은 그 발견 상황과 날짜가 있어야 하고, 또 그것을 발견한 사람이 누구인지 분명해야 했습니다. 그것의 발명자 혹은 책임자가 있어야 했습니다. '소재'가 불분명한 일반적, 집단적 현상은 일반적으로 가치가 떨어졌습니다. 그것들은 전통적으로 **전통, 심리, 양상** 같은 말로 표현됩니다. 이런 것들은 발명자의 '독창성'을 견제하는 부정적인 구실을 합니다. 단적으로 말해서 이 기준은 지식의 역사에 적용되는 주체의 주권 원칙과 관련이 있습니다.

둘째 기준은 주체와는 상관이 없는, 진실 여부입니다. 진실은 역사 속에 자리 잡는 것이 아니라 역사를 통해 그 모습을 드러냅니다. 사람의 눈에 보이지 않고 그늘 속에 앉아 있어 잠정적으로 접근 불가능한 진실은 발견되기를 기다립니다. 진실의 역사는 지체와 추락의 역사이고, 그것의 발현을 방해하는 장애물을 제거해온 역사입니다. 지식의 역사적 차원은 진실과 관련해서는 언제나 부정적 의미를 띱니다.

두 가지 기준이 서로 어떻게 조정되는지 살펴보는 것은 어렵지 않습니다. 집단적 질서의 현상, 어떤 시대의 '보편적 생각', '편견', '신화' 등은 지식의 주체가 진실에 도달하기 위해 극복해야 하는 장애물입니다. 그는 '발견'을 하기 위해 '괴짜'가 되어야 하는 겁니다. 어찌 보면 이것은 과학의 역사에 대해 어떤 '낭만주의'를 불러일으키는 듯합니다. 진실을 추구하는 사람은 고독하고, 독창성은 역사를 통해서 그리고 역사를 무릅쓰고 그 모습을 드러냅니다. 근본적으로 말해, 이것은 지식 이론과 지식의 주체(사람)를 지식의 역사 위에다 중첩시키는 것입니다.

그런데 주체와 진실의 관계가 그저 지식의 효과에 지나지 않는다면 어떻게 되는 겁니까? 이해란 것이 복잡하고 다양하고 비개성적인 일이어서, 진실의 효과를 낳는 것이 '주체에 속하는 것'이 아닌 경우에는 어떻게 됩니까? 그렇다면 과학의 역사가 부정적으로 보았던 전체 차원을 다시 긍정적으로 제시하면서, 지식의 발전 도상에서 특정 시대에 특정 규칙(우리가 기록 자료에 의해 알 수 있는)에 따라 기능을 발휘했던 개인들과 그들의 '지식'을 대신하여, 지식 생산 능력을 집단적인 실천으로서 분석해야 하지 않겠습니까?

그것은 마르크스주의 과학사가들이 오랫동안 해온 일이라고 말씀하시겠지만, 그들이 이러한 사실을 가지고 작업하는 방법과 특히 의식 개념이나 과학에 반대되는 것으로 이데올로기 개념을 사용하는 방식을 보면, 그들이 중점을 두는 부분은 지식 이론과는 다소 거리가 있다는 것을 알 수 있습니다.

어쨌든 제가 신경 쓰는 부분은 지식 발견의 역사보다는 그것에 대한 이해의 변화 과정입니다. 따라서 창조성이라는 문제에 대해 적어도 외견상 저는 촘스키 씨의 정반대 편에 서 있습니다. 저는 지식을 획득하는 주체의 딜레마를 제거하려고 하는데, 촘스키 씨는 말하는 주체의 딜레마를 다시 등장하게 하자는 것입니다.

촘스키 씨가 주체의 재등장을 허용하고 또 그것을 묘사할 수 있었다면, 그건 그 일이 촘스키 씨에게는 가능했기 때문입니다. 언어학자들은 오랫동안 언어를, 집단적 가치를 지닌 체계로 여기고 분석해왔습니다. 어떤 특정 시대에 이러이러한 지식이 생산되게끔 하는 규칙들의 집단적 전체성에 대해서는 지금껏 별로 탐구되지 않았습니다. 하지만 그것은 관찰자에게 꽤 긍정적인 특징을 제공합니다. 가령 18세기 말의 의학을 봅시다. 1770년부터 1780년 사이의 의학 서적 중에서 아무거나 스무 권을 골라 보십시오. 그리고 1820년부터 1830년 사이의 의서도 스무 권을 골라 보십시오. 저는 이 시기를 무작위로 제시했습니다만,

그 40~50년 사이에 모든 것이 변했음을 발견할 겁니다. 사람들이 말하는 방식, 의술에 대해서 말하는 방식, 치료법뿐 아니라 질병과 질병에 대한 분류, 의술에 대한 전체 개관 등이 다 바뀌었습니다. 이런 변화는 누구에게 책임이 있습니까? 누가 이 변화를 만들어냈습니까? 그것은 비샤* 덕분이라든가, 범위를 좀 더 확대하여 최초의 해부 임상의들 덕분이라고 말하는 것은 인위적입니다. 이건 의학의 실천과 규칙에 대한 이해가 집단적, 복합적으로 확 바뀐 경우입니다.

이러한 변화는 결코 부정적 현상이 아닙니다. 이것은 부정否定을 억누르고 장애를 제거하고 편견을 쓸어버리고 낡은 신화를 포기한 것이며, 불합리한 신념은 후퇴하고 경험과 이성에 자유로이 접근한 것입니다. 이것은 나름대로 선택 사항과 배제 사항을 갖춘 전혀 새로운 틀grille/grid의 적용입니다. 그 나름의 규칙, 결정, 제한, 내부 논리, 기준, 막다른 골목 등이 작동하여 원점point of origin을 수정한 겁니다. 이런 기능이 발휘되는 가운데 (지식에 대한 _옮긴이) 이해가 존재합니다.

따라서 지식의 역사를 연구하면 두 가지 커다란 분석 방향이 있음을 알 수 있습니다. 첫째 방향은, 어떤 조건에서 무슨 이유로 지식에 대한 이해가 그 형성 규칙을 어떻게 수정하는가 하는 것입니다. 물론 독창적 '발명가'가 '진실'을 발견하는 경우는 여기에서 배제됩니다. 둘째 방향은 그러한 이해의 규칙이 어떻게 작용하여 개인에게 아직 발행되지 않은 새로운 지식을 가져다주는가 하는 것입니다. 바로 여기서 저의 연구는, 비록 불완전하고 부족한 방법과 양상을 통해서지만, 촘스키 씨의 프로젝트와 연결됩니다. 촘스키 씨는 개개인이 몇 가지 규칙이나

---

* Bichat, Marie François Xavier(1771~1802). 프랑스의 해부학자, 생리학자.

제가 말하는 창조성은 평범한 인간의 행위를 가리킵니다. 어린아이가 새로운 상황을 파악할 때 보여주는 창조성 같은 것입니다.

제한된 요소를 가지고서, 전에 없던 미지의 전체성을 드러내 보인다는 사실을 설명하려 합니다.

이 문제를 해결하기 위하여 촘스키 씨는 문법 분석 분야에 주체의 딜레마를 다시 도입했습니다. 제가 지금 종사하고 있는 역사 분야에서 유사한 문제를 해결하려면 촘스키 씨와는 반대되는 방식을 취해야 합니다. 그러니까 개인의 지식이라는 게임에 이해의 관점, 규칙, 체계, 전면적인 변화 등을 적용하는 겁니다. 이런저런 이유로 해서 창조성 문제는 동일한 방식으로 해결될 수가 없습니다. 아니, 차라리 각자의 연구 영역에서는 동일한 관점을 취할 수 없다고 해야겠군요.

촘스키 우리가 '창조성'이라는 용어를 다르게 사용하기 때문에 서로의 화제가 약간 엇나가는 게 아닌가 합니다. 사실 제가 사용하는 창조성이라는 용어는 약간 괴이한 것으로서, 이에 대한 설명은 당신이 아니라 제가 해야겠지요. 저는 창조성이라는 용어를 사용할 때, 보통 그 용어에 수반되는 가치 개념을 부여하지 않습니다. 일반적으로 과학적 창조성이라는 말은 뉴턴의 발견 같은 것을 가리키는 데 사용하지요. 하지만 제가 여기서 말하는 창조성은 평범한 인간의 행위를 가리킵니다.

제가 말하는 것은 보통 어린아이가 새로운 상황을 파악할 때 보여주는 창조성 같은 것입니다. 어린아이가 새로운 상황에 마주쳐서 그것을 평가하고, 그것에 반응하고, 그에 대해 뭔가 말하고, 그 아이에게는 새로운 방식으로 생각하는 것 등을 말하지요. 저는 이러한 행위를 창조적이라고 하는 것이 마땅하다고 생각합니다. 물론 이런 행위가 뉴턴의 업적과 동등하다는 얘기는 아닙니다.

예술과 과학 분야의 창조성은 **물론** 일반 사람의 능력을 훨씬 뛰어넘습니다. 이런 능력이 인간성의 범위 안에 들어 있는 것은 틀림없으나, 모든 인류에게 다 계발된 것은 아니어서 일상생활의 평범한 창조성 범위 안에 있다고 보기 어렵습니다.

그런데 저는 이런 보통 사람의 보통 창조성을 과학이 연구 대상으로 삼을 수 있다고 생각합니다. 저는 과학이 가까운 장래에 진정한 창조성, 그러니까 위대한 예술가나 과학자의 업적을 설명할 수 있으리라 보지 않습니다. 이 점에 대해서는 당신도 동의하실 겁니다. 과학이 조만간 이런 독특한 현상을 파악해내리라고 보는 것은 무망한 일입니다. 그래서 제가 지금 말하고자 하는 것은 낮은 수준의 창조성입니다.

당신이 금방 과학의 역사에 관해 한 말은 정확하고, 깨우쳐주는 바가 많으며, 우리가 당면한 심리학, 언어학, 심리철학 등의 연구 과제에 그대로 적용할 수 있는 타당한 지적이라고 봅니다.

분명 지난 여러 세기 동안 과학이 발달하는 과정에서 억눌리거나 소외된 주제들이 많이 있었습니다.

자, 그러면 제가 말하는 낮은 수준의 창조성에 대해서 살펴봅시다. 이 주제는 데카르트의 저서에서도 발견됩니다. 가령 그는 남의 말을 그대로 모방하는 앵무새와 상황에 따라 새로운 말을 할 줄 아는 인간의 차이를 언급하고, 그 차이가 물리학의 한계를 가리키는 뚜렷한 특성이라고 하면서, 현대 용어를 빌리자면 심리과학을 도입했습니다. 이때 데카르트가 말한 것이 바로 제가 이야기하는 창조성이라고 저는 생각합니다. 저는 이들 개념이 다른 것을 원천으로 한다는 당신의 논평에도 동의합니다.

이들 개념과 문장 구조의 조직에 대한 전체 개념도 위대한 발전의 시대에는 도외시되었습니다. 윌리엄 존스 경*으로부터 시작하여 기타 학자들의 손을 거쳐 비교문헌학이 발달하던 시기 말입니다.

하지만 이제 우리는 이런 것들이 존재하지 않는 척하며 다른 것들로 시선을 돌려야 했던 시대를 넘어섰습니다. 비교문헌학, 구조주의 언어학, 행동심리학, 또 마음과 행동에 대한 연구의 경험주의적 전통 등이 활약하고 있는 요즈음 시대에는 그런 한계를 제치고, 17세기와 18세기의 사상과 추론에 상당한 활력을 불어넣었던 소재들을 고려하는 게 가능해졌습니다. 또 그런 소재들을 더 광범위하고 심층적인 과학에 편입시킬 수 있습니다. 이렇게 하여—물론 이것이 완벽한 이해를 가져다 주리라고 기대하기는 어렵지만—일정한 규칙과 도식 체계 안에서 창의성과 창조성과 자유 같은 개념, 새로운 실체의 생산, 생각과 행동의 새로운 요소들에 더 중요한 역할을 부여하게 되었습니다. 이제 이런 개념들을 우리가 다룰 수 있게 된 겁니다.

엘더르스 우선 답변을 너무 길게 하지 말아달라고 요청하고 싶습니다.(푸코 웃음.)

---

* Johns, William(1746~1794). 산스크리트를 연구한 영국 동양학의 창시자이자 언어학자.

두 분이 창조와 자유를 이야기할 때 발생할 수 있는 오해는 이런 사실과 관련이 있는 것 같습니다. 촘스키 씨는 제한된 규칙에서 출발해 무한한 적용 가능성을 말하고, 반면에 푸코 씨는 서양의 역사적·심리적 결정론에 필연적으로 나타나는 '틀grille'을 강조합니다. 그리고 그 틀은 우리가 새로운 발상에 이르는 방식에 적용됩니다.

이런 과학적 과정을 분석하지 말고 두 분 자신의 사고 과정을 분석하면 될 것 같습니다.

푸코 씨, 새롭고 근본적인 발상이 떠오르면, 당신 자신의 창조성과 관련하여 뭔가 해방된 느낌, 뭔가 새로운 것이 펼쳐졌다는 느낌이 듭니까? 어쩌면 나중에 당신은 그게 그리 새로운 게 아니었음을 발견할지도 모릅니다. 아무튼 당신의 개성 안에 창조성과 자유가 함께 가고 있습니까, 혹은 그렇지 않습니까?

푸코 저는 이런 문제에서 개인의 체험이 그리 중요하다고 보지 않습니다. 저는 촘스키 씨가 말한 것과 제가 내보이려고 한 것 사이에 그리 큰 차이가 있다고 생각하지 않아요. 달리 말해서 가능한 창조, 가능한 혁신만 존재한다는 얘기입니다. 언어나 지식의 경우, 한정된 규칙이 작용하여 새로운 어떤 것이 만들어집니다. 규칙이 말의 타당성이나 문법적 성격을 규정하고, 지식의 경우에는 과학적 특성을 규정합니다.

대략적으로 말해서 촘스키 씨 이전의 언어학은 구문 구성 규칙에만 중점을 두고, 새로운 구문이 표상하는 혁신에 대해서는 무심했습니다. 사상이나 과학의 역사에서 보자면 개인의 창조만 강조하고 반면에 공통적이고 일반적인 규칙들은 무시했습니다. 그런 일반 규칙들이 모든 과학적 발견과 발명, 모든 철학적 혁신에 아주 흐릿하게만 드러나기 때

제가 어떤 새로운 것을 말하는 줄 착각하더라도
사실 제 말에 일정한 규칙이 작용한다는 걸
저는 스스로 의식합니다.

문이었지요.

이런 맥락에서 볼 때, 제가 어떤 새로운 것을 말하는 줄 착각하더라도 사실 제 말에 일정한 규칙이 작용한다는 걸 저는 스스로 의식합니다. 언어학 규칙, 인식론 규칙, 현대의 지식을 특징짓는 규칙 등.

촘스키 이러한 논평에 대해 제 연구 틀 안에서 설명을 드리면 이 문제에 대한 해명이 되리라 봅니다.

다시 인간의 어린아이를 생각해봅시다. 아이는 그 마음속에 어떤 도식 체계를 갖고 있어서 그것이 그 아이가 배우게 될 언어의 종류를 결정합니다. 그리고 경험이 주어지면 아이는 언어를 재빨리 배우게 됩니다. 그 경험은 언어의 일부를 구성하거나 언어 속에 내포됩니다.

이것은 평범한 행위입니다. 평범한 지능이 발휘되는 것이기는 하지만 아주 창조적인 행동입니다.

만약 화성인이 지구에 와서 아주 제한된 정보를 가지고 이처럼 방대하고 복잡하고 미묘한 지식 체계를 획득하는 과정을 관찰한다면, 엄청난 발명이요 창조의 과정이라고 생각할 겁니다. 물리학자가 적은 정보를 가지고 이론을 도출해내는 것과 같은 대단한 성취로 여길 거라고 생각합니다.

어린아이의 정신에 인간 언어의 개념이 제한된 방식
으로 들어 있지 않다면, 적은 정보에서 광범위한
언어 지식으로 귀납적 비약을 할 수 없습니다.

이 화성인이, 모든 어린아이가 같은 방식으로 별 어려움 없이 이런 창조적 행위를 수행하는 것을 관찰하고 나서, 증거를 바탕으로 과학적 이론을 추출해내는 데 몇 세기에 걸쳐 천재의 노력이 동원되는 것을 목격한다고 해봅시다. 이 화성인이 합리적인 존재라면 이런 결론을 내릴 겁니다. 언어와 관련하여 획득되는 지식의 구조는 근본적으로 인간의 정신에 내재된 것이다. 반면 물리학의 구조는 그런 정도로 인간의 정신에 내재되어 있지는 않다. 그러니까 인간의 정신은 이 세상의 현상들을 바라볼 때 이론물리학을 저절로 습득하여, 책상에 앉아서 줄줄 써낼 수 있는 구조는 아니라는 겁니다. 그게 바로 인간의 정신이 구성된 방식입니다.

하지만 가능한 연결고리가 있다고 보며 그것을 좀 더 자세히 알아보면 유익하리라 생각합니다. 그것은 이런 질문입니다. 우리 인간이 과학 이론을 구성하는 방식은 어떤 것인가? 적은 자료만을 가지고 여러 과학자들 혹은 천재들이 오랜 시간에 걸쳐 어떤 이론에 도달한다는 것은 무엇을 뜻하는가? 물론 그런 이론 중에는 심오한 것도 있을 수 있고 경험적으로 부적절한 것도 있을 수 있습니다.

이것은 아주 특기할 만한 사실입니다.

만약 이 과학자들과 천재들이 아주 제한된 범위의 가능한 과학 이론들로부터 시작하지 않았더라면, 다시 말해 가능한 과학 이론의 세부 사항이 무의식적으로 내장되어 있지 않았더라면, 이러한 귀납적 비약은 확실히 불가능했을 겁니다. 이것은 어린아이의 정신에 인간 언어의 개념이 제한된 방식으로 들어 있지 않다면, 적은 정보에서 광범위한 언어 지식으로 귀납적 비약을 할 수 없는 것과 마찬가지 이치입니다.

그래서 주어진 자료에서 물리학 지식을 뽑아내는 과정이 훨씬 복잡하고 어렵고 시간이 많이 걸리고 천재의 개입을 필요로 하는 것이기는 하지만, 물리학, 생물학, 기타 자연과학의 발견이나 발명은 어린아이가 언어의 구조를 발견하는 것과 유사한 점이 있다는 얘기입니다. 달리 말해 과학적 업적은 **틀림없이** 일차적 제약, 가능한 이론 부류를 한정한 애초의 한계를 바탕으로 하여 달성된다는 것입니다. 어떤 특정한 것들만 가능한 이론으로 발현된다는 인식이 아예 없다면 귀납이란 원천적으로 불가능합니다. 어떤 정보를 가지고 어떤 방향으로 나아가든 과학은 결국 어떤 공통 지점에서 만나고 다시 진전합니다. 이러한 사실은 일차적 제약과 구조가 존재한다는 것을 보여줍니다.

과학적 창조나 예술적 창조에 관한 이론을 개발하고자 한다면 이러한 조건에 주의를 집중해야 합니다. 그 조건은 가능한 지식의 범위를 규정하고 제한하면서 동시에 귀납적 비약을 허용하여 적은 정보에 바탕을 둔 복잡한 지식 체계를 획득하게 해줍니다. 저는 이것이 과학적 창조의 이론 혹은 인식론으로 나아가는 방법이라고 봅니다.

엘더르스 일차적인 제약과 그로부터 나오는 창조적 가능성이라는 얘기를 보면, 촘스키 씨는 규칙과 자유가 서로 배타적이지 않고 보완적이라고 보는 듯합니다. 반면에 푸코 씨는 정반대 입장, 곧 규칙과 자유가 서로 배타적인 것이라고 말하는 듯합니다. 이렇게 정반대로 보는 이유가 무엇일까요? 이것이 바로 이번 토론의 근본 문제이기 때문에 이 부분을 더 자세히 논의하고 싶습니다.

이것을 다르게 표현하면 이렇습니다. 푸코 씨, 당신은 억압의 형태가 없는 보편적 지식을 생각할 수 있습니까?

푸코 촘스키 씨가 금방 말한 것 중에, 제가 제대로 이해했는지 모르겠습니다만, 약간 난점이 있습니다.

당신은 과학 이론의 질서 안에 제한된 가능성이 있다고 했습니다. 어떤 학문이든지 단기간을 놓고 본다면 그건 맞는 얘기입니다. 하지만 장기간에 걸친 과학의 발전을 살펴보면 오히려 다양성에 의해 가능성이 확산되었다는 것이 저의 의견입니다.

오랫동안 이런 믿음이 있어왔습니다. 과학이나 지식은 '성장'의 원칙과 모든 지식은 합치된다는 원칙에 따라 '진보'의 도정으로 나아간다. 역사적, 지리적 관점에서 범세계적인 것으로 인정되는 유럽의 지식 이해가 발전한 과정을 살펴보면, 과연 그 지식이 성장했다고 말할 수 있을까요? 제가 볼 때 그건 성장이라기보다 변화의 과정이었습니다.

가령 동물과 식물의 분류를 봅시다. 이것은 중세 이후 상징, 자연사, 비교해부학, 진화론 등 아주 다른 규칙에 따라 매번 새로 쓰였습니다. 이러한 다시 쓰기는 지식의 기능, 경제, 내적 관계를 완전히 다른 것으로 바꾸어놓았습니다. 그래서 성장 원칙보다는 확산 원칙이 득세했습니다. 지식을 동시에 여러 유형의 것으로 만들어놓을 수 있는 아주 다양한 방법이 있습니다. 따라서 어떤 관점에서 보자면, 어떤 주어진 시대에 가능한 체계와 관련된 **정보**는 항상 과잉 상태입니다. 따라서 정보

유럽의 지식 이해가 발전한 과정을 살펴보면,
과연 그 지식이 성장했다고 말할 수 있을까요?
제가 볼 때 그건 성장이라기보다
변화의 과정이었습니다.

는 결함이 있더라도 그 범위 안에서 체험될 수밖에 없고, 그리하여 사람들은 창조성을 실현하지 못하게 됩니다. 또 역사학자의 관점에서 보면, 여기에도 과잉이 있는데 적은 **정보**를 가지고 체계를 확산하는 겁니다. 바로 여기서 다음과 같은 생각이 널리 퍼지게 되었습니다. 과학의 역사에서 움직임을 결정하는 것은 새로운 사실의 발견이다.

촘스키 여기서 제가 잠시 종합을 시도해보겠습니다. 과학의 진보에 대한 당신의 의견에 동의합니다. 과학의 진보는 새로운 지식 축적이나 새로운 이론 흡수만을 의미하지는 않지요. 당신이 방금 말한 것처럼 울퉁불퉁한 과정을 통과합니다. 어떤 문제는 잊어버리고 새로운 이론으로 도약하면서…….

푸코 그것은 결국 동일한 지식을 변모시킨 것이지요.

촘스키 맞습니다. 하지만 그에 대한 설명을 한번 시도해 볼 만하다고 생각합니다. 제 말은 지나치게 단순화할 우려가 있는데 아무튼 제가 하는 말은 글자 그대로의 의미가 아니라 어떤 커다란 윤곽을 보이려는 겁니다. 하지만 설명의 전반적 개요는 정확하다고 생각합니다. 우선 우리 머릿속에 가능한 지적 구조, 혹은 가능한 과학이 들어 있다고 보아야 합니다. 그렇지 않습니까?

그런데 운 좋게도 현실의 어떤 측면이 우리의 머릿속 구조들 중 어떤 것과 일치되는 특징을 지닌 경우에, 그러니까 우리 정신의 구조와 현상의 어떤 측면 구조가 서로 충분히 일치하는 경우에 비로소 우리가 알 수 있는 과학이 시작됩니다.

어떤 특정 종류의 과학을 대하는 이런 인간 정신의 첫 번째 제약이 곧 과학적 지식의 풍성함과 창조성을 제공하는 겁니다. 이것은 당신이 말씀한 제약과 자유에도 관련되는데, 이런 제약이 처음부터 없었다면 우리는 자그마한 지식, 자그마한 체험으로부터 풍성하고 심오한 지식의 배열로 나아갈 수가 없습니다. 다시 말해 모든 것이 가능하다면, 그때는 그 어떤 것도 가능하지 않은 겁니다.

바로 이런 인간 정신의 특성 때문에 당신이 말씀하신 것처럼 과학의 발전이 울퉁불퉁했던 것으로 보입니다. 우리는 그 특성을 제대로 이해하지는 못하지만, 이제 아주 어렴풋이 그것을 이해하기 시작했습니다. 그것은 우리가 이해할 수 있는 구조를 제공하고, 역사와 통찰과 체험의 과정에서 초점 거리 안으로 들어오기도 하고 초점 거리 밖으로 사라지기도 했습니다.

이렇게 말한다고 해서 모든 것이 마침내 과학의 영역 안으로 포섭되리라는 얘기는 아닙니다. 우리가 알고 싶은 많은 것들, 우리가 간절히 알기를 원하는 것들, 가령 인간의 본성, 정의로운 사회의 성격, 그 밖의 여러 가지 것들은 아예 인간 과학의 범위 밖에 있는지도 모릅니다.

엘더르스 우리는 다시 한 번 제약과 자유의 내적인 관계라는 문제에 봉착했습니다. 푸코 씨, 근본적 제약의 종합을 말하는 것에 동의하십니까?

푸코 그건 종합의 문제가 아닙니다. 규칙 체계를 작동할 수 있는 것은 창조성뿐입니다. 그건 질서와 자유의 혼합이 아닙니다.

제가 촘스키 씨의 말씀에 선뜻 동의할 수 없는 부분이 있습니다. 그런 제약의 원칙이 정신 혹은 인간성의 일부라는 부분이 그것입니다.

그러한 규칙이 인간의 정신에 의해서 작동된다고 하면, 그건 좋습니다. 역사학자나 언어학자들이 그런 식으로 생각한다고 하면 그것도 좋습니다. 그 규칙들 덕분에 다른 사람이 하는 말이나 생각을 이해하게 된다는 것도 좋습니다. 하지만 그런 규칙, 존재의 규칙이 인간 정신이나 인간성의 일부라고 하는 얘기는 저로선 받아들이기 어렵습니다. 우선 그런 견해에 도달하기 전에—어쨌든 저는 지식의 이해라는 점에 대해서만 말씀드리는 건데—인간의 다른 실천 영역, 가령 경제, 과학기술, 정치, 사회 등 실천의 형성, 모형, 장소, 외양 등을 구성하는 분야를 살펴보아야 합니다. 이런 분야에서도 규칙과 제약의 체계가 발견되는데, 이것은 인간성과는 상관이 없어요. 이런 체계 덕분에 사회 형태, 생산관계, 계급투쟁 등을 연구하는 학문이 가능해집니다.

더 구체적으로 말해서, 서구에서 어떤 시기에 인간의 광기가 과학적 연구의 대상이 되고 지식의 대상이 되었습니다. 이 사실은 광기가 인간성의 일부라기보다는 특정 경제·사회 상황과 관련 있는 것임을 보여줍니다.

촘스키 씨와 저의 차이는, 이분이 과학을 말할 때면 공식적 형태의 지식을 뜻한다는 것이고 반면에 저는 지식 그 자체를 말한다는 것입니다. 그러니까 저는 다양한 지식의 내용이 특정 사회에 스며들어 교육, 이론, 실천 등의 기반이 된다고 생각하는 겁니다.

엘더르스 그 지식 이론이 당신이 다루는 죽음이라는 주제나 19~20세기의 종말과 어떤 관계가 있습니까?

푸코 하지만 그것은 우리가 지금 토론하는 주제와는 아무 상관이 없습니다.

엘더르스 글쎄요, 저는 당신이 방금 말씀한 것을 당신의 인류학적 개념에 적용하려 했던 겁니다. 당신은 스스로의 창조성과 자유에 관한 의견을 말씀하기를 거부했습니다. 그 심리적 이유가 무엇인지 궁금한데요…….

푸코 (항의하며) 궁금하실 수도 있겠습니다만 저는 어쩔 수 없군요.

엘더르스 그렇다면 당신의 이해, 지식, 과학 개념에 비추어볼 때, 이런 개인적 질문을 거부하는 객관적 이유는 무엇입니까?
당신이 대답해야 할 문제가 있는데도, 개인적 질문을 문제 삼는 이유는 무엇입니까?

푸코 나는 개인적 질문을 문제 삼지 않습니다. 오히려 개인적 질문은 곧 문제가 없는 상황이라고 봅니다.
아주 간단한 예를 하나 들겠습니다. 이것은 분석을 할 필요조차 없는 것입니다. 18세기 말 서구의 사상과 지식 역사상 처음으로 사람의 시체를 절개하게 되었습니다. 죽음에 이르게 한 특정 질병의 원천, 근원을 알기 위해서였지요. 그런데 이런 시체 해부가 어떻게 시작되었을까요?

시체를 해부한다는 것은 아주 간단한 생각입니다. 하지만 서양 의학의 역사가 사오천 년이나 지나서야 비로소 사람들은 시체를 해부해서 병소病巢를 찾아내자는 생각을 하게 되었습니다.

만약 이것을 비샤라는 의사의 개성으로 설명하려고 한다면 그건 별 흥미 없는 문제가 될 겁니다. 반대로 18세기 말의 사회에서 질병과 죽음이 어떤 자리를 차지했는지 정립하려 든다면, 산업사회가 끼친 영향은 큰 흥미를 일으키게 됩니다. 사회가 팽창하느라 인구를 네 배로 늘렸고 그 결과 사회에 대한 의학적 조사가 시행되고 대형 병원이 설립되었으니까요. 이 시대에 의학 지식이 어떻게 정립되고 다른 지식들과 어떤 관계를 맺었는지 파악하려 한다면 질병, 입원 환자, 시체, 병리학적 해부 등의 관계를 살펴보게 될 겁니다.

이러한 분석 형태는 새로운 것이라고는 할 수 없지만 오랫동안 무시되어온 게 사실입니다. 나는 이런 분석과 개인적 사건은 아무 상관이 없다고 봅니다.

엘더르스 그렇군요. 저는 이런 질문을 거부하는 당신의 입장에 대해 좀 더 아는 것이 유익하리라 생각했습니다.

촘스키 씨, 이게 이번 토론에서 철학에 관한 마지막 질문이 되겠는데, 사회과학이 작동하는 방식을 좀 말씀해주시겠습니까? 이런 질문을 드리는 것은 행동주의에 대한 당신의 맹렬한 공격을 염두에 둔 것입니

저의 관심사는 정신에 내재하는 특성이고, 반면에 푸코 씨는 사회적, 경제적, 기타 조건들의 특정 배열에 더 관심을 두는 듯합니다.

다. 그리고 푸코 씨가 지금 수행하는 다소 행동주의적인 방식도 좀 설명해주실 수 있겠지요.(두 철학자는 웃음을 터뜨린다.)

촘스키 대답하기 전에 잠시, 푸코 씨가 금방 말씀한 것에 대해 간단히 논평해보겠습니다.

엘더르스 씨의 표현을 빌리자면, 푸코 씨의 말은 우리가 산의 반대 방향에서 터널을 뚫고 있음을 매우 잘 보여줍니다. 나는 과학적 창조 행위가 두 가지 사실에 바탕을 둔다고 봅니다. 하나는 정신에 내재하는 속성이고, 다른 하나는 기존의 사회적·지적 조건입니다. 중요한 것은 이 두 가지 중 어떤 것을 우선적으로 연구해야 하느냐 하는 것이 아닙니다. 그보다는 이 두 가지 요소를 이해하고 그것들이 상호 작용하는 어떤 특정한 방식을 밝혀 보일 때 과학적인 발견이나 그 어떤 발견이 이루어지는 것입니다.

이런 맥락에서 볼 때 저의 관심사는 정신에 내재하는 특성이고, 반면에 푸코 씨는 사회적, 경제적, 기타 조건들의 특정 배열에 더 관심을 두는 듯합니다.

푸코 저는 그런 차이가 우리의 개성과는 상관이 없다고 봅니다. 그 과거 언어학에서는 '창조하는 주체' 혹은 '창조적인, 말하는 주체'의 중요성을 배제했습니다. 반면에 과학의 역사는 개인의 창조성을 중시하면서 집단적 규칙을 배제했습니다.

것은 오히려 우리가 연구하는 지식의 상태 혹은 앎의 상태와 관련됩니다. 당신이 잘 알고 또 변모시키는 데 성공한 과거의 언어학 분야에서는 '창조하는 주체' 혹은 '창조적인, 말하는 주체'의 중요성을 배제했습니다. 반면에 저와 같은 세대의 사람들이 연구하기 시작한 과학의 역사는 개인의 창조성을 중시하면서 집단적 규칙들을 배제했습니다.

방청객 이야기를 약간 뒤로 돌려서 촘스키 씨에게 여쭙고 싶은 것이 있습니다. 당신은 인간의 본성 안에 원초적 제약 사항의 기본 체계가 들어 있다고 가정했습니다. 그런 제약 사항은 어느 정도까지 역사적 변화의 영향을 받는다고 보십니까? 가령 17세기 이후 그런 기본적 제약 사항이 상당히 변했다고 보십니까? 만약 그렇다면 그 점은 푸코 씨의 사상과 어느 정도 연결되리라 보는데요.

촘스키 생물학과 인류학의 관점에서 볼 때 인간 지능의 본성은 근본적으로 달라진 게 없습니다. 17세기가 아니라 크로마뇽인 시대부터 따져도 그러합니다. 오늘 밤 우리가 토론하는 인간 지능의 근본 특성은 아주 오래된 것이라 생각합니다. 5000년 전이나 2만 년 전의 어린아이를 오늘날의 사회에 데려다놓아도 그 아이는 요즘 아이가 배우는 것을 그대로 다 배울 것이고, 그리하여 천재가 되거나 바보가 되거나 혹은 중간 어디쯤에 이를 겁니다. 어쨌든 그 아이는 근본적으로 다르지 않을 것입니다.

물론 획득된 지식의 수준은 다르고 사회적 조건도 다르겠지요. 한 사람으로 하여금 자유롭게 생각하게 하고 미신의 제약을 돌파하게 해주는 사회적 조건 말입니다. 이런 조건들이 달라지면 인간의 지능도 발달하여 새로운 형태의 창조로 나아가게 됩니다. 사실 이것은 아까 엘더르스 씨가 한 마지막 질문과 밀접한 관계가 있습니다.

행동과학을 이런 맥락에서 한번 살펴봅시다. **행동과학**이라는 기이한 용어가 제시하는 행동주의의 근본 특성은 과학 이론이 개발될 가능성을 부정합니다. 다시 말해 행동주의는 새롭고 흥미로운 이론을 창조해서는 **안 된다**는 황당하면서도 자기 파괴적인 전제 조건을 달고 있습니다.

만약 물리학이 자연계의 현상과 그 배열에만 신경을 써야 한다면 우리는 오늘날에도 바빌로니아 천문학을 하고 있을 겁니다. 다행스럽게도 물리학자들은 이런 우스꽝스럽고 엉뚱한 전제 조건을 무시했습니다. 사실 그 전제 조건은 나름대로 역사적 이유도 있고 또 행동주의가 발전해 나온 역사적 맥락에 얽힌 괴상한 사실들과도 관련이 있습니다.

아무튼 순수한 학문적 관점에서 볼 때, 행동주의는 인간의 행동에 대해 과학 이론을 창조해서는 안 된다고 제멋대로 주장하는 것에 지나지 않습니다. 행동주의는 현상과 현상들 간의 상호 관계만 연구해야 한다고 주장합니다. 이것은 인간의 지성이나 행동의 영역에서 불가능한 얘기이고 다른 영역에서도 마찬가지입니다. 이렇게 볼 때 행동주의는 과학이 아닙니다.

이것이 엘더르스 씨가 언급하고 또 푸코 씨가 논하고 있는 것의 사례입니다. 어떤 역사적 상황에서, 가령 실험심리학이 발전해온 상황 아래서—여기서 그 자세한 배경은 말씀드리지 않겠습니다—과학 이론 구성에 얼마간 기이한 제약을 부과하는 것이 필요하고 또 중요했습니다. 그 기이한 제약이 행동주의로 알려지게 되었습니다. 하지만 이것은 오래전에 그 효력이 다했습니다. 1880년에는 가치가 있었는지 모르지만, 오늘날에는 과학적 탐구를 제약하는 기능밖에 없으므로 폐기되어야 마땅합니다. 일반적 물리 이론은 개발해서는 안 된다, 천체의 운행이나 주전원周轉圓[*]만 연구하라고 말하는 물리학자가 있다면 그 학자를 학계에서 퇴출시켜야 하는 것과 마찬가지입니다. 따라서 행동주의가 주장하는 저 기이한 제약은 폐기해야 합니다. 그런데 앞에서도 말했지만 이런 제약은 **행동과학**이라는 용어에 의해 제시되는 것입니다.

넓은 의미에서 보자면 행동이 인간과학의 자료(데이터)를 구성하는 것은 사실입니다. 하지만 과학을 자료로 정의하려는 것은 물리학을 미터기 판독 이론으로 규정하는 것처럼 어리석은 일입니다. 어떤 물리학자가 '내가 하는 일은 미터기를 읽는 것이오'라고 한다면 그는 학자로서 대성하기 어려울 겁니다. 미터기를 판독하고 자료들의 상관관계를 해석하는 것 같은 일을 아무리 해봐야 물리학 이론을 창조하지는 못할 것이기 때문입니다.

따라서 행동과학이라는 용어 자체가 이 경우에는 질병의 징후입니

* 고대 그리스의 천문학자 프톨레마이오스가 지구상에서 관측한 행성의 운동을 설명하기 위해 제시한 궤도 개념. 16세기 중엽 코페르니쿠스가 지동설을 제창할 때까지 계속 신봉되었다—두산백과와 위키백과 참조.

다. 우리는 이런 기이한 제약이 뻗어나간 역사적 맥락을 먼저 이해해야 합니다. 그런 다음 그것을 폐기하고 인간과학the science of man으로 나아가야 합니다. 다른 분야에서도 마찬가지지만 인간과학에서도 행동주의, 나아가 그것이 뿌리를 둔 경험주의적 전통 자체와 완전히 결별해야 합니다.

방청객 그렇다면 촘스키 씨, 당신이 이야기하는 내재적 제약과 푸코 씨의 '틀grille' 이론은 서로 관계가 없다는 말씀이군요. 어떤 상관이 있을 법도 한데 말입니다. 푸코 씨는 '틀'의 체계에 따라 어떤 한 방향에서 창조성이 용솟음치면 그것이 자동적으로 다른 방향의 지식을 제거한다고 하셨는데요. 따라서 당신이 말씀한 내재적 제약의 체계가 변하는 것이라면 푸코 씨의 틀 이론과 연결될 법도 한데⋯⋯.

촘스키 글쎄요, 푸코 씨가 설명하신 것의 이론적 배경은 다른 것이라고 봅니다. 저는 지금 지나치게 단순화하고 있습니다. 아무튼 지적으로 볼 때 우리에게는 가능한 과학이 많습니다. 객관적 사실이 자주 변하는 세상에서 이런 지적 구성물을 시도할 때, 성장이 쌓이는 걸 보지 못하는 경우도 있습니다. 기이한 도약을 발견하게 되는 때입니다. 여기에 어떤 현상의 영역이 있으면, 거기에 잘 적용되는 과학이 있습니다. 그러다가 현상의 영역이 약간 넓어지면 아주 다른 과학이 아주 멋지게 적용되는 겁니다. 일부 현상은 배제하고 말입니다. 좋습니다. 그것이 과학의 진보이고 어떤 특정 영역을 배제하거나 망각하게 만드는 겁니다. 하지만 이 모든 것의 이유는 바로 그 내재하는 원칙들 때문입니다. 불행하게도 우리는 그 원칙들을 선명하게 알지 못하고 있습니

정치는 우리의 일상생활에 가장 중요한 문제입니다.
우리 생활의 본질은 우리가 살고 있는 사회의
정치적 기능 바로 그것입니다.

다. 그 때문에 우리의 토론이 추상적으로 흘러버립니다. 하지만 그 원칙들이 가능한 지적 구조를 정의定義하고 심층 과학을 낳는 요인입니다.

엘더르스 자, 이제 토론의 두 번째 주제인 정치로 넘어가겠습니다. 먼저 푸코 씨에게 왜 정치에 관심이 많은지 물어보겠습니다. 제게 철학보다 정치를 더 좋아한다고 말씀하셨잖아요.

푸코 나는 철학에 깊이 관여해본 적이 없습니다. 하지만 문제는 그게 아니죠.(푸코 웃음.)

당신의 질문은 제가 왜 정치에 관심이 많으냐는 것이었습니다. 하지만 저는 이렇게 되묻겠습니다. 왜 제가 정치에 관심을 가지지 **말아야 하나요?** 어떤 맹목성, 어떤 귀먹음, 어떤 이데올로기가 나를 압제하여 정치에 관심을 가지지 못하게 한단 말입니까. 정치는 우리의 일상생활에 가장 중요한 문제입니다. 우리가 사는 사회, 그 안에서 작동하는 경제 관계, 우리 행동의 규칙적 형태와 그 행동에 대한 가부可否를 결정하는 권력 체계, 이 모든 것이 정치와 관련됩니다. 우리 생활의 본질은 우리가 살고 있는 사회의 정치적 기능 바로 그것입니다.

그러므로 저는 왜 정치에 관심이 많으냐는 질문에 답변할 수 없습니다. 오히려 제가 왜 정치에 관심을 가지지 말아야 하느냐고 반문하고 싶습니다. 정치에 관심 없는 것, 그거야말로 문제입니다. 그러니 저한테 그런 질문을 하지 말고, 정치에 관심 없는 사람에게 다음과 같이 매우 적절한 질문을 할 수 있습니다. "젠장, 어째서 당신은 정치에 관심이 없다는 거요?"(일동 웃음을 터뜨리고 방청객도 웃음.)

엘더르스 그럴지도 모르죠. 촘스키 씨, 우리는 당신의 정치적 목표에 관심이 많습니다. 특히 잘 알려진 아나키즘적 조합주의anarcho-syndicalism에 대해서 말입니다. 당신은 그 사상을 자유론적 사회주의libertarian socialism라고 부르지요. 자유론적 사회주의의 주된 목표는 무엇입니까?

촘스키 흥미진진한 첫 번째 질문에 먼저 답하고 싶은 욕구를 억누르고 두 번째 질문에 대답하겠습니다.

우리가 이미 앞에서 토론해온 주제와도 관련됩니다만, 제 생각이 맞다면, 인간성의 근본 요소는 창조적인 일, 창조적인 탐구, 강제적 기구가 임의로 가하는 제약 효과가 배제된 자유로운 창조에 대한 욕구라고 봅니다. 따라서 정의로운 사회라면 이런 욕구가 실현될 수 있는 가능성을 최대한 높여야 합니다. 그러자면 기존 사회, 그러니까 우리 서양 사회에 역사적 잔재로 남아 있는 억압, 탄압, 파괴, 강제의 요소들을 극복해야 합니다.

그 어떤 형태의 강제나 억압도 허용되어서는 안 됩니다. 일상생활의 어떤 영역에 대한 독재적 통제, 가령 자본의 사유화나 인간 생활에 대

일상생활의 영역에 대한 독재적 통제, 가령 자본의 사유화나 국가의 통제는 본질적으로 정당화될 수 없으며, 극복하거나 제거해야 할 대상입니다.

한 국가의 통제 등은 오직 자급자족, 생존, 국가 방위 등 극히 제한적인 경우에만 정당화될 수 있습니다. 본질적으로 정당화될 수 없으며, 극복하거나 제거해야 할 대상입니다.

이제 과학기술이 발달한 서방 선진 사회는 무의미한 노역을 제거할 수 있는 단계에 와 있다고 봅니다. 꼭 필요한 노역은 주민들 사이에서 분담하여 최소화할 수 있습니다. 이렇게 볼 때 가령 경제기관에 대한 통제 권력 같은 중앙 집중 권력은 그것이 사적私的 자본주의든 국가 전체주의든 역사의 파괴적 흔적에 지나지 않습니다.

이러한 흔적들은 타도되거나 제거되어야 합니다. 그 자리에 노동자 회의나 시민들의 자유 결사가 들어서서, 스스로의 사회생활과 생산노동을 만들어나가야 합니다.

경제기관과 사회기관을 포함한 자유 결사의 탈중심적 연합 체계가 제가 말하는 아나키즘적 조합입니다. 선진 과학기술 사회에서 이러한 사회조직 형태를 갖추는 것이 가장 바람직하다고 봅니다. 이런 사회에서 인간은 도구나 기계의 부품 수준으로 떨어지지 **않을** 겁니다. 생산 과정에서 인간을 기계적 요소로 취급할 사회적 필요는 더 이상 존재하지 않을 겁니다. 그런 문제는 충분히 극복될 수 있고 또 극복되어야 합니다. 자유와 자유 결사가 존재하는 사회의 힘으로 말입니다. 그런 사회에서는 인간성의 내재적 요소인 창조적 충동이 그 어떤 형태로도 실현될 수 있다고 생각합니다.

그래서, 아까 푸코 씨가 말씀하신 대로 이런 문제에 관심을 가지지 말아야 할 사람은 없으리라 봅니다.(푸코 웃음.)

엘더르스 푸코 씨, 촘스키 씨의 이 이야기를 듣고 난 후 우리 사회를 민주적이라고 말할 수 있을까요?

푸코 아니오. 우리 사회를 결코 민주적이라 할 수 없습니다.(웃음.)
계급으로 나뉘지도 않고 상하로 위계가 고정되지도 않은 사람들이 효과적으로 권력을 행사하는 것을 민주주의라고 볼 때, 우리 사회는 민주주의로부터 아주 멀리 떨어져 있습니다. 우리는 계급 독재 체제, 계급 권력 체제 아래 살고 있습니다. 그 체제는 폭력으로써 자신의 의지를 강요합니다. 그리고 그 폭력의 도구는 제도와 헌법에 따른 것입니다. 사정이 이렇기 때문에 민주주의가 아니라는 데에는 의문의 여지가 없습니다.

아까 제게 왜 정치에 관심이 많으냐고 물으셨을 때, 그건 너무 명백한 질문이라서 답변을 하지 않았습니다. 하지만 제게 '어떻게 정치에 관심을 갖게 되었느냐?'고 묻는다면 사정이 다릅니다.

당신은 바로 그걸 물은 거라고 하실 수도 있겠습니다. 그렇다면 저는 제 생각이 아직 충분히 정립되어 있지 않고 또 촘스키 씨보다 훨씬 뒤떨어져 있다고 말씀드리겠습니다. 그 이유는 과학적이거나 기술적인 사회가 잘 기능을 발휘하는 이상적 사회형社會型, social model을 제가 아직 정립하지 못했기 때문입니다.

한편 제가 보기에 아주 긴급하고 중요한 과제는 이것입니다. 우리는 정치권력의 관계들, 그러니까 사회적 신체를 통제하고 억압하는 그 감추어진 관계들을 폭로해야 합니다.

유럽 사회에서는 이렇게 생각하는 경향이 있습니다. 권력이 정부의 손에 집중되어 있고 행정부, 경찰, 군대, 국가기관 등 특정한 기관을 통해 행사된다고 보는 것입니다. 이런 기관들은 국가나 민족의 이름으로 특정한 결정 사항들을 정교하게 가다듬고 전파합니다. 그 결정 사항들을 가혹하게 적용하고, 순응하지 않는 사람은 처벌합니다. 하지만 내가 볼 때, 정치권력은 그 권력과 무관해 보이는 특정 기관들을 매개로 하여 행사됩니다. 이런 기관들은 정치권력과 무관한 척하지만 실제로는 그렇지 않습니다.

우리는 이것을 가족 관계에서도 살펴볼 수 있고, 대학과 교육 제도 전반에서도 볼 수 있습니다. 교육 제도는 지식 전파가 주된 임무처럼 보이지만, 다른 사회적 계급에게 권력이 넘어가지 않고 특정 사회적 계급이 계속 집권하는 데 봉사하도록 만들어져 있습니다. 진찰과 간호를 주로 하는 지식 기관인 의료기관도 정치권력 유지에 이바지합니다. 가령 정신의학 관련 분야에서는 거의 추문이라고 해야 할 정도로 명백하게 정치권력을 돕고 있습니다.

우리 사회와 같은 데서는 겉으로는 중립적이고 독립적인 듯한 이런 기관들의 행태를 비판하는 것이 중요한 정치적 과제라고 생각합니다. 그런 기관을 통해 애매하게 행사되는 정치적 폭력을 낱낱이 폭로하면서 맞서 투쟁해야 합니다.

이러한 비판과 투쟁은 내가 볼 때 여러 가지 이유로 본질적인 것입니다. 무엇보다도 정치권력은 우리가 생각하는 것보다 훨씬 깊은 곳까지 미치고 있기 때문입니다. 구심점이 되는 것들과, 보이지 않고 잘 알려지지 않은 지원 세력들이 있습니다. 진정한 저항과 유대는 우리가 전혀 예상치 못하는 곳에 있습니다. 정부 뒤에, 국가기관 뒤에 지배 계급이 있다고 해도 과언이 아닙니다. 그러한 활동의 거점을 알아내야 하고 그러한 지배가 이루어지는 장소와 형태를 밝혀야 합니다. 이러한 지배는 경제적 착취의 정치적 표현 형태일 뿐만 아니라 그 수단이고, 그런 착취를 가능케 하는 조건 그 자체입니다. 따라서 이러한 조건을 샅샅이 파헤쳐야만 그것을 타파할 수 있습니다. 계급권력을 뒷받침하는 이런 세력들을 인식하지 못하면 그들 세력이 계속 존재하도록 내버려두게 됩니다. 그리하여 혁명적 과정이 나타난 뒤에도 이 계급권력은 스스로 재구축됩니다.

촘스키 이론뿐만 아니라 실천의 측면에서도 그 견해에 동의합니다. 여기에는 두 가지 지적인 과제가 있습니다. 하나는 제가 앞에서 이미 논한 것으로서 미래의 정의로운 사회형을 창조하는 것입니다. 그러니까, 가능하다면, 인간의 본질 혹은 본성이라는 인도적 개념에 바탕을 둔 인본주의적 사회 이론을 창조하는 겁니다.

다른 하나는 우리 사회 내 권력과 억압과 테러와 파괴의 본질을 명확하게 이해하는 것입니다. 여기에는 당신이 방금 말씀하신 기관들, 그러니까 산업사회의 중앙 기관이 되는 경제·상업·재정 기관들과 또 앞으로는 다국적 대기업이 들어갑니다. 다국적 대기업은 오늘 밤 우리가 토론하는 장소로부터 그리 멀지 않은 곳에 자리 잡고 있습니다(가령 에인트호번의 필립스).

이들이 겉으로는 중립적이지만 실제로는 압박과 강제를 자행하며 독재적인 권력을 휘두르는 기관입니다. 그들은 자기들이 시장민주주의에 따를 뿐이라고 강변합니다. 하지만 그들의 말은 독재 권력의 관점에서 이해해야 합니다. 불공정한 사회에서 시장권력을 장악한 데 따른 독재적 지배의 한 형태입니다.

우리는 이런 사실을 알아야 합니다. 아는 데 그치지 말고 그것들에 맞서 싸워야 합니다. 엄청난 정력과 노력을 쏟아붓게 되는 정치 관련 분야에서는 특히 그렇습니다. 이 문제에 관해 저 개인의 노력을 말하고 싶지는 않지만 아무튼 그런 쪽에 노력을 집중하고 있습니다. 다른 사람들도 그러리라 생각합니다.

따라서 인간 본성의 개념과 사회 구조의 문제를 연결하는 추상적이면서도 철학적인 과제를 완전히 도외시하는 것은 대단히 부끄러운 일입니다. 인간 본성은 자유, 존엄, 창조성과 그 밖에 인간의 근본 특성들을 끄집어내는 데 바탕이 되는 개념이고, 사회 구조는 이러한 가치들이 실현되어 의미 있는 인간 생활을 영위하게 만드는 공간을 가리키는 개념이기 때문입니다.

우리가 사회 변혁이나 사회 혁명을 생각할 때, 최종적으로 도달하려는 목표를 구체적으로 그려내는 것은 아직도 요원한 일이지만, 그래도 대략 우리가 어디로 가고 있는지 알아야 하며 이런 이론이 그런 방향을 제시할 수 있는지 살펴보아야 합니다.

푸코 그건 그렇습니다. 하지만 거기에는 위험이 따르지 않을까요? 어떤 특정한 인간 본성이 존재하고, 실재하는 사회에서는 그러한 본성을 실현하는 데 필요한 권리와 가능성이 부여되어 있지 않다, 라고 말씀하셨는데.

사회주의가 인간 본성을 실현하기 위해 구상하고,
설계하고, 이룩하려 했던 모델은
결국 부르주아 모델이었습니다.

촘스키 그렇습니다.

푸코 그렇게 말씀하신다면 인간의 본성을 정의해버리는 위험이 있지 않을까요? 그러니까 이상적이면서 실제적이고, 지금까지는 감추어지고 억압되었던 본성을 우리 사회, 우리 문명, 우리 문화의 관점에서 정의하는 게 아닐까요?

아주 단순화해서 구체적 사례를 하나 들겠습니다. 특정한 시대, 가령 19세기 말에서 20세기 초의 사회주의는 이렇게 말했습니다. 자본주의 사회에서 인간은 잠재된 발전과 자기실현을 온전히 성취하지 못했다. 자본주의 체제에서 인간 본성은 소외당했다. 따라서 이 인간 본성을 궁극적으로 해방시켜야 한다.

그 사회주의가 인간 본성을 실현하기 위해 구상하고, 설계하고, 이룩하려 했던 모델은 무엇이었습니까? 결국 부르주아 모델이었습니다.

소외된 사회란 예를 들면 부르주아식 성욕, 부르주아식 가족, 부르주아식 미학에 우선순위를 부여하는 사회로 여겨졌습니다. 그런데 이런 사회가 소련과 인민민주주의popular democracy 국가에서 그대로 발생했습니다. 이들 사회는 19세기의 부르주아 사회를 바탕으로 재구성되었습니다. 그러니까 부르주아 모델의 보편화가 소련 사회 재구성을 추동한 유토피아였습니다.

이런 결과를 놓고 볼 때, 당신도 아시겠지만, 인간 본성이 무엇인지 정확하게 말하기는 어렵습니다.

우리가 이런 오류에 끌려드는 것은 아닐까요? 마오쩌둥은 부르주아 인간성과 프롤레타리아 인간성을 말하면서 그 둘은 같은 것이 아니라고 생각했습니다.

촘스키 인간성 개념에 바탕을 두고서 정의롭고 자유로운 사회상을 구성하려는 정치 활동의 영역에서, 우리는 바로 그런 문제에 직면합니다. 지금 당장 뭔가 행동을 취해야 할 필요는 아주 긴급하지만, 우리가 취하려는 행동이 사회 현실에 대한 아주 제한된 이해(이 경우에는 인간성에 대한 제한된 이해)에 바탕을 둔다는 겁니다.

더 구체적으로 말해보자면 저의 정치적 활동은 상당 부분 베트남전 반대 운동에 관한 것입니다. 그리고 시민 불복종 운동에도 관심이 많습니다. 그런데 미국에서 시민 불복종 운동은 그 효과가 상당히 의문시되는 아주 불확실한 상황에서 이루어지고 있습니다. 가령 그 운동은 사회 질서를 위협하여 자칫 잘못하면 파시즘을 불러올 수도 있습니다. 그렇게 되면 미국은 물론이고 베트남, 네덜란드와 그 밖의 모든 나라에 불행이 될 수 있어요. 미국과 같은 거대한 괴물Leviathan이 파시스트 국가가 된다면 대단한 문제가 생길 겁니다. 구체적 행동에는 이런 위험이 있는 겁니다.

반면에 아예 행동을 안 해버리면 거기에는 더 큰 위험이 도사리고 있어요. 그러니까 인도차이나 사회가 미국의 권력 때문에 갈가리 찢길 수

우리가 얼마간 가능한 목표를 달성하기 위해서는,
우리가 어떤 불가능한 목표를 달성하려 하는지
뚜렷이 알아야 합니다.

있는 겁니다. 이런 불확실한 상황에서 행동의 노선을 선택해야 합니다.

마찬가지로 지식 탐구 분야에서도 당신이 금방 올바르게 지적한 불확실성과 대면하게 됩니다. 인간성에 대한 우리의 이해는 확실히 제한되어 있습니다. 사회적 조건의 제약을 받고, 우리 자신의 성격이나 지식문화 환경의 제약도 받습니다. 하지만 우리가 얼마간 가능한 목표를 달성하기 위해서는, 우리가 어떤 불가능한 목표를 달성하려 하는지 뚜렷이 알아야 합니다. 그러자면 우리는 제한된 지식을 바탕으로 과감하게 사회 이론을 추론하고 창조해야 합니다. 그러면서 우리가 어쩌면 정확한 목표로부터 많이 떨어져 있을지도 모른다는 높은 가능성 혹은 압도적 가능성에도 마음을 열어두어야 합니다.

엘더르스 그렇다면 여기서 전략의 문제를 좀 더 깊이 파고들면 흥미롭겠군요. 촘스키 씨가 말씀하신 시민 불복종 운동은 여기 네덜란드에서 원외 행동extra-parliamentary action이라고 부르는 것과 같은 것입니까?

촘스키 아닙니다. 원외 행동은 그것을 넘어서는 일이라고 봅니다. 원외 행동은 가령, 합법적인 대중 시위를 포함하니까요. 하지만 시민의 불복종은 그보다 범위가 좁습니다. 국가가 법으로 주장하는 것에 직접 도전한다는 의미에서 말입니다.

엘더르스 그럼 예를 들어 네덜란드의 경우 인구 조사 같은 것을 합니다. 시민은 공식적인 질문 양식에 답할 의무가 있습니다. 만약 그 양식의 작성을 거부한다면 그것을 시민 불복종이라고 하시겠습니까?

촘스키 그렇습니다. 하지만 그 문제에 대해서는 좀 더 조심스럽게 접근하고 싶군요. 아까 푸코 씨가 말씀하셨던 아주 중요한 사항과도 관계가 되는 것인데, 시민은 법이 정하는 바가 무엇인지 밝히는 일을 반드시 국가에만 맡겨둘 필요는 없습니다. 현재 국가는 법이 정하는 바에 대한 특정한 해석을 강제할 권한을 갖고 있습니다. 하지만 권력은 정의나 정확성과 동의어가 아닙니다. 국가는 그렇게 하면 안 되는데도 어떤 것을 시민의 불복종으로 규정할 수 있습니다.

가령 미국에서는 베트남으로 갈 탄약 열차를 멈추게 하는 것을 시민의 불복종으로 규정합니다. 하지만 국가가 이런 규정을 내린 건 **잘못**입니다. 왜냐하면 그건 합법적이고 정당하며 당연히 해야 할 일이니까요. 국가의 범죄를 막으려는 행동은 실시하는 것이 마땅합니다. 살인을 막으려고 교통 법규를 위반해도 되는 것처럼 말입니다.

가령 내가 빨간불에 걸려 차를 멈춰 세웠는데, 그때 기관단총을 쏘아대는 사람들로부터 어떤 사람을 구하려고 내가 교통 신호를 무시하고 자동차를 달렸다면 그건 불법 행위가 아닙니다. 적절하고 타당한 행동입니다. 그 어떤 판사도 그것을 범죄라고 하지 않을 겁니다.

마찬가지로 국가권력이 시민의 불복종이라고 규정하는 것들은 상당수 시민의 불복종이 아닙니다. 합법적일 수도 있고 아닐 수도 있는 국가의 명령을 위반하는, 합법적이고 의무적인 행동입니다.

그래서 어떤 것을 불법이라고 하는 일은 조심스럽게 해야 한다고 생각합니다.

푸코 그렇습니다. 그런데 한 가지 여쭙고 싶은데요. 가령 미국에서 어떤 불법적인 행동을 할 때, 그것을 정의 개념이나 훨씬 우월한 법적 근거에 입각하여 정당화하는 것입니까, 아니면 계급투쟁의 필요에 따라 정당화하는 겁니까? 현재 프롤레타리아가 지배 계급에 맞서 투쟁하는 데 필요한 행위로 말입니다.

촘스키 그 점에 관해서는 미국 대법원을 비롯한 법원의 관점을 취하고 싶군요. 그러니까 가장 좁은 관점에서 규정하자는 겁니다. 어떤 특정 사회에서 사법기관에 맞서서 행동하는 데는 훌륭한 의미가 있다고 봅니다. 그렇게 함으로써 그 사회의 권력과 압제의 원천을 쳐부술 수 있다면 말입니다.

그러나 아주 넓게 보아 기존의 법률은 인간의 정의로운 가치관을 반영하고 있습니다. 기존의 법률을 정확하게 해석하면, 국가가 해서는 안 된다고 하는 일들을 오히려 허용합니다. 이렇게 정해진 법을 잘 활용하면서, 권력 체계를 그대로 인정해버리는 법 영역에 직접 도전해야 합니다.

푸코 제 질문은 이런 것입니다. 당신이 분명 불법적인 행동을 저지를 때…….

촘스키 ……국가가 아니라 내가 불법으로 생각하는 행동을 저지를 때.

푸코 아니, 아니, 국가의⋯⋯.

촘스키 ⋯⋯그럼 국가가 불법으로 여기는⋯⋯.

푸코 ⋯⋯그래요, 국가가 불법으로 여기는 행동을 할 때, 당신은 정의라는 이상을 위해 그 행동을 하는 것입니까, 아니면 그것이 계급투쟁에 유익하고 필요하기 때문입니까? 그러니까 이상적인 정의를 더 중시하는 겁니까, 그게 제가 알고 싶은 겁니다.

촘스키 다시 한 번 말하지만, 저는 국가가 불법으로 판정하는 행동을 하면서 실은 그것이 합법이라고 생각하는 경우가 아주 많습니다. 저는 국가 쪽이 범법을 저지르고 있다고 보는 겁니다. 하지만 어떤 경우에 그것은 사실이 아닙니다. 그에 대하여 구체적 사례를 제시하고, 이어 계급투쟁에서 제국주의 전쟁으로 넘어가겠습니다. 이 경우에 상황은 훨씬 분명하고 이해하기 쉽습니다.

가령 국제법은 아주 허약한 문서입니다. 하지만 아주 흥미로운 원칙을 포함하고 있는 문서지요. 국제법이라고 하는 것은 여러 면에서 강대국의 도구입니다. 강대국과 그 대표자들이 만들어놓은 것이지요. 현재의 국제법을 만들어지는 데 농민들의 대규모 운동 같은 건 반영되지 않았습니다.

국제법의 구조는 그런 사실을 반영합니다. 다시 말해 국제법은 강대국의 무력 개입을 다양하게 허용합니다. 이렇게 해서 국가와 반대되는 입장에 있는 많은 사람들이 피해를 보는 겁니다.

그게 국제법의 근본적 결함이고 그걸 반대하는 것은 정당한 일입니다. 그런 국제법은 왕권신수설처럼 타당성이 없지요. 강대국이 현재의 권력을 유지하기 위한 수단에 지나지 않는 겁니다.

하지만 국제법에 그런 종류만 있는 건 아닙니다. 가령 뉘른베르크 헌장이나 유엔 헌장에는 흥미로운 요소들이 담겨 있습니다. 이런 법은 시민들이 자국을 상대로 저항할 것을 요청합니다. 국가의 입장에서 보자면 시민의 그런 행동은 범죄이겠지만. 하지만 국제법이 국제관계에서 무력 사용이나 시위를 금지하는 만큼 시민은 합법적으로 행동하는 거예요. 물론 아주 제한적 범위에서 무력 사용이 허용되기도 하지만, 베트남 전쟁은 그런 경우가 아닙니다. 제가 가장 큰 관심을 두고 있는 베트남전의 경우, 미국은 범죄적인 행동을 저지르고 있습니다. 시민은 범죄자가 범죄 행위를 저지르지 못하게 막을 권리가 있습니다. 범죄자가 시민의 행동에 불법 딱지를 붙인다고 해서 그 행동이 불법이 되지는 않습니다.

가장 좋은 사례가 오늘날의 미 국방부 문서 사건*입니다. 아마 당신도 아실 겁니다.

번거로운 법 절차를 제거하고 본질만 말해보자면, 국가가 국가의 범죄를 폭로한 시민들을 기소하려고 하는 겁니다. 본질은 바로 이겁니다.

웃기는 일이지요. 그러니 이처럼 합리적 사법 과정을 왜곡하는 일에

* 1971년 《뉴욕 타임스》에서 미국이 1964년 통킹 만 사건을 조작해 베트남전 확전의 구실로 삼았다는 미 국방부 문서(펜타곤 페이퍼)를 폭로한 사건. 당시 MIT 부설 국제연구소 수석 연구원이었던 대니얼 엘스버그가 공개한 이 문서는 로버트 맥나마라 국방장관 책임 아래 2차 세계대전 이후부터 1968년까지 22년간 미국이 은밀히 베트남에 개입해온 역사를 보여주는 1급 기밀문서다―《한겨레》 인터넷판 2010년 7월 28일자, 《한국일보》 인터넷판 2010년 7월 27일자 참조.

대해서는 신경조차 쓸 필요가 없어요. 더욱이 현재의 사법 체제도 어째서 그것이 웃기는 일인지 설명해준다고 봅니다. 만약 그렇지 않다면 우리는 그 사법 체제에도 반대해야 할 겁니다.

푸코 그렇다면 당신은 더 순수한 정의justice의 이름으로 사법부justice의 기능을 비판한다는 것입니까?

여기에 아주 중요한 문제점이 있다고 생각합니다. 모든 사회적 투쟁에 '정의' 문제가 등장하는 것이 사실입니다. 더 정확하게 말하자면 계급 정의 혹은 계급의 부정에 대항하는 투쟁은 언제나 사회적 투쟁의 한 부분이었습니다. 판사를 쫓아내고, 재판부를 바꾸고, 죄인을 사면하고, 감옥을 개방하는 것은 사회 변혁이 약간 격해지면 언제나 벌어졌던 현상이지요. 현재 프랑스에서는 법원과 경찰의 기능이 많은 '좌파 인사들'의 주요 공격 목표입니다. 그러나 투쟁에 등장하는 정의 문제는 언제나 권력의 수단이었습니다. 마침내 언젠가는 이런저런 사회에서 사람들이 공로에 따라 보상을 받고 죄에 따라 징벌을 받게 되리라는 희망을 뜻하는 정의가 아니었습니다. '정의'를 이루고자 사회 투쟁을 벌였다기보다는, 사회 투쟁에서 이기기 위해 정의를 내건 것입니다.

촘스키 그건 그렇습니다. 하지만 누구나 전쟁에 참가할 때 자신이 정의로운 전쟁에 참가한다고 믿고, 혹은 또 다른 영역에서 어떤 개념을 들여오기 위해 싸운다고 생각합니다. 이게 중요합니다. 만약 당신이 어떤 불의한 전쟁에 참가했다고 생각한다면 그 (불의한 _옮긴이) 논리를 따르지 않을 겁니다.

당신이 하신 말씀을 약간 다르게 정리해보겠습니다. 제가 볼 때 문제는 합법성과 이상적인 정의의 차이가 아니라 합법성과 더 좋은 정의의 차이인 것 같습니다.

우리가 이상적인 사법 체제를 창조할 처지는 못 된다는 것을 인정하겠습니다. 이건 우리가 마음속으로 이상적인 사회를 창조하지 못하는 것과 비슷합니다. 우리는 (이상적인 정의와 사회에 대해서 _옮긴이) 충분히 알지 못하고, 게다가 너무 시야가 제한되어 있고, 또 편벽되고, 뭐 그렇기 때문입니다. 하지만 우리는 더 좋은 사회, 더 좋은 사법 체제를 상상하고 그것을 향해 나아가는 처지에 있습니다. 우리는 여기서 감수성과 책임감을 지닌 개인으로서 행동해야 합니다. 더 좋은 체제라는 것에도 나름대로 결점이 있을 겁니다. 하지만 우리가 더 좋은 체제를 현재의 체제와 비교하면서, 더 좋은 체제를 이상적인 체제로 혼동하지만 않는다면 다음과 같이 주장할 수 있으리라 봅니다.

합법성 개념과 정의 개념은 같은 것이 아닙니다. 그렇다고 그 둘이 완전히 별개인 것도 아닙니다. 합법성이 더 좋은 정의, 곧 더 좋은 사회의 관점에서 정의를 내포한다면, 우리는 법률을 따르고 복종해야 하고 국가도, 대기업도, 경찰도 그 법률에 따르도록 해야 합니다. 우리에게 그런 힘이 있다면 말입니다.

하지만 법률 체제가 더 좋은 정의를 대변하는 것이 아니라 독재 체제를 위한 압제의 수단이 되는 국면에서는, 합리적 인간이라면 적어도 원칙적으로는 그것을 무시하고 또 저항할 것입니다. 어떤 이유로 실행에 옮기지 못할 수도 있지만요.

푸코 먼저 하신 말씀, 그러니까 경찰을 상대로 하는 싸움이 정의롭지 않다면 그 싸움에 참가하지 않을 거라는 말씀에 대해서 한마디 하겠습니다.

스피노자의 관점을 빌려 말씀드리는 건데, 프롤레타리아는 자신이 벌이는 전쟁이 정당하다고 믿기 때문에 지배 계급을 상대로 전쟁하는 게 아닙니다. 프롤레타리아는 역사상 처음으로 권력을 잡기를 바라기 때문에 지배 계급을 상대로 전쟁을 벌입니다. 지배 계급의 권력을 타도할 수 있기 때문에 자신들의 전쟁이 정당하다고 생각합니다.

촘스키 그 점에는 동의하기 어렵군요.

푸코 이기기 위해서 전쟁을 하는 거지 정의롭기 때문에 하는 게 아니라는 얘기죠.

촘스키 그 말씀에는 정말 동의하기 어렵습니다.

가령 프롤레타리아의 집권이 공포 경찰국가를 가져올 것이라는 확신이 든다면, 그리하여 자유, 존엄, 정의로운 인간관계가 파괴될 것이 확실하다면 저는 프롤레타리아가 집권하기를 바라지 않을 겁니다. 제가 그것을 바라는 유일한 까닭은 인간의 몇 가지 근본적인 가치가 권력 이동으로 성취될 것이라고 생각하기 때문입니다.

푸코 프롤레타리아가 권력을 잡으면 과거의 지배 계급을 상대로 폭력적, 독재적, 유혈적 권력을 휘두를 겁니다. 이런 예상에는 반대가 없으리라 봅니다.

집권한 프롤레타리아가 스스로에게 폭력적, 독재적, 유혈적 권력을 휘두르는 경우는 뭐냐고 묻는다면, 그건 프롤레타리아가 집권을 했으되 실제 권력을 잡지는 못한 경우라고 말씀드리겠습니다. 그러니까 실제로는 프롤레타리아 외의 계급, 곧 프롤레타리아 내부의 소수 집단이나 관료, 혹은 프티부르주아 분자들이 권력을 잡는 경우입니다.

촘스키 저는 역사적인 근거를 비롯해 여러 가지 이유로 그러한 혁명 이론을 수긍하지 못합니다. 논의의 편의를 위해 일단 그 이론을 받아들이고 한번 살펴봅시다. 그 이론의 주장은 이렇습니다. 프롤레타리아가 권력을 잡으면 폭력적이고 유혈적이고 불공정한 권력을 휘두르는 것은 당연하다. 왜냐하면 그렇게 해야 정의로운 사회의 도래를 앞당길 수 있고, 그 다음에는 국가가 소멸되고 프롤레타리아는 보편 계급이 될 것이기 때문이다.

이렇게 미래를 담보로 정당화하지 않는다면 프롤레타리아의 폭력적, 유혈적 독재는 확실히 부당한 것이 되고 말 겁니다. 하지만 이것은 다른 문제입니다. 왜냐하면 저는 무엇보다도 프롤레타리아의 폭력적, 유혈적 독재를 의심스러운 것으로 여기기 때문입니다. 그 독재라는 것이 전위를 자임하는 조직에 의해 자행될 때는 더욱 그렇습니다. 전위 조직이라는 것에 대해서는 이미 충분한 역사적 경험이 있고, 그것을 바탕으로 이렇게 예언할 수 있습니다. 그러한 전위 조직은 사회에 등장한 새로운 지배자에 지나지 않는다.

푸코 그렇습니다. 저는 그런 프롤레타리아 권력에 대해서 말한 건 아닙니다. 그런 권력은 장차 불공정한 권력이 되어버릴 수밖에 없습니다. 그건 너무나 뻔한 이야기입니다. 당신의 말씀이 타당합니다. 제가 하고자 하는 이야기는 프롤레타리아 권력이 어느 특정 시기에는, 그러니까 과거의 지배 계급에 대해 완전한 승리를 거두지 못해 그 승리를 획득할 때까지는 폭력과 전쟁을 계속할 거라는 점입니다.

촘스키 저는, 뭐라고 할까, 어떤 절대적인……, 이를테면 철저한 평화주의자는 아닙니다. 어떤 상황에서도 폭력을 사용하는 것은 잘못이라고 생각하지 않습니다. 폭력을 사용하는 것은 얼마간 불공정한 일이기는 하지만 말입니다. 우리는 상대적 정의를 늘 감안해야 합니다.

폭력 사용과 불의에 대한 용인은 다음과 같은 주장과 평가를 바탕으로 할 때만 정당성을 획득할 수 있습니다. 더 정의로운 결과를 성취할수 있기 때문에 폭력을 사용하는 것이다. 이러한 주장과 평가는 아주 아주 진지하게, 많은 의심을 받으면서 이루어져야 합니다. 이러한 전제가 없다면, 제가 볼 때 폭력 사용은 정말 부도덕한 일입니다.

푸코 하지만 저는 프롤레타리아가 계급투쟁을 하는 목표가 더 큰 정의를 얻기 위해서라고 생각되지 않습니다. 프롤레타리아가 현재의 지배 계급을 축출하고 스스로 집권하게 되면 모든 계급의 권력을 억누르려 들 겁니다.

촘스키 그러니까 미래를 위한 정당화라는 거지요.

푸코 물론 그런 정당화를 내세우겠지만, 실제로는 정의보다 권력에 더 관심이 많을 겁니다.

촘스키 하지만 정당화는 언제나 정의를 내세웁니다. 그렇게 해서 성취된 결과가 정당한 것으로 주장될 수 있어야 정당화가 성립하기 때

정의라는 개념은 특정 정치·경제 권력의 지배 수단
으로서 혹은 그러한 권력에 대항하는 무기로서, 여러
다른 유형의 사회에서 발명, 유통된 개념입니다.

문입니다.

레닌주의자든 누구든 감히 이렇게 말하지는 못합니다. "우리 프롤
레타리아는 권력을 잡을 권리가 있고, 모든 사람을 화장장으로 보낼 권
리가 있다." 만약 그것이 프롤레타리아 집권의 결과라면, 그건 정당화
될 수 없습니다.

앞에서 말한 이유 때문에 저는 의심을 거두지 않지만, 어쨌든 발상
은 이렇습니다. 폭력적 독재 혹은 폭력적인 유혈 독재의 시기는 계급
압제를 완전 불식하기 위해서 정당화된다. 그 결말은 인간다운 생활을
성취하는 것이다. 이런 전제가 있기 때문에 그 탄압이 정당화되는 겁
니다. 이러한 생각에 반대하느냐 마느냐는 별개의 문제입니다.

푸코 저는 이 문제에 대해 약간 니체 식으로 설명해보겠습니다. 제
가 보기에 정의라는 개념은 특정 정치·경제 권력의 지배 수단으로서
혹은 그러한 권력에 대항하는 무기로서, 여러 다른 유형의 사회에서 발
명, 유통된 개념입니다. 그래서 제가 볼 때, 그 어느 경우든 정의라는
개념은 계급사회에서 억압받는 계급이 자기주장을 강화하기 위해 만
들어낸 개념 혹은 그 주장을 정당화하는 개념이라는 겁니다.

저는 '진정한' 정의 관념이 인간성의 바탕에 깔려
있다고 보는 겁니다.

촘스키 저는 동의하지 않습니다.

푸코 만약 계급 없는 사회가 도래한다면 과연 사람들이 정의라는
말을 사용할지 확신이 안 섭니다.

촘스키 저는 그 말씀에 정말로 반대합니다. 저는 인간성human
qualities의 내부에 뭔가 절대적 기반이 있다고 봅니다. 물론 당신이 그
근거를 내놓으라고 한다면 저로서는 곤란해질 겁니다. 구체적으로 그
려낼 수가 없으니까 말입니다. 아무튼 '진정한' 정의 관념이 인간성의
바탕에 깔려 있다고 보는 겁니다.

저는 우리의 기존 사법 체제를 단지 계급 억압 체제로 규정짓는 것
은 너무 성급하지 않나 생각합니다. 저는 사법 체제가 그렇지 않다고
봅니다. 계급 억압을 비롯해 그 밖의 억압적 요소를 나타내기는 하지
만, 그래도 정의, 품위, 사랑, 인정, 공감 같은, 제가 진정 가치 있는 것
이라고 생각하는 개념들을 추구하는 면도 있다고 봅니다.

물론 장래의 어떤 사회도 완벽한 사회가 되리라고는 생각하지 않습
니다. 그러니 연대와 공감을 비롯해 인간의 다양한 근본적 욕구를 지
향하는가 하면, 반대로 그 사회의 불공정하고 억압적인 요소를 드러내

기도 할 겁니다.

하지만 당신의 말씀은 아주 다른 상황에서 통용된다고 생각합니다.

가령 국가적인 충돌을 살펴봅시다. 여기 서로 상대방을 파괴하려는 두 사회가 있습니다. 정의는 문제 되지 않습니다. 유일한 문제는 이겁니다. 당신은 어느 편인가? 당신의 사회를 옹호하여 상대방 사회를 파괴할 것인가?

많은 역사적 사례를 살펴볼 때, 1차 세계대전 중 참호에서 서로를 학살했던 병사들이 마주친 것은 바로 이런 물음이었습니다. 그들은 목적도 없이 싸웠습니다. 그들은 서로를 죽일 권리를 위해 싸웠습니다. 이런 상황에서는 정의 문제가 제기되지 않습니다.

물론 합리적인 사람들도 있었는데 그들은 대부분 감옥에 갔습니다. 가령 (독일의 _옮긴이) 카를 리프크네히트* 같은 사람은 그 점을 지적하다가 투옥당했습니다. 상대편(나라인 영국 _옮긴이)에서는 버트런드 러셀이 그러했습니다. 이들은 정의 운운하면서 서로 학살하는 것은 아무 의미가 없다고 보았고, 그래서 전쟁을 걷어치워야 한다고 주장했습니다.

이런 사람들은 미친 사람, 정신병자, 범죄자 등으로 매도당했지만, 실제로 제정신인 사람은 그들뿐이었습니다.

이런 상황, 그러니까 당신 말씀대로 정의는 전혀 없고 오로지 이기기 위해서 죽어라 싸우는 상황이라면, 누구도 이길 것 없이 그 싸움을 걷어치우고 중지시키려 하는 것이 인간적인 반응이라고 생각합니다. 하지만 전쟁 상황에서 이렇게 말하면 투옥이나 사살이나, 다른 가혹한

* Liebknecht, Karl(1871~1919). 독일 사회민주당 좌파의 지도자로 독일 공산당을 창설했다.

> 우리가 이룩하려는 사회 혁명은 바로 정의를 달성하려는 것이고, 인간의 근본적인 욕구를 실현하려는 것이며, 우리의 혁명이 단지 어떤 집단에 권력을 넘겨주는 것이 되어서는 안 됩니다.

조치를 당합니다. 그게 많은 합리적 인사들의 운명이었습니다.

하지만 저는 이게 인간사의 전형적 상황이라고는 생각하지 않습니다. 계급투쟁이나 사회 혁명이 이런 경우라고 보지 않습니다. 그렇다면 누구나 자기주장을 내세워야 합니다. 만약 주장을 내세울 수 없다면 그런 투쟁에서 빠져나와야 합니다. 우리가 이룩하려는 사회 혁명은 바로 정의를 달성하려는 것이다, 인간의 근본적인 욕구를 실현하려는 것이다, 우리의 혁명이 단지 어떤 집단에 권력을 넘겨주는 것이 되어서는 안 된다고 주장해야 합니다.

푸코 제가 대답할 시간이 있습니까?

엘더르스 예.

푸코 몇 분이나? 왜냐하면…….

엘더르스 2분입니다.(푸코 웃음.)

푸코 그건 불공정한데요.(좌중 웃음.)

촘스키 정말 그렇군요.

푸코 그렇게 짧은 시간에 충분한 대답을 하기는 어렵겠군요. 다만 이렇게 말할 수 있겠어요. 우리가 토론 앞부분에서 순전히 이론적으로 다루었던 인간의 본성 문제는 우리 두 사람 사이의 논쟁으로 발전하지 않았습니다. 우리는 이 이론적 문제에 대해서 서로의 견해를 잘 이해했습니다.

하지만 인간의 본성과 정치 문제를 토론하면서 의견 차이가 생겼습니다. 당신의 생각과는 다르게, 저는 여전히 이렇게 믿습니다. 인간의 본성, 정의, 인간 본질의 실현 같은 관념은 우리 문명, 우리의 지식 유형, 우리의 철학 형태 등이 빚어낸 관념과 개념이고, 그 결과 우리 계급 제도의 한 부분을 형성합니다. 하지만 이런 관념들을 앞세워서, (원칙적으로) 우리 사회의 근본을 뒤흔드는 싸움을 설명하려 든다거나 정당화해서는 안 됩니다. 이것은 역사적으로도 정당화의 근거를 찾아볼 수 없는 주장입니다. 그게 저의 요점입니다…….

촘스키 그래요, 그건 분명합니다.

엘더르스 푸코 씨, 우리 사회를 병리학적으로 묘사한다면, 어떤 종류의 광기가 가장 눈에 띕니까?

푸코 우리 현대 사회 말입니까?

엘더르스 예.

푸코 그러니까 현대 사회가 어떤 질병으로 가장 크게 고통을 받고 있느냐는 질문입니까?

엘더르스 예.

푸코 우리 사회에서, 질병과 정신이상자에 대한 정의定義와 정신이상자 분류는 어떤 특정한 수에 이르는 사람들을 배제할 목적으로 이루어져왔습니다. 만약 우리 사회가 스스로를 정신이상으로 규정짓는다면 우리 사회 자체를 배제하는 셈입니다. 우리 사회는 내부 개혁이라는 목적 때문에 그런(정신이상을 앓는 _옮긴이) 척했습니다. 현대 세계가 정신적 불안이나 정신분열증으로 고통 받고 있다고 말하는 사람들처럼 보수적인 사람도 없습니다. 그것은 특정한 사람들 혹은 특정한 행동 유형을 배제하려는 영악한 술수였습니다.

따라서 은유나 게임을 목적으로 하지 않는 이상, 우리 사회가 정신분열증에 걸렸다거나 편집광이라고 말할 수 없다고 생각합니다. 정신의학과 상관없는 뜻으로 쓴다면 모르지만 말입니다. 하지만 꼭 대답을 해야 한다면 이렇게 말하고 싶습니다. 우리 사회는 아주 기이하고 역설적인 질병으로 고통을 겪어왔습니다. 우리는 그 질병의 이름을 아직 알아내지 못했습니다. 이 정신병은 아주 기이한 증상을 띠는데, 그게 뭐냐 하면 바로 정신병을 가져오는 것입니다. 이상이 제 대답입니다.

엘더르스 좋습니다. 그러면 방청객의 질문을 받아보겠습니다.

방청객 촘스키 씨, 한 가지 질문이 있습니다. 토론 중에 프롤레타리아라는 용어를 쓰셨는데 고도로 발달한 과학기술 사회에서 프롤레타리아란 무엇을 뜻합니까? 이것은 마르크스주의의 개념으로, 우리 사회의 현재 상태를 정확하게 반영하지 않는다고 보는데요.

촘스키 타당한 지적입니다. 그 때문에 제가 망설였고, 또 그러한 발상 전체에 대해서는 의심스러워한다고 말씀드렸던 겁니다. 프롤레타리아라는 말을 쓰고자 한다면 우리의 현재 사회 조건에 알맞은 새로운 해석을 가해야 한다고 보았기 때문이지요. 그래서 역사적 함의가 가득한 이 단어를 아예 쓰지 않는 게 낫겠다는 생각도 했습니다. 그 대신에 이 사회에서 생산적인 일을 하는 사람들, 육체노동이나 정신노동을 하는 사람들을 생각하는 거지요. 이런 사람들이 노동의 조건을 조직하고, 노동의 목적을 결정하고, 또 노동이 사용되는 용도를 정하는 위치에 있어야 한다고 봅니다. 제가 주장한 인간의 본성 개념에 비추어 보면, 이는 정말 거의 모든 사람에게 해당되는 일이라고 생각합니다. 왜냐하면 제 생각에 육체적으로나 정신적으로 기형이 아닌 사람들—여기서 저는 다시 푸코 씨와 생각을 달리할 수밖에 없는데, 정신병이라는 개념이 어느 정도는 절대적인 특성을 지니고 있다는 게 제 생각이기 때문입니다—은 적절한 기회가 주어진다면, 생산적이고 창의적인 일을 할 수 있을 뿐만 아니라 그렇게 하겠다고 주장하고 나섭니다.

어린이치고 블록을 가지고 뭔가 만들려 하거나, 뭔가 새로운 것을 배우려 하거나, 그 다음 과제에 도전하려 하지 않는 어린이를 본 적이 없습니다. 어른들이 이렇지 못한 유일한 이유는, 그들이 너무 일찍 학교나 다른 억압적 기관으로 보내어져, 이러한 창조와 놀이의 충동을 억압당했기 때문입니다.

그렇다면 이렇게 억압당하는 사람들, 그들을 프롤레타리아라 부르든 뭐라고 부르든, 그런 사람들은 보편적인 존재입니다. 인간의 근본 욕구에 따라 자기 자신의 개성을 표현하고, 창의적이고 탐구적이고 진취적이고 유용한 일을 하고 싶은데 그걸 억압당하는 사람들 말입니다.

방청객 마르크스주의에서 다른 의미를 지니는 용어를 그대로 가져와 사용한다면…….

촘스키 그 때문에 그 용어를 아예 쓰지 않는 편이 좋겠다고 생각한 겁니다.

방청객 아예 다른 용어를 사용하는 게 낫지 않을까요? 이와 관련해서 또 다른 질문을 하겠습니다. 당신은 사회 내의 어떤 집단이 혁명을 일으키리라 생각하십니까? 현재 시점에서 중산층과 상류층 출신인 젊은 지식인들이 스스로를 프롤레타리아라고 칭하면서 우리 모두가 프롤레타리아에 합류해야 한다고 주장하고 있습니다. 역사의 아이러니입니다. 제가 보기에 계급의식이 있는 프롤레타리아는 없습니다. 이건 참 커다란 딜레마입니다.

촘스키 아주 구체적이면서도 합리적인 질문을 하셨습니다.

우리 사회에서 모든 사람이 유용하고, 생산적이고, 스스로 만족스러운 일을 하고 있지는 않습니다. 오히려 그 반대지요. 또 그들이 자유로운 조건에서 어떤 일을 한다고 해서 그 일이 생산적이거나 만족스러운 일이 되는 것도 아닙니다.

또한 전혀 종류가 다른 일에 종사하는 많은 사람이 있습니다. 가령 착취를 관리하는 사람, 인공적 소비를 부추기는 일에 관여하는 사람, 파괴와 억압의 메커니즘을 만들어내는 일을 하는 사람, 정체된 산업경제에서 아예 일자리를 얻지 못한 사람 등등 많은 사람들이 생산적 노동을 할 가능성을 벗어나 있습니다.

나는 혁명이라면 모든 인간의 이름으로 수행되어야 한다고 봅니다. 하지만 그 일은 특정 범주의 사람들이 수행할 것이고, 그 사람들은 바로 사회의 생산적인 일에 종사하는 사람들일 겁니다. 이들이 어떤 사람일지는 사회에 따라 달라지겠지요. 우리 사회에서는 정신노동자를 포함합니다. 또 육체노동자, 숙련 노동자, 기술자, 과학자, 대규모 전문직 계급, 이른바 서비스업에 종사하는 사람들(이런 사람들이 적어도 미국에서는 인구의 상당수를 차지합니다)도 포함됩니다. 여기 네덜란드에서도 비슷하리라 봅니다. 아무튼 장래에는 이런 사람들이 인구의 대부분을 차지할 겁니다.

따라서 학생운동가들은 부분적인 접촉점을 갖고 있습니다. 그런데 현대의 선진 산업사회에서는 훈련된 지식인 계급이 그들 자신의 정체를 어떻게 설정하는지도 매우 중요한 문제입니다. 그들이 자기 자신을 사회의 관리자로 여기는지, 또는 기술관료로 여기는지, 국가권력이나 개인권력의 봉사자로 여기는지는 아주 중요한 문제입니다. 반대로 그들은 자신을 노동력의 일부라고 생각할 수도 있습니다. 단지 하는 일이 정신노동일 뿐이라고 보는 겁니다.

후자일 경우, 그들은 진보적인 사회 혁명에서 상당한 역할을 하게 될 겁니다. 만약 전자라면 그들은 억압자 계급의 일부가 되지요.

방청객 촘스키 씨, 지식인들이 새로운 사회형을 창조해야 한다는 당신의 말씀은 감명 깊습니다. 우리가 위트레흐트에서 학생 단체와 함께 그런 일을 하는 데 어려운 점 하나는 어떤 지속적 가치를 내세우느냐 하는 것입니다. 당신이 언급한 가치 중 하나는 권력의 탈중심화였습니다. 현장 사람들이 의사 결정에 참가해야 한다는 것이었지요.

그러니까 탈중심화와 참여의 가치를 역설하신 겁니다. 하지만 우리는 전 세계적 규모로 결정을 내릴 필요가 점점 더해가는, 적어도 그렇게 보이는 사회에 살고 있습니다. 예를 들어 복지를 균등하게 배분하려면 더욱 집중된 권력이 필요합니다. 이런 문제들은 고위층에서 해결해주어야 하기 때문입니다. 이것이 새로운 사회형을 창조할 때 우리가 부딪치게 되는 불일치점입니다. 이 점에 대해서 당신의 의견을 듣고 싶습니다.

그리고 사소한 질문을 하나 더 드리고 싶습니다. 당신처럼 용감하게 베트남전에 반대하는 사람이 어떻게 MIT 같은 기관에서 살아남을 수 있는지요? MIT대학은 이곳 네덜란드에서는 대규모 전쟁 수행 기관이자 두뇌 제공처로 인식되고 있는데요.

촘스키 두 번째 질문에 먼저 대답하지요. 그러다가 첫 번째 질문을 잊어버리지 않기 바랍니다. 아니에요, 첫 번째 질문에 먼저 답하지요. 혹시 두 번째 질문을 잊어버리면 상기시켜주세요.

저는 일반적으로 탈중심화를 지지합니다. 그렇다고 해서 절대적 원칙으로 내세우는 건 아닙니다. 여기에도 생각의 여지는 많겠지만 제가 탈중심화를 지지하는 이유는, 중앙 집중 권력 체계가 대체로 그 체계 내에 있는 소수 힘센 사람들의 이익을 위해서만 운영되기 때문입니다.

물론 탈집중된 권력 체계나 자유로운 결사도 문제에 봉착하게 됩니다. 가령 좀 전에 말씀하신 불평등 같은 구체적인 문제가 있지요. 어떤 지역은 부유하고 다른 지역은 그렇지 못한 경우 같은. 하지만 제 소견으로는 공감과 정의 추구 같은 인간의 근본적인 정서를 믿는 편이 더 안전하다고 봅니다. 이런 정서는 자유로운 결사 체계에서 더 잘 일어나지요.

중앙 집중 권력을 가진 기관보다 인간적 본능을 바탕으로 하는 진보에 희망을 거는 게 더 안전하다고 봅니다. 중앙 집중 권력은 필연적으로 그 안에서 가장 힘센 구성분자들의 이익을 위해 움직이게 되기 때문입니다.

이거 좀 추상적이고 일반적인 얘기가 되었는데, 이게 모든 경우에 해당하는 원칙이라고 말씀드리지는 않겠습니다. 하지만 많은 경우에 효과적인 원칙이라고 생각합니다.

구체적 사례를 하나 들면, 미국이 만약 민주적인 자유론적 사회주의를 실천한다면 동파키스탄 난민들을 실질적으로 더 많이 도울 수 있을 겁니다. 하지만 지금은 중앙 집중 권력 체제로서 주로 대규모 다국적 기업의 이익을 위해 움직이고 있지요. 다른 경우에도 마찬가지라고 생각합니다. 이런 점에서 (자유론적 사회주의라는 _옮긴이) 원칙은 주목해볼 만한 사상입니다.

당신의 질문에는 과학기술의 필요에 따라 중앙 집중이 요구된다는 견해가 깃들어 있는데 사실 이런 견해는 종종 피력되고 있습니다. 선진 과학기술 사회의 특성상 중앙 집중 권력이 더 잘 의사 결정을 내린다는 얘기인데, 로버트 맥나마라를 위시하여 많은 사람이 그런 견해를 피력한 바 있지요. 하지만 제가 볼 때 그건 완전 헛소리입니다. 그런 견해를 뒷받침하는 합리적 주장을 저는 발견하지 못했습니다.

정보 처리 과정이나 의사소통 등에 관한 현대 과학기술은 오히려 정반대 쪽으로 움직이고 있습니다. 관련 정보와 관련 지식이 아주 신속하게 모든 사람에게 전달될 수 있습니다. 이제 온갖 지식, 정보, 의사결정을 소수 관리자 손에 집중해야 할 필요가 없어졌습니다. 그래서 과학기술은 해방을 가능케 하는 특성을 지니는데, 실제로는 다른 것들처럼, 가령 사법 체제처럼 압제의 수단이 되어버렸습니다. 그 까닭은 권력이 불공정하게 배분되어 있기 때문입니다. 그래서 저는 현대 과학기술이나 과학기술 사회가 탈중심화로부터 멀어져야 할 이유가 있다고 보지 않습니다. 오히려 그 반대입니다.

두 번째 질문에는 두 가지 측면이 있습니다. 하나는 어떻게 MIT가 나 같은 존재를 용인하느냐 하는 것이고, 다른 하나는 내가 어떻게 MIT를 용인하느냐 하는 것입니다.(웃음.)

전자에 대해서는 이것을 너무 대결 구도로 받아들이지 마시기 바랍니다. MIT가 전쟁 관련 연구를 하는 주요 기관인 것은 맞습니다. 하지만 미국 사회에 뿌리 깊게 박혀 있는 아주 중요한 자유주의 사상을 구현하는 곳이기도 합니다. 이것은 세계를 위해서도 다행한 일입니다. 비록 베트남을 구할 만큼 튼튼한 뿌리는 되지 못하나 그보다 더 나쁜 재앙을 막아줄 정도는 됩니다.

여기서 약간 제한을 두어야 합니다. 그곳에는 제국주의적 테러와 공격성, 착취, 인종차별주의 등등이 있습니다. 하지만 동시에 인간의 권리에 대한 진정한 관심도 있습니다. 가령 권리장전에 깃들어 있는 권리에 대한 관심인데, 권리장전은 결코 계급적 억압의 표현이라고 볼 수 없습니다. 그것은 국가권력에 대항하여 개인의 권리를 옹호해야 한다는 필요성의 표현입니다.

이렇게 두 가지가 공존합니다. 이건 간단한 문제가 아닙니다. 아예 전적으로 나쁘거나 전적으로 착하거나 하지 않기 때문입니다. 이렇게 두 가지가 공존하면서 특수한 균형을 취하고 있기 때문에 전쟁무기를 생산하는 기관이 전쟁에 반대하는 시민 불복종 운동의 적극 가담자를 여러모로 지원할 수 있는 겁니다.

두 번째 질문, 제가 어떻게 MIT를 용인하는지 봅시다.

제가 논리를 제대로 이해하지 못했다고 말하는 사람들도 있습니다. 그러니까 급진파는 억압적 기관과는 절연해야 한다는 것이지요. 이런 논리대로라면 카를 마르크스는 대영박물관에서 공부하지 말았어야 합니다. 그 박물관은 세상에서 가장 사악한 제국주의의 상징이니까요. 그곳에는 제국이 식민지에서 강탈해온 온갖 보물이 가득하지 않습니까?

하지만 저는 카를 마르크스가 그곳에서 공부하기를 잘했다고 봅니다. 자원을 활용한 건 옳은 일이었습니다. 그 문명의 자유주의 가치관을 활용하여 그 문명을 극복하려고 한 것이었지요. 제게도 동일한 원칙이 적용된다고 봅니다.

방청객 하지만 당신이 MIT에 재직하는 것은 그들에게 깨끗한 양심을 부여해주는 셈이 되지 않을까요?

촘스키 글쎄요. 제 존재가 그만큼이나 될까요? MIT가 (군용 무기 연구

_옮긴이) 기관으로 활동하는 데 반대하여 학생들이 시위를 벌일 때 도움이 되려고 애씁니다만, 제가 얼마나 도움이 되는지 그건 잘 모르겠습니다. 아무튼 제가 도움이 되기를 바랄 뿐입니다.

방청객 중앙 집중화 문제로 다시 돌아가고 싶습니다. 촘스키 씨는 과학기술이 탈중심화에 어긋나지 않는다고 말씀하셨습니다. 하지만 과학기술이 그 자체, 그 자체의 영향력 등을 비판할 수 있을까요? 전 세계에 미치는 과학기술의 영향을 비판하려면 중앙 조직이 있어야 하지 않을까요? 소규모 과학기술 기관은 이런 기능을 수행하기 어렵다고 생각하는데요.

촘스키 저는 자유로운 결사들의 연합과 상호 작용은 반대하지 않습니다. 그런 의미에서 중앙 집중화, 상호 작용, 의사소통, 논쟁, 토론, 그리고 당신이 말씀하신 비판 등이 이루어질 수 있을 겁니다. 제가 경계하는 것은 권력의 집중입니다.

방청객 하지만 권력도 필요합니다. 가령 과학기술 기관들이 대기업에게만 이득이 되는 일을 하지 않도록 막으려면 말입니다.

촘스키 네, 하지만 제가 주장하는 바는 이렇습니다. 그런 문제에 대한 판단과 결정을 집중된 권력에 맡기겠느냐, 아니면 자유주의 공동체의 자유 결사에 맡기겠느냐를 선택한다면 저는 후자를 택하겠습니다. 그 이유는 자유 결사가 인간의 정의로운 본능을 더 잘 구현하는 반면, 집중된 권력은 인간의 나쁜 본능, 곧 탐욕, 공격성, 권력 축적, 타인 파괴를 더 부추기기 때문입니다. 이런 나쁜 본능은 여러 역사적 상황에서 작용해왔으나, 이제는 그것을 억누르고 다른 건강한 본능이 대신하는 사회를 창조해야 합니다.

방청객 촘스키 씨의 전망이 옳기를 바랍니다.

엘더르스 자, 신사 숙녀 여러분, 이것으로 토론을 마칠까 합니다. 촘스키 씨, 푸코 씨, 정치적 문제뿐만 아니라 철학적, 이론적 문제까지 폭넓게 토론해주셔서 대단히 감사합니다. 사회자로서, 또 여기 토론장에 나오신 방청객과 시청자를 대신하여 고맙다는 말씀을 드립니다.

2장

정치

노엄 촘스키

Politics

미추 로나 역설적이게도, 프랑스에서도 미국처럼 선생님의 정치적 저술과 미국 제국주의 이데올로기 분석이 선생님이 창시한 생성문법 이론보다 더 잘 알려져 있습니다. 이 사실은 자연히 질문을 불러일으킵니다. 선생님은 학문 활동인 언어 연구와 정치 활동 사이에 무슨 연관이 있다고 보십니까? 예를 들자면, 분석 방법에서 말입니다.

노엄 촘스키 연관이 있다면, 추상적인 단계에서나 있겠지요. 저라고 해서 특별한 분석 방법을 갖고 있는 것은 아닙니다. 언어에 관한 저의 특정 지식은 사회·정치적 문제와는 직접적인 관련이 없습니다. 사회·정치 문제에 관해 제가 쓴 것은 모두 다른 누군가도 쓸 수 있습니다. 저의 정치적인 활동이나 저술 등등은 언어 구조에 관한 연구와는 별로 관련이 없습니다. 하지만 정치든 언어든 인간 본성의 기본 양상에 얽힌 공통 전제와 태도에서 유래하는 것 같습니다.

그런데 이데올로기 분야의 비판적 분석은 개념적 추상이 필요한 학문 연구처럼 복잡한 일이 아닙니다. 제가 큰 비중을 두고 있는 이데올로기 분석은 그저 조금 열린 마음과 평범한 지성, 건전한 의구심만 있으면 충분합니다.

가령 미국 같은 사회에서 지식인이 어떤 역할을 하는지 한번 살펴봅시다. 역사가나 다른 학자, 언론인, 정치평론가 들을 포함하는 지식인 계급은 사회 현실을 분석하고 그에 대한 그림을 제시합니다. 그런 분석과 해석 덕분에 그들은 사회적 사실과 일반 대중 사이에서 조정자 역할을 합니다. 그들은 사회적 실천에 이데올로기적 정당화를 창조해냅니다. 하지만 오늘날 벌어지는 일들에 대한 그들의 해석을 보고, 그것을 실제 사건과 대조해보십시오. 아주 체계적이면서도 엄청나게 왜곡된 해석을 종종 발견하게 될 것입니다. 우리는 거기서 한발 더 나아가 지식인들의 계급적 관점을 감안하면서 그 왜곡을 파헤칠 수 있습니다.

이러한 분석은 중요한 것이지만 그다지 어려운 일은 아닙니다. 그리고 거기서 생겨나는 문제들은 지적으로 난해한 것도 아닙니다. 지배 이데올로기와 선전 체계에서 스스로를 기꺼이 해방하려는 사람은, 조금만 노력하고 응용하면, 상당수 지식 분자들이 발전시킨 왜곡의 양상을 즉각 간파할 수 있습니다. 누구나 그것을 해낼 수 있어요. 만약 이런 분석이 잘 안 된다면 그것은 사회·정치적인 분석이 실제 사건을 설명하기 위해서라기보다 특정한 이권 계층을 옹호할 목적으로 만들어졌기 때문입니다.

바로 이런 경향 때문에 조심해야 할 것이 있습니다. 특수한 훈련을 받은 지식인만이 분석 작업을 할 수 있다는 잘못된 인상을 주지 않도록 조심해야 합니다. 사실 그것은 지식인 계급이 우리에게 심어주려는 생

지식인 계급은 보통 사람이 다가갈 수 없는 난해한 활동에 종사하는 것처럼 허세를 부립니다. 하지만 사회·정치 문제 분석은 사람이라면 누구나 갖춘 데카르트적 상식만 있으면 됩니다.

각입니다. 그들은 보통 사람이 다가갈 수 없는 난해한 활동에 종사하는 것처럼 허세를 부립니다. 하지만 말도 안 되는 얘기입니다. 사회과학도 그렇고 무엇보다 오늘날의 사건에 대한 분석에, 이런 일에 관심 있는 사람은 누구나 다가설 수 있는 겁니다. 이런 문제들이 복잡하고, 심오하고, 모호하다는 얘기는 이데올로기적 통제 체제가 선전하는 환상일 뿐입니다. 이데올로기적 통제의 목적은, 그런 문제들이 대중과는 아주 동떨어진 것처럼 보이게 하고, 대중에게 스스로가 처한 상황의 갈피를 잡을 능력이 없다거나 지식인 같은 중개자의 해석이 없으면 오늘날의 세상을 이해하기가 어렵다고 세뇌하는 것입니다. 사정이 이렇기 때문에 우리는 더욱 그런 선전에 넘어가지 말아야 합니다. 그러므로 진지한 검토가 이루어지기 전에 사회 문제를 분석하는 일을 특별한 지식의 평가 기준, 학문적 훈련과 기술을 요구하는 과학적 탐구와 연결 짓지 않도록 조심해야 합니다.

사회·정치 문제를 분석하려는 사람은 객관적 사실을 직시하고 논의의 이성적 흐름을 기꺼이 따르는 것만으로 충분합니다. 사람이라면 누구나 갖춘 데카르트적 상식만 있으면 됩니다. 여기서 말하는 상식이란, 편견 없이 사실을 바라보고, 간단한 전제 조건들을 시험해보고, 결론이 나올 때까지 논의를 추구하는 자발적인 태도를 말합니다. 그 밖에는 특별히 난해한 지식이 필요하지 않습니다. 문제의 '깊이'라는 것은 아예 존재하지 않아요.

로나 사실 저는 역사 속에 살고 있는 사람들이 잘 의식하지 못하는 문제, 가령 이데올로기의 '규칙'을 밝혀낸 연구를 생각하고 있었습니다. 예를 들자면, 나치즘의 등장에 관한 장피에르 파예Faye, Jean-Pierre의 연구 같은 것 말입니다. 이런 연구는 이데올로기 비평이 지적으로 심오한 작업임을 보여주었습니다.

촘스키 저는 이데올로기를 다루는 세련된 이론을 창조하는 것이 불가능하다고 말하지 않았습니다. 그건 가능합니다. 그렇지만 지식인이 무엇 때문에 외부 권력에 봉사하면서 현실을 왜곡하는가, 혹은 긴급한 중요성을 띤 특정한 경우에 어떻게 현실을 왜곡하는가 따위를 이해하는 데에는 그런 심오한 이론이 필요 없다는 겁니다. 이런 것들은 흥미진진한 연구 주제로 다루어질 수 있습니다. 하지만 다음 두 가지는 구분되어야 합니다.

1. 이런 주제에 대해 중요한 이론적 분석을 제시하는 것이 가능한가? 예, 원칙적으로 가능합니다. 이런 연구는 원칙적으로, 학문의 일환인 특별한 훈련과 형식이 필요합니다.

2. 사회 현실에 관해 지식인들이 왜곡한 프리즘을 제거하는 데 그런 심오한 학문이 필요한가? 아닙니다. 평범한 수준의 판단력과 응용력만으로 충분합니다.

구체적인 예를 들어보겠습니다. 어떤 사건이 발생하면 텔레비전이나 신문 같은 대중매체는 그것을 설명해줄 사람을 찾습니다. 미국의 경우 대중매체는 사회과학 전문가에게 의지합니다. 그들은 겉보기에 합리적인 개념 혹은 제한적이나마 합리적인 개념을 표방합니다. 그러다 보니 대중매체는 그들이 현재 벌어지는 사건을 설명해주는 특별한 능력의 소유자라고 생각하는 거지요. 따라서 전문가들은 자신들만이 지적인 평가 기준을 갖고 있다고 사람들이 믿게끔 만드는 것이 굉장히 중요합니다. 그래야 이런 사건에 대해 언급할 수 있는 권리와 위치를 누리게 되니까 말입니다. 이렇게 하여 전문 지식인들은 사회적 통제 장치 안에서 유용하고 효과적인 기능을 발휘합니다. 길거리에서 아무나 붙잡고 다리를 어떻게 건설하느냐고 물어보지는 않습니다. 그렇죠? 이런 것은 전문가에게 의지하게 마련입니다. 마찬가지로 길거리에서 아무나 붙잡고 (미국이 _옮긴이) 앙골라에 개입해야만 하는가 하는 질문을 해서는 안 된다고 그들은 주상합니다.* 그래서 전문가가 필요하다는 것입니다. 물론 그 전문가라는 사람은 (대중매체의 입맛에 맞게끔 _옮긴이) 신중하게 선택된 사람이겠죠.

더 구체적으로, 아주 개인적인 이야기를 해보겠습니다. 저는 학문적 연구를 하는 과정에서 다양한 분야에 손을 대게 되었습니다. 가령 수학 분야의 전문 자격 없이 수리언어학 연구를 좀 했습니다. 이 분야는 순전히 독학을 했고 그나마도 훌륭하게 하지 못했습니다. 하지만 저는

---

* 아프리카 서남부에 있는 국가 앙골라가 1975년 포르투갈에게서 독립한 뒤, 옛 소련과 쿠바의 지원을 받는 현 집권당 앙골라인민해방운동과 미국의 지원을 받는 반군은 27년 동안 내전을 벌였다. 2002년 휴전 협정을 맺기까지 50여 만 명이 숨지고 전체 인구의 3분의 1인 400만 명이 난민으로 전락했다고 추산된다―두산백과, 《한겨레》 인터넷판 2002년 4월 5일자 참조.

수학이나 물리학 분야에선, 발언 내용에 관심을 기울이지 자격증 따위는 신경 쓰지 않습니다. 반면 사회 현실에 관해 논평하려면 적절한 자격이 있어야 한다고 합니다.

종종 대학의 초빙을 받아 수학 세미나와 연구회에 가서 수리언어학에 대해 강연을 했습니다. 아무도 제게 이 분야를 강연할 자격이 있느냐고 묻지 않았습니다. 수학자들은 그런 것에 신경을 쓰지 않습니다. 그들이 알고 싶은 것은 내가 어떤 이야기를 하느냐는 것이었습니다. 아무도 제가 강연하는 것을 반대하지 않았고, 제게 수학박사 학위를 가지고 있는지 이 분야의 고등 교육을 받았는지 묻지도 않았어요. 그런 것들은 전혀 고려 대상이 아니었습니다. 그들은 제가 옳은지 그른지, 주제가 흥미로운지 그렇지 않은지, 더 나은 접근법이 가능한지 알기를 바랐습니다. 토론은 오로지 주제와 관련되었을 뿐, 제가 그 주제를 토론할 자격이나 권리가 있는가 여부는 전혀 묻지 않았습니다.

반면에 사회적인 쟁점이나 미국의 외교 정책, 예를 들자면 베트남이나 중동 정책에 대한 토론이나 논쟁에선, 자격 시비가 끊임없이 벌어지고 종종 상당한 악의를 지니고 거론됩니다. 그들은 제게 그런 문제에 대해 발언할 자격증을 거듭 요구했고, 그와 관련하여 어떤 특별한 교육을 받았느냐고 물었습니다. 나 같은 사람은 전문적인 관점으로부터 동떨어진 외부인이니까 그런 것을 말할 자격이 없다는 거지요.

수학과 정치학을 비교해보십시오. 그 차이는 현저합니다. 수학이나 물리학 분야에선, 발언 내용에 관심을 기울이지 자격증 따위는 신경 쓰지 않습니다. 반면 사회 현실에 관해 논평하려면 적절한 자격이 있어야 한다고 합니다. 특히나 용인된 사상의 틀에서 벗어난 경우, 더욱 자격증 시비가 불거집니다. 대체로 어느 분야의 지적 토양이 비옥할수록 자격에 대한 관심은 적어지고, 내용에 대한 관심이 커지게 마련입니다. 이데올로기에 관계된 실질적인 쟁점을 정직하게 논하고자 하는 사람은 위험을 자초하는 셈입니다. 왜냐하면 이 분야에서는 결코 사실을 있는 그대로 알아보고 설명하려 들지 않기 때문입니다. 그보다는 특정 이데올로기의 요구 조건에 들어맞는 방식으로 사실을 제시하고 해석합니다. 이렇게 하지 않으면 기득권에 위험한 존재가 됩니다.

이러한 상황을 더욱 완벽하게 보여드리기 위해 저의 개인적인 경험을 하나 이야기하겠습니다. 미국과 여타 산업민주주의 국가 간의 두드러진 차이점은 이런 것입니다. 저는 수년간에 걸쳐 캐나다, 서유럽, 일본, 오스트레일리아의 신문사, 라디오, 텔레비전에서 국제 문제나 사회저 쟁점에 대해 논평해줄 것을 종종 요청받았지만 미국에서는 그런 일이 거의 없습니다.

(신문사들은 특별면을 마련하여 다양한 반대 의견을 허용하고 심지어 장려하면서 '다양한 의견의 최대 표현'이라고들 하는데, 이런 전시용 지면은 여기서 배제하겠습니다. 저는 토론의 주류에 진입한 논평과 분석, 그리고 동시대 사건에 대한 해석을 이야기하는 겁니다. 전시용 해석과 본격적 해석 사이에는 커다란 차이가 있습니다.)

이러한 차이(미국과 여타 산업민주주의 국가 간의 두드러진 차이_옮긴이)는 베트남 전쟁 기간에 아주 극적으로 드러났고, 지금도 여전합니다. 만약 이것이 단지 개인적인 경험이라면 중요한 현상이 될 수 없겠지만, 저는 이게 저 한 사람의 일에 그치지 않는다고 확신합니다. 이데올로기 통제 체계의 경직성(이른바 '세뇌') 면에서 미국은 산업민주주의 국가들 사이에서도 으뜸을 달립니다. 세뇌는 주로 대중매체를 통해 이루어지지요. 편협한 시각을 밀어붙이는 데 흔히 사용되는 한 가지 수법이 전문 자격을 따지는 것입니다. 과거 대학과 학계에서는 체제에 순응하는 태도와 해석을 옹호했고, 따라서 '전문 지식'을 중시하다 보니 정통을 벗어난 관점과 분석은 홀대를 당했습니다.

저는 언어학 연구와 동시대 문제 혹은 이데올로기에 대한 분석을 연결하는 일에는 주저하게 되는데, 여기에는 두 가지 이유가 있습니다. 첫째, 연결 관계가 사실 희박합니다. 게다가 저는 이런 문제에 특별한 교육을 받지 않으면 얻을 수 없는 전문적인 소양이 필요하다는 따위 환상을 거부합니다. 물론 정교한 방법으로 이데올로기의 본질, 이데올로기적 통제의 역할, 지식인 계급의 사회적 역할 등에 접근할 수 있다는 당신의 주장을 부인하지 않습니다. 하지만 보통 사람들이 사회 현실을 이해하고 그 현실을 위장하는 가면을 벗기는 작업은, 장피에르 파예 씨의 전체주의 언어에 대한 연구와는 다른 차원으로 이해해야 합니다.

로나 선생님은 이데올로기 분석에서 '흥미로운' 사실을 하나 지적하셨습니다. 때때로 특정 언론은 상반되는 기사나 해석을 나란히 제시하여 '균형' 정책을 시도한다는 겁니다. 그러면서도 공식적인 견해, 곧 지배적인 이데올로기에 따른 견해가 증거도 없이 득세하도록 방조하고, 비주류의 견해는 신뢰할 만한 근거가 있는데도 무시해버린다는 것이었습니다.

촘스키 그렇습니다. 왜냐하면 그들은 권력과 특권층의 필요에 더 잘 부응하는 견해를 중시하기 때문입니다. 그리고 사회 현실이 아주 불균형하게 대중에게 제시되는 현상도 간과해서는 안 됩니다.

제가 아는 한 미국의 대중매체에선 사회주의자인 언론인이나 정치 평론가를 단 한 명도 찾아볼 수 없습니다. 이데올로기적 관점에서 대중매체는 거의 100퍼센트 '국가자본주의자'로 이루어져 있습니다. 어떤 의미에서 우리는 여기서 '거울에 비친' 소련의 모습을 보고 있습니다. 소련에서는 《프라우다》*에 기고하는 모든 사람이, 그들이 '사회주의'라고 부르는—실은 대단히 독재적인 국가사회주의의 한 변종인—입장을 대변합니다. 여기 미국에서도 복합 국가**치고 어떻게 이럴 수가 있을까 싶을 정도로 이데올로기적 획일성이 드러납니다. 사회주의를 표방하는 대중매체는 하나도 없습니다. 아주 소극적으로도 그런 견해를 표명하지 않습니다. 물론 예외가 있을 수 있겠지만 지금은 생각할 수가 없군요.

여기에는 기본적으로 두 가지 이유가 있습니다. 첫째, 미국 지식인 계급에는 범상치 않은 이데올로기적 동질성이 있다는 점입니다. 이들은 진보든 보수든 이런저런 형태의 국가자본주의를 고수하고 있습니다. 이는 그 자체만으로도 설명이 필요한 사실입니다. 둘째, 대중매체가 자본주의적 기관이라는 것입니다. 이건 제너럴 모터스의 이사진도 마찬가지입니다. 대중매체에서 사회주의자를 찾아볼 수 없는 이유는 그런 사람들 중에는 능력자가 없기 때문일까요? 아닙니다. 만약 그런

---

* 모스크바에서 발간되는 일간지. 러시아어로 '진실'이라는 뜻으로 1912년 혁명가들의 지하 신문으로 창간되었고, 1918년부터 1991년 소련 공산당 정권이 몰락하기 전까지 공산당 기관지였다—브리태니커백과 참조.
** 미국(United States of America)은 50개 주가 연합해 이루어진 합중국(合衆國), 곧 연방국이다.

사람이 있다고 해도 '저 사람 저기서 뭐하는 거야' 같은 경멸의 말을 들었을 겁니다. 자본주의 사회에서 대중매체는 자본주의 기관입니다. 이런 기관이 지배적인 경제 기득권층의 이데올로기를 반영한다는 건 그리 놀라운 일도 아닙니다.

이것은 노골적이고 기본적인 사실입니다. 당신이 말씀하신 것(미국 언론이 겉으로는 균형을 취하는 척하면서 지배적 이데올로기를 옹호하는 것 _옮긴이)은 더 교묘한 현상을 가리킵니다. 흥미롭기는 하지만 그 때문에 주된 요소들을 간과해서는 안 됩니다.

베트남 전쟁 기간에 미 정부가 광범위하게 거짓말을 했음에도 언론이 상당한 일관성을 가지고 정부의 전제 조건, 사고방식, 벌어지는 현상에 대한 해석을 기꺼이 받아들이고 이례적일 정도로 순종했다는 사실은 주목할 만합니다. 물론 한정된 전문적인 의문들, 예를 들어 전쟁은 계속되어야 하는가? 하는 물음 따위에 대해 언론은 비평을 했습니다. 또 전쟁터에서 보았던 것을 정직하게 써 보내는 특파원 기자들이 있었습니다. 하지만 해석의 일반적인 패턴과, 옳고 적절한 것을 판가름하는 더 일반적인 기본 전제를 따져야 합니다. 언론은 때때로 의심할 여지 없이 문서로 남아 있는 사실마저 은폐하려 했습니다. 가령 라오스 폭격이 좋은 사례죠.

이러한 매체의 종속 상태는 덜 노골적인 사례를 가지고도 설명할 수 있습니다. 1972년, 11월 대통령 선거 직전인 10월에 하노이의 한 라디오 방송이 밝힌 평화협상 과정을 예로 들어보겠습니다. 국무장관인 키신저가 텔레비전에 나타나 "평화가 가까이 왔다"고 말했을 때, 언론은 키신저의 미래 예측을 그대로 옮겨 적었습니다. 키신저의 발언을 대강 훑어보기만 해도, 결정적인 시점마다 키신저가 협상의 기본적인 원칙을 거부했다는 것을 알 수 있고 또 전쟁의 단계적 확대는 불가피한 사실이었는데도 말입니다. 그 뒤 실제로 크리스마스 폭격이 있었죠. 지난 일이니까 알 수 있는 것을 가지고 말하는 게 아닙니다. 저를 비롯한 여러 사람이 당시 전국 규모의 언론에 공정한 보도를 하도록 열심히 압력을 넣었습니다. 저는 크리스마스 폭격 전에 이에 관해 글을 기고했는데 그 글에선 특히 '북베트남에 대한 테러 폭격'을 예측했습니다.[1]

이런 한심한 이야기가 1973년 1월에 다시 반복되었는데 그때는 평화조약이 마침내 발표되던 때였습니다. 다시 키신저와 백악관은 미국이 체결 조약의 모든 기본 원칙을 거부한다고 명백히 밝혔고, 그런 만큼 전쟁은 계속될 수밖에 없었습니다. 언론은 공식 견해를 고스란히 읊어대었고 심지어는 놀랄 만한 허위 사실도 아무 설명 없이 게재했습니다. 저는 이에 대해 다른 데서 상세히 논의한 바 있습니다.[2]

또 다른 사례로는 이런 게 있습니다. 저는《램파츠Ramparts》지[3]에 기고힌 글에서, 베트남 전생에 대한 언론의 회고적 해석에 대해 논평했습니다. 1975년 베트남 전쟁이 끝난 직후였지요. 주로 진보 성향 언론을 대상으로 했고, 나머지 언론사들에 대해서는 언급할 것도 없습니다.

거의 예외 없이 언론은 정부 선전의 기본 원칙들을 수용했고 이에 대해 의문을 품지 않았습니다. 우리는 스스로 전쟁에 반대한다고 주장한 일부 언론만 말하고 있는 겁니다. 정말 놀라운 일이었습니다. 전쟁을 열성적으로 비판했던 사람들도 종종 똑같은 태도를 보입니다. 추측건대 심지어 그들은 자신의 그런 태도를 의식조차 하지 못했을 겁니다.

이런 태도는 '지적 엘리트'라고 하는 사람들에게도 나타납니다. 찰스 카두신Kadushin, Charles이 저술한《미국의 지적 엘리트The American

거의 예외 없이 언론은 정부 선전의 기본 원칙을
수용했고 이에 의문을 품지 않았습니다.
우리는 스스로 전쟁에 반대한다고 주장한
일부 언론만 말하고 있는 겁니다.

Intellectual Elite》[*]라는 흥미로운 책이 있습니다. 이 책은 1970년 '지적
엘리트'로 자리매김된 집단을 대상으로 실시한 정교한 의견 조사의 결
과를 제시했는데, 여기에는 반전 운동이 최고조에 달했을 때 그들이 베
트남 전쟁에 대해 취했던 태도를 밝혀주는 상당한 정보가 포함되어 있
습니다. 지식인들 중 압도적 다수는 스스로를 전쟁 반대자로 생각했는
데, 그것은 대개 이른바 '실용적' 이유 때문이었습니다. 실용적 이유의
내용인즉슨, 미국은 현재 주어진 상황에서 감당할 수 없는 엄청난 대가
를 치르지 않고서는 베트남 전쟁에서 이길 수 없다는 것이었습니다.
1944년에 '독일의 지적 엘리트'를 대상으로 조사했어도 비슷한 결과가
나오지 않았을까요? 카두신의 책은 정부 정책을 세련되게 비판한다고
자처하는 사람들조차 지배 이데올로기에 놀라울 정도로 복종한다는
사실을 썩 잘 보여주었습니다.

　권력자들에 대한 순응주의적 복종의 결과는 한스 모겐소[**]가 정확
히 언급했던 대로였습니다. 그리하여 미국에서는 정치적인 담론과 논
쟁이 특정 파시즘 국가들보다도 다양하지 못합니다. 예를 들어 프랑코
집권기에 에스파냐에서는 넓은 범위에 걸쳐 이데올로기에 관한 활발

---

* 　Boston: Little, Brown & Co., 1974, 395pp.
** 　Morgenthau, Hans Joachim(1904~1980). 독일 출신으로 미국에서 활동한 국제정치학자.

한 논의가 이루어졌습니다. 비록 공식 이념official doctrine(혹은 공식 정책기조 _옮긴이)을 벗어난 행태에 대해서는 미국과는 비교도 안 될 정도로 처벌이 심했지만, 의견과 사상은 제약을 받지 않고 폭넓게 논의되었던 것입니다. 그래서 프랑코 집권 후반기에 미국을 방문한 에스파냐 지식인들은 미국의 정치적 담론이 아주 협소한 것을 보고서 놀라워했습니다. 파시즘 체제의 포르투갈에서도 거의 마찬가지였습니다. 간단한 사례를 하나 들어보자면, 당시 포르투갈의 대학엔 마르크스주의자 집단이 상당히 있었죠. 이데올로기적 다양성의 범위와 중요성은 독재 정권의 몰락과 함께 명백해졌습니다. 그리고 이데올로기적 다양성의 범위와 중요성은 포르투갈 식민지들의 해방운동에도 반영되었습니다. 해방운동의 경우 양방향이었죠. 포르투갈의 지식인들은 해방운동의 영향을 받았고, 반대로 영향을 끼치기도 했습니다.

미국에서는 상황이 아주 다릅니다. 다른 자본주의 민주국가들과 비교해보면, 미국은 정치적인 사고방식과 분석이 상당히 경직되어 있고 교조적입니다. 지식인 계급에서만 그런 것이 아닙니다. 물론 지식인 계급에서 그런 현상이 더욱 두드러지기는 하지만 말입니다. 미국은 경영에 노동자가 참여하도록 하라고 분명히 압력을 넣는 세력이 없습니다. 그러니 노동자의 자주 관리라는 것은 아예 물 건너간 얘기입니다. 이런 면에서 미국은 예외적인 나라입니다. 서유럽에서 활발하게 논의되는 이런 쟁점들이 미국에선 거의 존재하지 않습니다. 의미 있는 사회주의적 견해와 논의가 없다는 점은 미국의 놀라운 특징입니다. 비슷한 사회 구조와 경제 발전 수준을 갖춘 다른 사회와 비교해볼 때 말입니다.

1960년대 말 작은 변화가 얼마간 눈에 띄기는 했습니다. 가령 1965

년 주요 대학의 경제학부에서 마르크스주의자나 사회주의자인 교수를 찾는 일은 굉장히 어려웠습니다. 국가자본주의 이데올로기는 사회과학과 모든 이데올로기적 학문을 거의 전부 지배했습니다. 이런 순응주의는 '이데올로기의 종말'로 미화되었고, 지금도 거의 그렇지만 전문학자들의 영역을 지배했으며, 대중매체와 평론지들을 장악했습니다. 비밀경찰이나 강제수용소가 없는 나라에서 이데올로기적 순응성이 이정도에 이른다는 것은 정말 놀라운 일입니다. 사회적 쟁점에 대한 활기찬 토론을 허용하는 이데올로기적 다양성은 별로 없었고, 다른 산업민주주의 국가들에 비해 상당히 우파 쪽으로 기울어져 있었습니다. 이점은 굉장히 중요합니다. 은밀한 세뇌는 바로 이런 틀 안에서 분석되어야 합니다.

그러다가 1960년대 말 주로 대학에서 얼마간 변화가 일어났는데 대부분은 학생운동 덕분입니다. 학생운동은 허용되어온 사고방식의 틀을 어느 정도 확장할 것을 요구하여 성취했습니다. 그 반응이 재미있습니다. 이제는 학생운동의 압력이 줄어들었기 때문에 과거 위축되었던 정통 사상을 재건하려는 노력이 활발히 벌어지고 있습니다. 또한 '문제의 시기'로 불리는 그 기간을 다룬 토론이나 문헌에서, 좌파 학생들은 연구와 수업의 자유를 위협하는 세력으로 폄하되었습니다. 학생운동이 전체주의적인 이데올로기 통제를 추구함으로써 오히려 대학의 자유를 위태롭게 했다는 비난도 나왔습니다.

국가자본주의 지식인들은 거의 완벽한 이데올로기 통제에 의문을 제기했던 학생운동을 이런 식으로 나쁘게 표현합니다. 그러면서 사상통제 체제의 금이 간 틈새를 재빨리 다시 메우고, 이데올로기 제도 내에 다소간 다양성을 불러일으켰던 과정을 거꾸로 되돌리려고 합니다.

좌파의 전체주의적 위협을 어서 제거해야 한다고 소리치면서 말입니다. 그들은 실제로 그렇게 믿습니다. 그 믿음이 어느 정도인가 하면 그들 스스로가 국가 이데올로기에 세뇌되고 통제되고 있습니다. 경찰이라면 모르겠지만, 지식인들이 그런 행동을 보인다니 정말 놀라운 일입니다.

물론 미국의 대학에서 학생들의 행동이 적법한 한계를 넘어선 몇몇 사례가 있었던 건 사실입니다. 몇몇 최악의 사건들은 지금 우리가 알고 있는 것처럼 정부 비밀 요원의 사주를 받았습니다.[4] 비록 몇 건 안 되지만 학생운동 자체가 과도한 행동을 벌인 경우도 있었습니다. 하지만 많은 전문가들이 학생운동을 비난할 때 유독 이런 사건에만 초점을 기울였습니다.

제가 생각하기에 학생운동의 주된 효과는 그런 것이 아닙니다. 학생운동은 대학이 국가와 다른 외부 권력에 순응하는 태도에 이의를 제기했습니다. 비록 이의 제기는 강력하지 못했고 대학의 순응주의는 여전히 그대로이지만 말입니다. 또한 학생운동은 때때로 제한적인 성공을 거두며 이데올로기 분야에 개방의 틈새를 만들어냈고, 이는 사상, 학문, 연구의 다양성을 넓히는 결과를 낳았습니다. 제 소견으로는, 학생운동 주도자들(그들 중 대부분이 자유주의자였습니다)은 이데올로기 통제에 도전했습니다. 학생들의 공격 대상은 주로 사회과학 내의 이데올로기 통제였고, 그러한 공격은 '지식인 엘리트'에게 공포 혹은 히스테리에 가까운 반발을 불러일으켰습니다. 오늘날 발표되는 분석적이고 회고적인 연구들은 실제 벌어진 사건들과 그 중요성에 대한 평가 면에서 굉장히 과장되고 부정확한 것입니다. 지금 많은 지식인들은 과거 군건하게 자리 잡았으나 이제 위협을 받고 있는 정통성과, 사상 및 탐구에 대한 통제를 재건하려고 합니다. 자유는 항상 인민위원*들에게 위협적인 것이기 때문이죠.

로나 학생운동은 애초 베트남 전쟁 때문에 일어났지만, 곧 다른 쟁점에도 개입하지 않았습니까?

촘스키 직접적인 쟁점은 베트남 전쟁이었지만, 해가 가면서 시민권 운동도 쟁점이 되었습니다. 남부에서 민권운동의 선두에 선 활동가들이 학생이었던 경우가 꽤 자주 있었습니다. 예를 들면 학생비폭력조정위원회(Student Non-violent Coordinating Committee: SNCC)가 있습니다. 주로 흑인 학생들이 주도했던 단체인데, 많은 백인 학생들로부터 지지를 받았던 아주 중요하고 영향력 있는 집단이었습니다. 게다가 초기의 몇몇 쟁점은 대학을 더 넓은 사상 범위와 다양한 경향의 정치 활동에 개방하는 문제와 관련된 것이었습니다. 버클리의 자유언론 논쟁**이 좋은 사례입니다.

저는 당시 학생 활동가들이 정말로 대학에 '정치색을 주입하려' 했다고 보지 않습니다. 특정 이데올로기를 주장하는 교수진이 대학을 장악했던 시절에, 대학은 굉장히 정치색을 띠고 있었고 외부 권력에 규칙적으로 상당한 기여를 하고 있었습니다. 특히 정부와 정부의 정강과 정책에 기여했죠. 학생운동이 활발했던 기간에도 그러했고 오늘날도 마찬가지입니다. 시작부터 학생운동은 외부 통제로부터 대학을 해방

---

* 코미사르. 옛 소련의 고위직으로 군대 내에서는 정치위원, 행정부에서는 장관을 가리키는데 여기서는 일반적으로 권력자를 지칭한다―옮긴이.
** 자유언론 운동(The Free Speech Movement: FSM)은 1964~1965년 캘리포니아대학교 버클리 캠퍼스에서 교내 정치활동 금지 철폐, 학생들의 언론과 학문의 자유를 주장하며 펼쳐졌던 일련의 활동을 말한다―위키피디아 참조.

학생운동은 외부 통제로부터 대학을 해방시키려 했다고
말하는 편이 정확할 겁니다. 대학을 타락시키고 정부의
정책과 공적 이데올로기의 도구로 변질시킨 사람들의
관점에서 보면, 이러한 운동이 불법 '정치화'의
한 형태로 보일 것입니다.

시키려 했다고 말하는 편이 정확할 겁니다. 대학을 타락시키고 정부의 정책과 공적 이데올로기의 도구로 변질시킨 사람들의 관점에서 보면, 이러한 운동이 불법 '정치화'의 한 형태로 보일 것입니다. 대학 연구소 가 정부의 반란 진압, 정보기관 업무, 선전 활동, 사회 통제와 밀접한 관련을 맺고서 무기 생산이나 사회과학 프로그램에 몰두한다는 것은 명백합니다. 학자들의 연구 분야는 이보다는 덜 명백합니다만, 제가 생 각하기에, 역시 정부의 도구 노릇을 했습니다.

이를 설명하기 위해 냉전의 역사와 2차 세계대전 종전 이후 기간에 대한 이른바 수정주의적 해석을 예로 들겠습니다. 아시다시피 '수정주 의자들'은 공식적인 '정통' 견해에 반대하는 미국의 정치평론가들입니 다. 당시 꽤나 지배적이었던 정통론은 이렇게 주장합니다. 냉전은 오로 지 러시아와 중국의 공격성에서 비롯되었으며 미국은 단지 이에 대응해 수동적인 역할을 했다. 자유주의 체제에서 가장 개방적이고 탐구적이 며 회의적인 자세를 지닌 사람 축에 들며 많은 쟁점에 관해 파격적 견해 를 발표한 학자 존 케네스 갤브레이스를 예로 들어봅시다. 1967년에 출 간된 그의 책《새로운 산업국가The New Industrial State》에서는 지식 계 급의 개방적이고 비판적인 태도와 그에 따른 바람직한 전망을 강조했습 니다. 그런데 이 책에서 갤브레이스는 냉전의 "의심할 바 없는 역사적 원인"은 러시아와 중국의 공격성, 곧 "소련과 중국의 혁명적이고 국가적인 야심, 그리고 그들의 충동적 도발성"이라고 말했습니다.[5] 이것이 자유주의 논객들이 1967년까지 읊어대던 냉전의 원인이었습니다.

'수정주의' 대안은 제임스 워버그Warburg, James, D. F. 플레밍 Fleming, 윌리엄 애플먼 윌리엄스Williams, William Appleman, 가르 알페로비츠Alperovitz, Gar, 게이브리얼 콜코Kolko, Gabriel, 데이비드 호로위츠Horowitz, David, 다이앤 클레먼스Clemens, Diane 등이 경쟁적으로 제기한 여러 견해에 의해 발전되었습니다. 수정주의자들은 냉전이 거대한 권력 설계와 음모의 상호 작용에 기인한다고 주장합니다. 이런 입장은 타당할 뿐만 아니라 역사와 문서 기록의 강한 뒷받침을 받고 있습니다. 하지만 광야의 외로운 목소리였습니다. 소수인 사람들만이 '진지한' 분석가들 사이에서 경멸 혹은 놀림감이 된 '수정주의적' 연구에 주의를 기울였습니다.

하지만 1960년대 말에 이르러 학생운동의 압력 때문에 '수정주의' 입장에 대한 진지한 고찰을 막는 것이 거의 불가능해졌습니다. 학생들이 이런 책을 읽고 논의하기를 원했기 때문입니다. 그리하여 아주 흥미로운 결과가 나타났습니다.

무엇보다도 수정주의 대안이 진지하게 고려되자마자 정통론은 용해되어 사라졌습니다. 논쟁이 시작되자 정통론은 근거가 부족하다는 것이 훤하게 드러났습니다. 그리하여 정통론은 포기되었습니다.

정통론을 지지하는 역사학자들은 자신의 생각이 틀렸음을 아주 드물게 인정했습니다. 대신에 일부 수정주의 관점을 수용하면서 수정주의자들이 어리석은 입장을 취한다고 비난했습니다. 전형적인 비난은 이런 것이었습니다. "소련 정부는 우리의 사악한 외교 정책의 불운한 대상이었을 뿐"이라고 수정주의자들은 말하는데 이게 될 법이나 한 소리냐?

왜 이렇게 말할까요? "냉전은 단순히 소련의 도전에 대한 미국의 대응으로 이해될 수 없으며, 오히려 미소 양국이 공유했던 상호 불신의 교활한 상호 작용으로 파악되어야 한다"는 가르 알페로비츠의 입장을 허버트 파이스Feis, Herbert가 악의적으로 그렇게 해석한 것입니다. 이런 정통론의 해석은 초강대국의 상호 작용을 고려하지 않은 황당무계한 것이었습니다. 정통론적 역사학자들은 수정주의자의 분석에서 몇몇 요소를 취함과 동시에 수정주의자들이 실질적으로 제안했던 것과 근본적으로 다른 어리석은 신조를 수정주의자들의 것으로 돌렸습니다. 실상 그 어리석은 신조는 정통론의 본래 입장을 거울에 고스란히 되비춘 것입니다. 왜 이런 논의를 펼치는지 그 동기는 뻔합니다.

이런 약간 수정된 입장을 토대로 해서, 많은 정통파 역사학자들은 미국의 자비롭고 수동적인(냉전은 미국이 먼저 일으킨 것이 아니라는 _옮긴이) 이미지를 재건하려고 해왔습니다. 하지만 저는 여기서 더 깊이 파고들지 않겠습니다. 수정주의적 분석의 영향에 관해서는 갤브레이스가 다시 흥미로운 사례를 제공해줍니다. 앞에서 1967년 출판된 그의 책을 인용한 바 있습니다. 1971년 개정판에서 갤브레이스는 다음의 인용문에 원래 'the(유일한)'라고 썼던 단어를 'an(한 가지)'으로 바꾸었습니다.

"소련과 최근 중국의 혁명적이고 국가적인 야심, 그리고 그들의 충동적 도발성은 의심할 나위 없이 (냉전의) **한 가지**an 역사적 원인이다."(강조 표시는 제가 한 것입니다.)

이 설명은 여전히 오해를 일으킬 수 있고 편향되어 있습니다. 왜냐하면 갤브레이스는 다른 원인들에 대해서는 말하지 않았기 때문입니다. 또한 중국의 주도권이 어떠한 면에서 냉전의 '의심할 나위 없는 한 가지 원인'이라는 것인지 흥미롭게 지켜볼 일입니다. 하지만 그의 입장은 정통론과 비교할 때 진일보한 것입니다. 4년 전 초판에서는 정통론을 고수했는데 그때는 대학에 학생운동의 전반적 영향이 아직 퍼지기 전이라 그렇게 발언했던 것이지요.

갤브레이스는 흥미로운 사례입니다. 왜냐하면 그는 자유주의 지식인들 중에서 가장 개방적이고 비판적이며 탐구적인 자세를 보이는 사람에 들기 때문입니다. 냉전에 대한 그의 언급과 그 근원도 흥미롭습니다. 왜냐하면 그것이 지나가듯이 제시된 의견이라 속마음을 그대로 털어놓은 것이기 때문입니다. 갤브레이스는 정면에서 진지하게 역사적 분석을 제시하려고 했던 게 아니라, 단지 다소 회의적이고 비판적인 자유주의 지식인들 사이에 수용된 이념을 무심코 언급했던 것입니다. 여기서 아서 슐레진저나 다른 교조적 학자들은 언급하지 않겠습니다. 때때로 그들은 공산당 소속 역사학자들이 그렇게 하듯이 역사적 사실을 임의로 선택하여 제시하는 경향이 있습니다.

우리는 왜 그렇게 많은 자유주의 지식인들이 60년대 말에 그토록 두려워했는지, 왜 그들이 이 시기를 좌파 전체주의의 시기로 보았는지 이해할 수 있습니다. 처음으로 그들은 눈앞에서 진실을 바라볼 것을 강요받았습니다. 그것은 심각한 위험이었고 진정한 위험이었습니다. 이데올로기 통제라는 역할을 맡은 그들에게는 말입니다. 3자위원회*에서 발표한 최근의 흥미로운 연구가 있습니다. 미셸 크로지어, 새뮤얼

• the Trilateral Commission. 1973년 미국, 서유럽, 일본의 긴밀한 공조를 구축할 목적으로 만들어진 민간 기구—위키피디아 참조.

헌팅턴, 조지 와타누키 공저인《민주주의의 위기The Crisis of Democracy》**가 그것인데, 여기서 학자와 그 밖의 전문가들로 구성된 국제적인 집단이 현대 민주주의를 위협하는 요소에 대해 논의를 합니다. 그런 위협 중 하나는 '가치 지향적 지식인들'인데, 이들은 '젊은 세대를 세뇌'(적절한 문구입니다)하는 기존의 제도에 도전하는 사람들입니다. 학생운동은 그들이 말하는 이런 '민주주의의 위기'(실제로는 민주주의의 활성화 _옮긴이)에 본격적으로 기여했습니다.

60년대 후반에 이르자 논의는 베트남 전쟁에 대한 의문이나 현대사 해석을 넘어서서 **사회 제도** 그 자체에까지 이르게 되었습니다. 자본주의 경제의 기능을 근본적으로 비판하기 바랐던 학생들은 정통 경제학에 도전하고 나섰습니다. 학생들은 사회 제도에 의문을 제기하고 마르크스와 정치경제학을 공부하기 원했습니다.

이것을 설명하기 위해 다시 개인적인 일화를 들어보겠습니다.

1969년 봄 이곳 케임브리지에서 경제학을 전공하는 소규모 학생 모임이 진지하게 경제학의 본질을 공부하려 했습니다. 학생들은 두 경제학 진영의 대표적 논객을 초빙해 토론회를 열자는 구상을 했습니다. 한쪽은 MIT에서 저명한 케인스 경제학자인(이제는 노벨상 수상자입니다) 폴 새뮤얼슨Samuelson, Paul Anthony으로 하고, 다른 한쪽은 마르크스 경제학자를 초대하려 했습니다. 그런데 후자의 역할을 맡으려는 사람을 보스턴 지역에서 찾기가 어려웠습니다. 어느 누구도 마르크스주의 정치경제학의 관점에서 신고전주의에 도전하려 하지 않았습니다. 마

** Michel Crozier, Samuel P. Huntington, Joji Watanuki, *The Crisis of Democracy: Report on the Governability of Democracies to the Trilateral Commission* (New York University Press, 1975).

침내 제가 그 역할을 맡도록 요청을 받았는데, 저는 특정한 경제학 지식도 없고, 마르크스주의를 확고하게 신봉하지도 않습니다.

생각해보십시오, 세월이 1969년인데 마르크스 경제학의 전문가는 고사하고 반쯤은 전문가라고 부를 만한 사람조차 없었던 것입니다. 게다가 미국의 케임브리지 시는 다른 대학도시와는 달리 그런 파격적인 면이 굉장히 활발한 곳인데도 말이죠. 그런 일화가 미국의 지적 환경에 대해 어느 정도 그림을 그려줄 것이라고 생각합니다. 서유럽이나 일본에서 이런 일이 있을 것이라고는 상상하기 어렵군요.

학생운동은 이런 굳어진 분위기를 어느 정도 바꾸어놓았습니다. 이미 앞에서 말씀드린 대로, 정통파는 학생운동이 활발했던 시기를 가리켜, 학내 테러니…… 회랑을 지나가는 SS(나치 친위대)의 행진이니…… 용기 하나로 버텨낸 강단 지식인들을 위협한 급진파 학생들 운운하며 묘사했습니다. 말도 안 되는 망상이지요! 물론 사고도 있었고, 때때로 편집증적인 해석으로 학생들을 자극한 FBI 밀정들의 사주도 있었습니다. 학생운동은 그저 대학을 조금 개방해보자는 것이었는데, 국가 이데올로기 정통론자들이 보기엔 그토록 파괴적이었던 겁니다!

게다가 대중매체는 거의 이를 다루지 않았고, 지금 정통론은 다시 굳건하게 확립되었습니다. 이제는 학생운동의 압력이 대학에서 사라졌기 때문이죠. 예를 들어 개디스 스미스Smith, George Gaddis 같은 상당히 절충을 잘하는 역사학자는 지금 《뉴욕 타임스》 서평난에서 수정주의 역사학자인 윌리엄스와 콜코를 '팸플릿 선동가'라고 표현합니다.

로나 학생운동의 '쇠퇴'에는 어떤 요인이 작용했다고 보십니까?

촘스키 많은 요인이 있었습니다. 미국의 학생운동 안에서 신좌익이 발전했을 때, 더 폭넓은 사회운동과도 연합할 수 없었고 중요한 인구 계층에도 정착할 수 없었습니다. 이것은 앞선 기간의 이데올로기적 편협함이 낳은 결과입니다. 학생들은 지극히 작고 일시적인 사회집단을 형성합니다. 좌익 학생들은 작은 소수 집단을 구성하고, 종종 굉장히 어려운 상황에 직면하게 됩니다. 미국 좌익에는 살아 있는 지적 전통이 존재하지 않고, 노동 계급에 기반을 둔 사회주의 운동도 없습니다. 학생들이 지지를 얻을 수 있는 살아 있는 전통이나 대중운동의 뒷받침이 없는 거지요. 이런 상황에서 학생운동이 그 정도 지속되었다는 것은 놀라운 일입니다.

로나 새로운 세대는 어떻습니까?

촘스키 새로운 세대는 새로운 경험 형태와 직면하고 있습니다. 오늘날 학생들은 외부로부터 강요된 요구 사항에 예전보다 쉽게 적응하는 것 같습니다. 물론 그런 적응을 과장해서는 안 되겠지만 말입니다. 적어도 제 경험상 50년대와 60년대 초반과는 대학이 많이 다릅니다. 경제적인 침체와 후퇴도 학생들의 태도에 많은 영향을 줍니다. 60년대의 학생들은 무엇을 하든 생존 수단을 찾을 수 있을 거라고 생각했습니다. 사회는 충분한 틈새가 있는 것처럼 보였고, 팽창과 낙관의 느낌이 있었습니다. 따라서 학생들은 어디든 일자리를 찾을 수 있다는 희망이 있었습니다. 하지만 지금은 그렇지 않습니다. 심지어 전문적으로 '양성되고' 잘 준비된 학생이라도 고학력 택시기사가 될 판입니다. 학생운동은 이런 모든 것에 영향을 받고 있습니다.

다른 요인들도 나름대로 역할을 했습니다. 어떤 대학에서는, 어쩌면 다수 대학에서 좌파 학생을 배척하려 했다는 명백한 증거가 있습니다. 심지어 자유주의적인 대학에서도 '문제를 일으킬 수도 있는' 학생들을 배척하는 정치적 기준을 부과했습니다. 좌파 학생들은 졸업 후 대학에서 강사로 일하는 데에도 심각한 어려움을 겪었고, 교수 채용에서도 마찬가지였습니다. 이데올로기적 학문 분야, 가령 정치학, 경제학, 아시아 관련 학문 분야에서는 그런 경향이 아주 명확했습니다.

로나 선생님의 저서인 《반혁명의 폭력》[*] 프랑스어판(*Bains de Sang*)이 출판되었을 때 프랑스에서는 굉장히 말이 많았습니다. 영어 원서가 출판사를 소유한 대기업에게 검열을 당했고(유통이 금지되었지요), 출판사는 문을 닫았으며, 전 직원이 해고되었어요. 그 출판사의 편집장은 이후 택시기사가 되어 현재는 택시기사 노동조합을 조직하고 있습니다. 프랑스 텔레비전은 이 이야기에 의문을 표시했습니다.

촘스키 그 출판사를 소유한 대기업의 '검열'은 정말 있었습니다. 하지만 그건 그들의 입장에서도 어리석은 행동이었습니다. 그런 수준의 검열은 필요치 않았습니다. 잠재 독자의 규모를 생각해볼 때도 그렇고, 거대한 이데올로기 기관이 부과하는 압력을 고려해볼 때도 그럴 필요가 없었지요. 저는 만약 합리적인 파시즘 독재정권이라는 게 존재한다면 미국 체제를 선택하지 않을까 생각합니다. 더 복잡하고 더 분산된

---

[*] Noam Chomsky & Edward S. Herman, preface by Richard A. Falk, *Counter-Revolutionary Violence: Bloodbaths in Fact and Propaganda* (A Warner Modular publication, 1973).

체계로 이데올로기 통제가 강력하게 작동하는 마당에, 국가 차원의 검열은 필요치 않고 심지어 효율적이지도 않습니다.

로나 그런 구조에서 벌어진 워터게이트 사건을 어떻게 보십니까? 프랑스에서 민주주의의 '승리'로 소개되고 있는 그 사건 말입니다.

촘스키 제 생각엔 워터게이트 사건을 민주주의의 승리로 간주하는 것은 잘못입니다. 그 사건에 대해서는, 닉슨이 과연 정적을 상대로 사악한 방법을 사용했는가, 라고 물을 게 아닙니다. 오히려 그 사건의 희생자는 누구인가 하고 물어야 합니다. 답은 명백합니다. 닉슨은 유죄 처분을 받았습니다. 하지만 그 이유는 정치투쟁에서 닉슨이 혐오스러운 방법을 사용했기 때문이 아니라, 공격 대상을 잘못 선택했기 때문입니다. 다시 말해, 닉슨은 **권력을 가진 사람들을 공격했던 것**입니다.

전화 도청? 그런 수단은 오랫동안 존재했습니다. 닉슨이 '적의 명단'을 가지고 있었다? 그렇지만 그 명단에 올라 있던 사람들에겐 아무 일도 벌어지지 않았습니다. 저도 그 명단에 있었습니다만, 아무 일도 없었습니다. 네, 닉슨은 적을 잘못 선택했습니다. 그는 IBM의 회장, 정부 선임 고문, 언론계의 저명한 전문가들, 고위직 민주당 지지자들을 공격 대상에 올렸습니다. 닉슨은 주요 자본주의 기업인 《워싱턴 포스트》도 공격했습니다. 그러자 권력을 가진 이들은 예상되었던 대로 즉시 자기방어에 나섰습니다. 워터게이트 사건은 권력자와 권력자 사이의 싸움이었습니다.

그와 비슷한 범죄, 아니 그보다 더 심각한 범죄에 대하여, 미국 언론은 닉슨은 물론이고 다른 사람들도 고발할 수 있었지만 실제로 그렇게 하지 않았습니다. 오히려 소수자 집단이나 사회 변화를 일으키려는 시민운동을 고발했고, 이에 항의를 제기하는 사람은 별로 없었습니다. 이 데올로기 검열이 작동하는 바람에 워터게이트 기간 이런 사안들은 대중의 시야 밖으로 은폐되었습니다. 이들에 대한 탄압에 관해 주목할 만한 문서 자료가 바로 그 시점에 등장했는데도 말입니다. 워터게이트로 인한 소란이 가라앉을 때쯤엔 언론과 정치평론가들이 몇몇 실질적이고 심각한 국가권력 남용 사례를 주목하기는 했지만, 여전히 사안의 심각성을 알아보고 조사하려 들지는 않았습니다.

예를 들면 처치위원회*는 중요한 정보를 담은 조사보고서를 출간했는데 그 자료의 중요성은 제대로 알려지지 않았습니다. 보고서가 간행되었을 때, 대부분 사람들은 마틴 루터 킹 사건에만 집중했습니다. 더 큰 중요성을 띠는 발견 사항들은 오늘날(1976년 1월)까지 언론에 거의 다루어지지 않고 있습니다.

가령 다음과 같은 사건이 있었습니다.

시카고에 블랙스톤 레인저스Blackstone Rangers라는 거리 갱단이 있었는데 주로 게토(빈민가)에서 활동했습니다. 블랙 팬더스(Black Panthers: 흑표범단) 조직은 이들과 연락을 취하고 있었고, 이들을 정치화하는 데 성공했습니다. 레인저스가 게토 거리 갱단—FBI 말로는 범죄조직—으로 남아 있는 한 FBI는 그들에게 별달리 관여하지 않았을 겁니다. 그것은 게토를 통제하는 한 가지 방법이니까요. 하지만 급진적인 정치단체가 되어버리자, 레인저스는 FBI의 눈에 잠재적으로 위험

* Church Committee. 1975년 워터게이트 사건 당시 드러난 CIA와 FBI의 불법 사찰 활동을 조사할 목적으로 설치되었던, 미 상원 정부정보기관 활동에 관한 특별조사위원회(United States Senate Select Committee to Study Governmental Operations with Respect to Intelligence Activities)의 별칭이다. 프랭크 처치Church, Frank 상원의원이 의장을 맡았다—위키피디아 참조.

한 존재였습니다.

그런데 FBI의 기본적인 임무는 범죄를 막는 것이 아닙니다. 그보다는 대개 정치경찰 역할을 하고 있습니다. 그것은 FBI의 예산과 그 배분 방식을 보면 알 수 있습니다. 이 문제에 관한 몇 가지 정보를 자칭 'FBI를 조사하는 시민위원회the Citizen's Commission to Investigate the FBI'라는 단체가 밝혔습니다. 이 단체는 펜실베이니아 미디어에 있는 FBI 사무실에서 문서 모음을 빼내는 데 성공하여 그것을 언론에 유포하려 했습니다. 문서의 내역은 대략 다음과 같습니다. 30퍼센트는 일상적인 업무 처리 과정에 관계된 것이었고, 40퍼센트는 두 우익 단체, 이민자 관련 단체 열 개, 자유주의 혹은 좌익 단체 200개 이상에 대한 정치적 감시에 관계된 것, 14퍼센트는 탈영병과 도망자에 관련된 것, 1퍼센트는 조직범죄, 대부분 도박에 관련된 것이었고 나머지 15퍼센트는 강간, 은행강도, 살인 등에 관련된 것이었습니다.

레인저스와 흑표범단의 잠재적 연합에 직면하여 FBI는 작전에 나섰고, 이는 국가 방첩 계획이자 좌파 해체 계획인 대테러정보활동(Counter Intelligence Program: 코인텔프로COINTELPRO)과 보조를 맞추는 행동이기도 했습니다. FBI는 두 조직 사이에 갈등을 조장하고자 가짜 편지라는 수단을 사용했습니다. 자신을 '흑인 형제'라고 밝힌 누군가가 레인저스의 지도자에게 익명의 편지를 보내게 한 것이죠. 이 편지는 레인저스의 지도자를 암살하려는 흑표범단의 음모를 경고했습니다. 가짜 편지는 FBI 문서에 따르면 "폭력 형태의 행위, 총격 같은 행동이 제2의 천성"인 레인저스를 자극하려는 것이었습니다. FBI는 레인저스가 이런 허구의 암살 음모에 폭력으로 대응하기를 기대했습니다.

하지만 그건 효과가 없었습니다. 아마 당시 레인저스와 흑표범단의 관계가 너무 가까웠기 때문이겠죠. 그러자 FBI는 흑표범단 자체를 파괴하는 공작에 돌입했습니다. 어떻게?

몇 달 뒤인 1969년 12월, 시카고 경찰은 흑표범단의 아파트에 새벽의 급습을 감행했습니다. 총알이 거의 100개나 발사되었습니다. 처음에 경찰은 흑표범단의 총격에 대응한 것이라고 주장했지만, 거짓말임이 지역 신문에 의해 금방 입증되었습니다. 흑표범단에서 가장 유능하고 촉망받던 지도자인 프레드 햄프턴*이 침대에서 살해됐습니다. 햄프턴에게 약을 먹였을 수도 있다는 증거가 있습니다. 목격자들은 그가 냉혹하게 살해됐다고 주장합니다. 마크 클라크**도 살해됐습니다. 이 사건은 완전히 게슈타포식 정치 암살이었습니다.

당시 시카고 경찰이 습격의 배후일거라고 생각됐습니다. 그것만으로 악랄한 일이었지만 이후 밝혀진 사실은 좀 더 사악했습니다. 햄프턴의 개인 경호원이자 흑표범단의 경비대장이었던 윌리엄 오닐O'Neal, William이 FBI의 첩자였다는 것은 오늘날 잘 알려져 있습니다. 습격 며칠 전, FBI 사무국은 오닐이 제공한 흑표범단 아파트의 평면도를 시카고 경찰에 건넸는데 평면도에는 각 침대의 위치가 표시되어 있었습니다. 그에 더해 흑표범단의 아파트에 불법 무기가 있다는 오닐의 꽤나 미심쩍은 보고서도 함께 경찰에 건네졌습니다. 그걸 습격의 구실로 삼은 거지요. 이 평면도 덕분에, 기자들이 보도한 바대로 경찰의 총격이 출입문보다는 아파트 안 구석구석을 향할 수 있었습니다.

---

* Hampton, Fred(1948~1969). 흑인 운동가로 흑표범단 일리노이 주지부 부의장이었다－위키피디아 참조.
** Clark, Mark(1947~1969). 어린 나이에 전미유색인지위향상협회(National Association for the Advancement of Colored People: NAACP)에서 활동을 시작해 흑표범단의 일원이 되었다가 1969년 12월 4일 살해당했다－위키피디아 참조.

낯설고 혼란스러운 상황에서 흑표범단의 총격에 대응 발포했다는 경찰의 주장은 이 평면도로 거짓임이 폭로되었습니다. 시카고 신문들은 오닐로부터 보고를 받은 FBI 요원의 정체를 보도했습니다. 그는 흑표범단과 기타 흑인 단체를 대상으로 공작을 펴는 시카고 대테러정보활동(코인텔프로)의 책임자였습니다. 그가 책임자이든 아니든, 이 살해 사건에는 FBI가 연루되었다는 직접적인 증거가 있습니다.

이런 정보를 몇 달 전 조직 간의 싸움을 조장하려던 FBI 문서와 함께 놓고 보면 이렇게 추정할 수 있습니다. FBI는 흑표범단이 레인저의 지도자를 암살하려 한다는 가짜 편지를 건넸으나 '폭력 성향이 짙은' 레인저스로부터 아무 반응도 끌어내지 못하자 직접 흑표범단 해체에 나섰던 겁니다.

이 사건은(덧붙여 말하자면, 처치위원회는 이 사건을 진지하게 조사하지 않았습니다) 실질적으로 워터게이트 사건과는 비교가 안 될 정도로 중요한 사건입니다. 하지만 소수의 예외를 제외하고 전국 규모의 신문과 방송은 이 사건을 묵살해버렸습니다. 시카고의 지역 신문은 잘 보도했지만 말입니다. 이 일은 정치평론가들 사이에서도 별로 다루어지지 않았습니다. 닉슨의 '적 명단'이나 세금 사기에 관한 '흉악사건'들을 열내어 보도하는 언론의 태도와 견주어보면 놀라운 일입니다. 예를 들자면, 워터게이트 사건 기간에 실질적으로 미국 자유주의의 공식 기관지였던 《뉴 리퍼블릭the New Republic》은 이 사건을 보도하지도 언급하지도 않았습니다. 기본 사실과 문서 자료가 밝혀졌는데도 묵살로 일관했습니다.

프레드 햄프턴의 가족은 시카고 경찰을 상대로 민사 소송을 제기했는데, 오늘날까지 FBI의 관련 여부는 법정 심리에서 배제되어 있습니다. 상당한 관련 정보가 증인 진술에 나왔는데도 말입니다.

'워터게이트 공포'로 위협받은 사람들이 시민권과 인권을 정말 염려한다면, 블랙스톤 레인저스 사건에 관한 처치위원회의 공개 정보를 더 깊이 파고들어야 마땅한데도 그렇게 하지 않았습니다. FBI가 시카고 경찰에 압력을 넣어 프레드 햄프턴을 살해했는지 여부도 파고들어야 합니다. 그들이 어떻게 연결되어 있는지, 닉슨과 그의 전임자들 휘하에서 FBI가 무슨 역할을 했는지 조사해야 마땅합니다. 여기서 중요한 문제는 국가의 정치경찰이 연루된 암살 사건이 벌어졌다는 것이며, 이 범죄는 워터게이트에서 닉슨이 저지른 어떠한 잘못보다 더 죄질이 나쁩니다. 워터게이트 수사는 아주 편협한 토대에서이긴 하지만 캄보디아 폭격이라는 아주 중요한 문제를 언급했습니다. 그러나 폭격의 '은밀함'만 문제 삼았지, 폭격 그 자체는 문제 삼지 않았습니다. 닉슨이 폭격을 은밀하게 지시한 것이 문제이지 폭격 자체는 문제없다는 식이었습니다.

이런 사례가 또 있습니다. 예를 들어, 샌디에이고 FBI 지부는 전에 예비군 출신으로 구성된 극우 단체에 자금과 무기를 대주며 관리했습니다. FBI는 그 단체를 비밀 군사 조직Secret Army Organization으로 개조해 다양한 종류의 테러 행위를 사주했습니다. 저는 이 사실을 옛 제자에게서 처음 들었습니다. 그 제자는 이 단체의 암살 대상에 들어 있었습니다. 그는 MIT 재학 시절 제가 앞에서 말했던 양 경제학 진영의 토론회를 조직했던 학생입니다. 그 정보를 내게 건네준 당시에는 주립 샌디에이고 단과대학에서 학생들을 가르치면서 정치적인 활동에 참가했습니다. 덧붙여 말하면 그의 활동은 완전 비폭력적이었습니다. 물론 그런 비폭력성이 이 이야기와 직접 관련이 있는 건 아니지만.

FBI에 고용된 밀정이었던 '비밀 군사 조직'의 우두머리가 차로 제자의 집 옆을 지나갔고, 그의 동료가 제자 집에 총격을 가했습니다. 이로 인해 그 집에 있던 젊은 여성이 크게 다쳤습니다. 그들이 목표했던 저의 제자는 당시 집에 없었습니다. 당시 사용된 무기는 이 FBI 밀정이 훔친 것이었습니다. 미국시민자유동맹(American Civil Liberties Union: ACLU)의 샌디에이고 지부에 따르면, 총은 다음 날 FBI 지부로 넘겨져 은닉되었으며 6개월 동안 FBI는 샌디에이고 경찰에게 그 사건에 대해 거짓말을 했습니다. 이 사건은 한참 뒤까지 대중에게 알려지지 않았습니다.

FBI의 지시와 자금 지원을 받던 이 테러 단체는 마침내 샌디에이고 경찰에게 해체되었습니다. 경찰이 뻔히 보는 데서 극장에 화염병을 던지려고 했던 것이 계기가 되었지요. 무기를 은닉한 의문의 FBI 요원은 캘리포니아 주 밖으로 전출을 갔고 따라서 기소되지 않았습니다. FBI의 밀정 역시 기소를 피했습니다. 비밀 테러 조직의 여러 조직원이 기소되었는데도 그 밀정은 법망을 피해나간 것입니다. 거의 같은 시기에 FBI는 시카고에서 그랬던 것처럼 샌디에이고에서도 흑인 단체들 사이에 갈등과 투쟁을 사주하는 일에 개입했습니다. 비밀문서를 검토해보면 FBI는 게토에서 총격, 폭력, 불안감을 배후 조종한 세력이었고, 이런 사실에 대하여 신문과 평론지들은 거의 입을 다물었습니다.

그런데 앞서 말씀드렸던 저의 제자는 다른 방식으로 괴롭힘을 당했습니다. FBI가 밀정들을 통해 그에게 다양한 종류의 협박과 위협을 계속했다는 사실이 드러났습니다. 더욱이 미국시민자유동맹의 변호사들에 따르면 FBI는 그를 대상으로 혐의가 제기된 비행의 배경 정보를 그의 소속 대학에 제공했습니다. 그는 대학에서 잇따라 세 차례 조사를 받았고, 그때마다 고발 건이 무고였음이 밝혀졌습니다. 그런데도 캘리포니아 주립대학연합회장인 글렌 덤키Dumke, Glenn는 독립 청문회의 조사 보고서를 받아들이지 않았고, 내 제자를 일방적으로 해직했습니다. 이런 사건들은 상당히 많았지만 대학 내에서 전혀 '전체주의'로 간주되지 않았습니다.

1975년 6월에 미국시민자유동맹이 처치위원회에 제출한 기본적인 사실 정보는 언론에도 제공되었습니다. 제가 알기로 처치위원회는 이 문제에 관해 어떤 조사도 하지 않았습니다. 전국 규모의 언론은 당시 이 사건에 대해 아무런 보도도 하지 않았고, 그때 이후 별로 보도한 것이 없습니다.

정부의 탄압에 얽힌 다른 유사한 일들도 보고되었습니다. 예를 들자면, 군 정보부가 시카고에서 불법 행동에 연관되어 있다는 것이었습니다. 시애틀에서는, 지역 좌익 단체들을 비방하고 쓰러뜨리려는 상당히 광범위한 노력이 수행되었습니다. FBI는 한 요원에게 젊은 급진주의자 단체를 사주하여 다리를 폭파하게 하라고 지시했습니다. 그 지시를 이행하면 폭탄을 설치한 사람도 같이 폭사할 위험이 있었습니다. 그 요원은 그 지시를 거부하고 이를 언론에 폭로했고, 마침내 법정에서 증언했습니다. 그렇게 해서 이런 사실이 알려지게 된 겁니다. 시애틀에서는 FBI 첩자들이 방화, 테러, 폭파를 유발했습니다. 한번은 그들이 한 젊은 흑인을 사주해 강도 사건을 벌이도록 했고, 이 과정에서 그 흑인은 살해되었습니다. 이 사건은 프랭크 도너*에 의해 《네이션the Nation》지에 보도되었습니다. 《네이션》은 그런 사건을 진지하게 보도한 몇 안

---

* Donner, Frank(1911~1993). 미국의 인권 변호사.

되는 미국 평론지죠.

　이런 불법 사건이 훨씬 더 많이 있습니다. 하지만 이 모든 산발적 사례들은 1차 세계대전 이후 적색 공포 시기에서 유래한 FBI 정책을 대입해보아야만 비로소 완전한 의미를 파악할 수 있습니다. 적색 공포에 대해서는 여기서 자세히 말씀드리지 않겠습니다. 대테러정보활동은 1950년대에 시작되어 공산당 파괴 계획을 실행했습니다. 비록 이는 공포되지 않았지만, 모두들 그런 계획이 진행되는 것을 알았고 그에 대한 항의는 별로 없었습니다. 그 활동은 상당히 적법한 것으로 간주되었습니다. 사람들은 이에 관해 농담을 하기까지 했습니다.

　1960년 그 파괴 계획의 대상이 푸에르토리코 독립 운동으로까지 확대되었습니다. 1961년 10월 법무장관 로버트 케네디의 관리하에 FBI는 사회주의노동당Socialist Workers Party(가장 규모가 큰 트로츠키주의자 조직)을 상대로 파괴 계획을 개시했습니다. 이 계획은 이후 시민권 운동, KKK단Ku Klux Klan, 흑인 민족주의자 단체들, 평화운동 전반으로까지 확대되었습니다. 1968년에는 '신좌익' 전반을 대상으로 했습니다.

　이런 불법적 계획을 지탱하는 내부의 근거 논리는 상당히 많은 것을 보여줍니다. FBI 본부에서 직접 내려온 사회주의노동당 파괴 계획은 다음과 같은 논거를 제시했습니다.

　우리는 이 계획을 다음의 이유로 실행한다.
　(1) 사회주의노동당은 공개적으로 전국에 걸쳐 지역선거에 후보자
　　　를 내세우고 있다.
　(2) 사회주의노동당은 남부에서 인종차별 폐지를 지지한다.
　(3) 사회주의노동당은 카스트로를 지지한다.

> 대테러정보활동과 1960년대에 정부가 주도한 다른 행위들과 비교해보면 워터게이트는 소꿉장난에 불과합니다. 그런데도 신문들은 거의 침묵으로 일관했습니다. 시민권과 민주적 권리를 내세운 것은 위선이었습니다.

　이것이 실제로 무엇을 의미합니까? 이것은 사회주의노동당이 선거에 입후보해 정치적인 주장을 펴는 것—이는 **적법한** 정치활동입니다—, 시민권에 대한 그들의 지지, 미국 외교 정책에 변화를 일으키려는 그들의 노력, 이런 것들을 미국의 정치경찰이 파괴하겠다는 것이고 그게 정당하다는 얘기입니다.

　이것이 미국 정부가 세운 탄압 계획 배후에 있는 논리적 근거입니다. 그런 계획은 시민권 운동과 적법한 정치행동(하지만 그들이 보기에 다수의 합의에 위배되는 행동)을 파괴하겠다는 것이었습니다. 대테러정보활동과 나아가 1960년대에 정부 주도로 이루어진 다른 행위들과 비교해보면 워터게이트는 소꿉장난에 불과합니다. 그런데도 신문들은 이런 불법 활동에 거의 침묵으로 일관했습니다. 워터게이트를 떠들썩하게 보도한 것과 비교하면 너무나 대조적입니다. 이런 극명한 대조는 무엇을 보여줍니까. 그건 닉슨이 공격 대상을 잘못 골랐다는 겁니다. 부적절한 행동 때문이라기보다는 부적절한 공격 대상을 골랐기 때문에 닉슨은 몰락한 겁니다. 시민권과 민주적 권리를 내세운 것은 위선이었습니다. '민주주의의 승리'는 없었습니다.

로나 미국 헌법과 권리장전에도 나오는 내용이 들어 있는 건의서를 길거리에서 배포했는데, 사람들이 좌익의 선전이라고 생각해 지지 서명을 거부했다고 하더군요.

촘스키 그런 일은 제가 기억하기로 1950년대부터 있었습니다. 사람들은 오랜 시간 협박에 시달려왔습니다. 자유주의자들은 이 모든 것이 조 매카시와 리처드 닉슨 같은 몇몇 사악한 사람들 때문이라고 믿었습니다. 하지만 이는 굉장히 잘못된 생각입니다. 전후의 탄압은 1947년 트루먼 대통령의 보안 조치로 거슬러 올라갑니다. 그때 이미 민주당 자유주의자들은 헨리 월리스*와 그의 지지자들을 비방하며 탄압했습니다. '국가 비상사태'인 경우에는 강제수용소가 있어야 한다고 주장한 자유주의자로 휴버트 험프리** 상원의원이 있습니다. 그는 결국 매캐런법McCarran Act*** 투표에 반대표를 던졌지만, 어떤 면에서는 그 법이 충분히 가혹하지 않다고 말했습니다. 그는 강제수용소 수감자들도 인신구속 적부심의 보호를 받아야 한다는 조항에 반대했는데, 그건 공산주의 음모자들에 대응하는 적절한 방법이 아니라는 것이었습니다!

---

* Wallace, Henry Agard(1888~1965). 농업전문가로 뉴딜 정책을 입안, 집행했다. 프랭클린 D. 루스벨트 대통령 행정부에서 농업부장관과 부통령을 역임하고, 트루먼 행정부에서도 상무부장관을 맡았으나 소련에 대한 냉전 정책에 반대하다 해임되었다. 1948년 소련과 협력하고 군비를 축소하겠다는 공약을 내걸고 대통령 선거에 출마했다. 일반투표에서는 100만 표 이상을 얻었으나 선거인단 투표에서는 1표도 얻지 못했다─브리태니커백과 참조.

** Humphrey, Hubert Horatio(1911~1978). 미국 상원의원으로 오랫동안 활동하고(1949~1965, 1971~1978) 제38대 부통령(1965~1969)을 지낸 바 있다. '흑인민권운동 투사', '공상적인 사회개량가'라는 평가를 받았지만 베트남전쟁 참전에 찬성했다─브리태니커백과, 두산백과 참조.

*** 1950년 미 상원의원 P. A. 매캐런이 제안해 만들어진 치안 유지법. 공산주의 단체의 회원 명단과 기록 공표를 요구하고, 전시에 스파이 활동을 하거나 군수 생산을 방해할 우려가 있는 자를 억류할 권한을 정부에 부여하며, 전체주의 단체의 성원이었던 자의 미국 입국을 금했다─표준국어대사전, 두산백과 참조.

몇 년 뒤 중진 자유주의 인사들이 제안한 공산주의자 통제법안은 너무나 명백한 위헌이어서 제가 알기로는 아무도 지지하지 않았습니다. 덧붙여 말하자면 이 법은 분명하게도 노동조합을 공격 대상으로 삼았습니다. 이 상원의원들과 더불어 많은 자유주의 지식인들이 암암리에 '매카시즘'의 근본 목적을 지지했습니다. 비록 방법론에는 반대했고, 특히 그들 자신이 매카시의 공격 대상이 되었을 때는 더욱 반대했지만 말입니다. 그들은 대학 내의 부분적 '숙청'을 수행했고, 미국 사회로부터 심각한 반체제라는 '암 덩어리'를 제거하는 이데올로기 구조를 발전시켰습니다. 이렇게 하여 미국의 지식인 사회는 놀랄 만한 순응과 이데올로기적 편협함에 길들여졌습니다. 이 때문에 앞에서 말한 학생 운동이 위축되었던 겁니다.

이 자유주의자들이 매카시에 반대한 이유는 매카시가 너무 지나쳤고 게다가 잘못된 방향으로 나아갔기 때문입니다. 매카시는 자신의 역할을 '공산주의자의 적'으로 한정하지 않고, 거기서 더 나아가 자유주의 지식인이나 조지 마셜 같은 주류 정치인들을 공격했습니다. 그는 교회와 군대를 공격하기 시작하면서, 닉슨처럼 공격의 대상을 잘못 선택하는 실수를 저지른 겁니다. 일반적으로 자유주의 지식인들은 매카시가 자신들을 공격해 왔기 때문에 배척했다고 말하지 않고, 공산주의의 위협을 제거하려는 방법이 잘못되었다는 식으로 그를 비판합니다. 물론 이와는 다른 주목할 만한 예외 사항이 있긴 하지만, 극소수에 불과합니다.

비슷한 예로, 대법원에서 자유주의 중진 중 한 사람이었던 로버트 잭슨Jackson, Robert Houghwout(1892~1954) 대법관은 공산주의 활동에 대응할 때에는 '명백하고 현존하는 위험' 조항(국가안보에 위험할 경우 언론 자유를 제약할 수 있는 미국 헌법상의 요건)에 반대했습니다. 충분히 가혹하지 않기 때문이었죠. 그가 설명한 바에 따르면, 위험이 '명백하고 현존하게' 될 때까지 기다리면 공산주의에 대한 대응이 너무 늦어진다는 것입니다. '임박한 행동'이 일어나기 전에 공산주의자들을 저지해야만 한다는 논리였죠. 이런 식으로 잭슨은 전체주의적인 관점을 지지했습니다. 그런 것은 논의 자체를 허용해서는 안 된다는 관점이었지요.

이 자유주의자들은 매카시가 자신들을 향해 무기를 돌리자 굉장히 충격을 받았습니다. 그는 이만 게임의 규칙에 따라 행동하지 않기로 한 것이죠. 그들이 발명한 게임을 거부한 겁니다.

로나 마찬가지로, CIA 사건은 그 기관의 고유 업무에 관해서 일어난 것이 아니라, 원칙적으로 FBI에 할당된 영역에 개입해서 일어난 것으로 알고 있습니다.

촘스키 부분적으로 그렇습니다. CIA가 사주한 정치적 암살 시도가 일으킨 소동을 보십시오. 사람들은 CIA가 외국 지도자들을 암살하려 한 사실에 충격을 받았습니다. 분명히 그건 굉장히 좋지 않은 일이었습니다. 하지만 그건 미수로 끝난 시도들일 뿐입니다. 대부분의 경우에 말입니다. 어떤 경우에는 그것이 미수인지 아닌지 불분명합니다. CIA가 관여한 피닉스 계획the Phoenix program—사이공 정부에 따르면 2년 동안 4만 명을 몰살한 프로그램—을 한번 생각해봅시다. 왜 이 계획은 중요하게 여겨지지 않을까요? 이렇게 죽어간 사람들이 어째서 카스트로, 슈나이더*, 루뭄바**보다 덜 중요한 것입니까?

이 계획의 책임자는 전에 CIA를 총괄했던 윌리엄 콜비Colby, William

Egan(1920~1996)입니다. 콜비는 지금 대학에서 존경받는 칼럼니스트이자 강연자입니다. 라오스에서도 같은 일이 일어났고 사태가 더 심각합니다. CIA 계획의 결과로 얼마나 많은 농민들이 살해되었는지 아십니까? 누가 이에 대해 말하고 있습니까? 아무도 없습니다. 한 번도 중요하게 보도되지 않았습니다.

항상 같은 이야기의 되풀이입니다. 표출된 범죄도 중요하지만, 미국이 진행해온 정말로 심각한 범죄적 계획에 비교하면 하찮은 겁니다. 그런 심각한 계획이 아예 보도되지 않거나 아니면 상당히 적법한 것으로 간주됩니다.

로나 어떻게 이 모든 정보를 알고 계십니까? 신문에 보도되지 않는다면 말입니다.

촘스키 이런 정보는 입수하기 쉽습니다. 하지만 '열성적인 사람들'만 입수할 수 있는 거지요. 이런 정보를 발견하려면 생활의 상당 부분을 그 일에 바쳐야만 합니다. 정보 입수가 쉽다는 것은 그런 의미에서입니다. 이런 '접근성'은 실제로는 거의 중요하지 않아요. 정치적으로도 별반 의미 없고요. 하지만 개인적인 차원에서는 가령 저 같은 사람에게, 미국의 일반적 상황은 전체주의 국가들과 비교할 수 없을 정도로 좋습니다. 예를 들어 소련에서 제가 여기서 하는 것과 같은 언행을 하는 사람이 있다면 아마 감옥에 갈 겁니다. 미국 정책을 비판한 저의 정

---

* Schneider, René. 칠레의 육군 최고 사령관이었는데 1970년 CIA의 사주를 받은 쿠데타 세력에게 납치, 살해되었다—위키피디아 참조.
** Lumumba, Patrice Hemery(1925~1961). 아프리카민족주의 지도자로, 콩고민주공화국의 초대 총리였다가 해임된 뒤 곧 암살되었다—브리태니커백과, 두산백과 참조.

치적 저술들이 소위 공산주의 국가에서 번역되지 않는 건 흥미로운 일이지요. 다른 지역에서는 널리 번역되었는데도 말입니다. 하지만 탄압으로부터 (최소한 특권층에겐 보장된 대로) 상대적으로 자유롭다고 해도 그 정치적 의미를 평가하는 데에는 조심해야 합니다. 구체적으로 그것 (상대적 자유 _옮긴이)이 무엇을 의미합니까?

예를 들자면, 작년 저는 하버드 대학에서 니먼 펠로스Nieman Fellows라는 언론인 단체를 대상으로 강연을 해달라는 초청을 받았습니다. 니먼 펠로스 구성원들은 공부를 더 하기 위해 미국 전역과 외국에서 해마다 하버드에 뽑혀 오는 언론사 기자들입니다. 그들은 제게 워터게이트 사건과 관련 주제에 관해 논해줄 것을 요청했습니다. 그리 자랑할 이유도 없으면서, 언론은 그 사건이 진행되는 기간에 자신들이 보였던 용감하고 원칙 있는 태도에 대해 상당히 자랑스러워했습니다. 이 사건의 본질은 바로 앞에서 말씀드렸지요. 나는 그들을 상대로 워터게이트 사건을 논하지 않고 방금 말씀드린 사실들을 이야기했습니다. 왜냐하면 전 일반 대중과 비교하면 상당히 교양 있고 정보 많은 언론인들이 그 사건들을 얼마나 아는지 궁금했기 때문입니다. 그런데 FBI의 탄압 계획에 대해 아는 사람이 거의 없었습니다. 햄프턴 사건의 전모를 알고 있었던 시카고 출신 기자 한 사람을 제외하고 말입니다. 햄프턴 사건은 실제로 시카고 언론에서 상세히 다루어졌죠. 만약 그 사람들 중에 누군가 샌디에이고에서 왔다면 비밀 군사 조직과 그에 관련된 정보를 알고 있었을지 모르지요…….

이런 것이 전체 현상을 파악하는 단서입니다. 모두가 자신이 아는 것은 국지적인 현상이라고 생각하도록 세뇌당합니다. 그리고 전모는 여전히 숨겨져서 보이지 않지요. 지역 언론에서 정보를 얻을 수 있지만, 정보의 전체적인 중요성과 국가적 차원의 행태는 여전히 세상에 알려지지 않습니다. 그것이 워터게이트 사건 동안 벌어졌던 상황입니다. 당시에 본질적인 정보와 방대한 문서 자료가 공개되었음에도 나무만 보고 숲은 보지 못했던 겁니다. 이후에도 분석적이거나 포괄적인 논의는 이루어지지 않았습니다. 그러다 보니 벌어진 현상을 만족스럽게 설명하지 못했습니다.

여기서 우리가 알게 되는 건 굉장히 효율적인 이데올로기 통제가 작동한다는 사실입니다. 사람들이 검열이란 아예 없다는 인식을 갖고 있을 정도니까. 그런데 좁고 기술적인 의미에서는 검열이 없다는 말이 맞습니다. 누가 어떤 사실을 발견한다고 해서 그것 때문에 감옥에 가지는 않습니다. 심지어 그런 발견 사실을 폭로해도 무사합니다. 하지만 결과는 실제 검열이 있는 것과 꼭 같습니다. 그런 발견은 아무런 파급 효과를 일으키지 못합니다. 사회 현실은 일반적으로 지식인 계층이 은폐해줍니다. 물론 거대한 대중적 반전 운동과 학생운동이 벌어지던 동안에는 상황이 아주 달랐지요. 대중 운동이 활발하게 벌어지던 상황에서는, 편협한 '공식적' 이데올로기의 틀에서 벗어날 가능성이 많이 있었어요. 지식인 계급이 일반적으로 순응하는 그 이데올로기의 틀 말입니다.

로나 솔제니친의 발언에 대한 미국인들의 반응은 어땠습니까?

촘스키 아주 뜨거웠습니다. 적어도 자유주의 언론에서는. 저는 언론의 그런 반응에 주목했습니다. 몇몇은 솔제니친의 지나친 발언을 비판했습니다. 솔제니친은 그들이 참아줄 수 있는 한도를 훨씬 넘어버렸죠. 예를 들어, 솔제니친은 소련에 대한 미국의 직접 개입을 요구했습니다. 그런 대응은 전쟁을 불러일으킬 위험이 있고, 그렇지 않더라도 러시아 내의 반체제 인사들에게 타격을 줄 수 있었습니다. 또한 그는 베트남전을 과감히 밀어붙여 승리하지 못한 미국의 나약함을 공공연히 비난했고, 에스파냐의 민주적 개혁을 공개적으로 반대했으며, 미국에서 검열을 해야 한다고 요구하는 평론지를 지지하기도 했습니다. 그런데도 언론에서는 그가 도덕적으로 비범한 사람이라며 계속 경탄의 논조를 내보냈습니다. 평범한 사람들의 사소한 삶에서 그런 장엄한 도덕적 기준은 상상하기 쉬운 일이 아니라면서.

사실 솔제니친의 '도덕적 차원'은 미국에서 시민 자유를 위해 용감히 싸운 많은 미국인 공산주의자들의 그것과는 상당히 대조적입니다. 그들은 동시대 소련의 숙청 사태와 강제노동수용소에 대해서는 비판하지 않았습니다. 사하로프는 그의 관점에서 솔제니친처럼 모순되지는 않았습니다. 하지만 그도 역시 베트남 전쟁을 미국의 승리로 이끌지 못한 것은 서방으로서는 엄청난 후퇴라고 말했습니다. 미국은 단호하게 행동하지 않았으며 대규모 원정 부대를 보내는 데 너무 오래 시간을 끌었다고 그는 불평했습니다. 사하로프는 미국 선전기구에서 날조한 온갖 문구를 되읊었습니다. 여기서 시민권을 위해 싸운 미국인 공산주의자들이 러시아의 선전 문구를 앵무새처럼 흉내 낸 것과 비슷했습니다. 가령, 미국이 남베트남을 침공했다는 사실은 널리 알려진 역사의 일부가 아닙니다. 소련에서 인권을 위해 나선 사하로프의 커다란 용기와 활동은 칭송받을 만합니다. 하지만 그런 사람들을 '도덕적 거인'이라고 언급하는 것은 주목할 만한 현상입니다.

왜 언론이 그렇게 합니까? 왜냐하면 주류 미국 지식인들은 미국에 솔제니친은 단호하게 자신의 권리를 옹호했고 이는 확실히 경탄할 만합니다. 반면에 전쟁 반대자들과 탈영병들은 타인의 권리를 수호했습니다. 그들은 훨씬 높은 도덕적 차원에서 행동했습니다.

는 도덕적인 문제가 없다는 환상을 일반 대중에게 심어주는 것을 극히 중요하게 여기기 때문입니다. 그런 문제는 소련에서만 발생하는 것이고, 그렇기 때문에 '도덕적 거인'이 등장하여 그것에 대응하는 것이라는 논리죠.

솔제니친과, 수천 명에 이르는 베트남 전쟁 반대자들과 탈영병을 비교해봅시다. 반대자들과 탈영병들은 솔제니친과는 비교할 수 없을 정도로 높은 도덕적 차원에서 행동했습니다. 솔제니친은 단호하게 자신의 권리와 자신과 같은 사람들을 옹호했고 이는 확실히 경탄할 만합니다. 반면에 반대자들과 탈영병들은 타인의 권리를 수호했습니다. 구체적으로 말하면 미국의 침공과 테러의 희생자들을 위해 저항했던 것입니다. 그들은 훨씬 높은 도덕적 차원에서 행동했습니다. 더욱이 그들은 단지 박해에 대항해 행동한 것이 아닙니다. 쉽게 편안히 생활할 수 있는데도 자유의지를 발휘하여 구금이나 추방을 당할지 모르는 행동에 나섰습니다. 이런 사람들이 분명 있는데도 미국의 자유주의 언론에서는, 우리 미국 사회에서 솔제니친의 도덕적 장엄함은 생각해볼 수도 없고 그와 같은 사람을 찾아볼 수도 없다고 합니다. 이것은 많은 의미를 함축한 굉장히 흥미로운 얘기입니다.

현재 미국 내 반전 운동은 젊은 남성들의 징병 기피 내지 공포 심리가 그 원인이라고 일반적으로 주장되고 있습니다. 전쟁에 '실용적'으로 반대한다고 자처하는 지식인들에겐 굉장히 편리한 믿음입니다. 하지만 그건 엄청난 거짓말입니다. 원래부터 반전 운동에 참가했던 사람들 대부분은 중상류층 출신이기 때문에 마음만 먹는다면 간단히 징병을 피할 수 있었습니다. 사실 활동가들 대부분은 이미 징병 유예를 받은 상태였습니다. 탈영병들 대부분도 마찬가지로 원칙을 고수했기 때문에 어렵고 고통스러운 길을 가게 되었습니다. 하지만 애초부터 전쟁을 지지했고, 전쟁 수행의 대가가 너무 커졌을 때 비로소 항의의 속삭임을 시작한 사람들은 젊은이들의 용기 있고 원칙적인 저항 운동을 인정해줄 수가 없었습니다. 자신들이 그동안 묵묵히 용인해왔던 잔악 행위가 비난받는 것을 참기 어려웠던 것입니다. 미국 자유주의 주류는 그런 모든 것에 대해 어떤 말도 듣지 않으려 했습니다. 그러면 너무나 많은 창피한 질문이 쏟아져 나올 테니까. 반전 운동가들이 투옥 혹은 추방 위험에 직면했을 때 당신들은 무엇을 했는가 등등.

이런 상황에서 솔제니친이 신의 선물로서 등장합니다. 말하자면 '반전 운동가들을 내보내는' 것 같은 도덕적인 문제를 피할 수 있게 해주고, 많은 시간 동안 침묵을 지키거나 미국 정부의 이해관계나 전쟁의 고비용 때문에 마지못해 베트남 전쟁을 반대한 그들의 역할을 은폐해주는 선물이었습니다.

모이니핸Moynihan, Daniel Patrick(1927~)이 UN 주재 대사였을 때, 그가 제3세계를 공격하자 이와 똑같은 우스꽝스러운 효과가 발생했습니다. 그의 공격은 굉장한 경탄을 불러일으켰습니다. 예를 들어 그는 우간다의 이디 아민을 '인종차별주의 살인자'로 공공연히 비난했습니다. 이디 아민이 인종차별주의자인가 아닌가는 여기서 문제의 핵심이 아닙니다. 물론 아민이 인종차별주의자라는 건 분명합니다. 여기서 문제는, 모이니핸에겐 이런 비난을 하는 것이 어떤 의미이며, 다른 사람들이 모이니핸의 정직함과 용기를 칭찬하는 것이 어떤 의미냐는 것입니다. 모이니핸이 누구입니까? 그는 케네디, 존슨, 닉슨, 포드의 네 행정부에서 일했습니다. 다시 말하면, 그는 이디 아민은 꿈꿀 수도 없는 규모로 인종차별주의 살인을 저질렀던 행정부들에서 고위 공무원으로 근무했습니다. 모이니핸의 행위는, 제3제국(나치 독일 _옮긴이)의 하급 관리가 누군가를 인종차별 살인자로 고발한 거나 비슷한 일입니다.

다른 사람에게 도덕적인 문제를 전가하는 이런 방식은 베트남 전쟁 동안 흔들린 미국 권력이 자신의 과거를 은폐하면서 도덕적 타당성의 기초를 재건하려는 방법 중 한 가지입니다. 솔제니친은 그런 목적에 이용되었습니다. 자연스럽고 예측 가능한 방식으로 말입니다. 물론 이를 바탕으로 하여 탄압과 폭력이 횡행하는 소련 체제를 비난한 솔제니친에 대해 어떤 결론을 내릴 수는 없겠지만 말입니다.

앤절라 데이비스Davis, Angela Yvonne(1944~) 같은 사람을 보십시오. 그녀는 굉장한 용기와 신념으로 미국 흑인들의 권리를 수호했습니다. 동시에 그녀는 체코 반체제 인사를 옹호하거나 체코슬로바키아에 대한 소련의 침공을 비난하는 일 따위는 하지 않았습니다. 그녀가 '도덕적 거인'으로 간주됩니까? 거의 그렇지 않습니다. 하지만 저는 그녀가 도덕적 차원에선 솔제니친보다 우위에 있다고 생각합니다. 적어도 그녀는 왜 소련이 더욱 강력하게 전쟁 행위를 수행하지 않느냐며 비난하지는 않았습니다.

로나 선생님이 방금 말씀하신 것, 그리고 우리베의 책[6]에서 미국의 칠레 개입에 대해 언급된 것 등을 감안하면, **예방 접종** 차원의 정책이 존재하는 게 분명합니다. 작은 규모 사건을 계기로 일부러 대형 사건을 터뜨립니다. 워터게이트, 1973년의 ITT 사건* 등이 그러했습니다. 진정 추악한 사건인 정치적 암살, 9월의 쿠데타를 더 잘 숨기고, 더 잘 **받아들여지게**(파예 씨의 표현에 따르면 말입니다) 하려는 것입니다. 그러니까 정부와 언론은 대중에게 규모가 작은 사건을 예방 접종해 내성을 기른 다음 더 심각한 사건을 일으키는데, 그렇게 되면 그 문제는 선정성이라는 가치의 대부분을 잃어버리고 이미 새로운 일도 아니게 되지요. 신문 1면 머리기사에 오를 만한 두 가지(선정성과 새로움) 기준 요소가 제거되어버리는 겁니다.[7]

촘스키 그렇습니다. 그런 것은 제가 줄곧 말해왔던, 종전 이후 자유주의 신문사들의 행태 그대로입니다. 미국 정부는 현재 정부에 대한 신뢰를 회복하고, 사람들에게 역사를 잊게 하고, 또 그 역사를 다시 쓰게 해야 한다는 강력한 필요성을 느끼고 있습니다. 지식인 계급은 이런 임무를 수행하는 데 상당한 정도로 책임이 있습니다. 또한 전쟁으로부터 끌어내야만 하는 '교훈들'을 정립하는 것도 필요하고, 이런 교훈들이 가장 편협한 토대에서, '어리석음' 혹은 '실수' 혹은 '무지' 혹은 '대가'처럼 사회적으로 중립적인 범주로 여겨지도록 유도할 필요도 있습니다.

왜일까요? 그렇게 하는 것이 다른 충돌, 아마 세계에서 벌어질 미국

---

* 1973년 칠레의 구리 생산을 독점하고 있었던 미국 기업 ITT(국제전신전화회사International Telephone and Telegraph)가 칠레 아옌데 정부를 전복한 피노체트의 쿠데타(9월 11일)를 재정 지원했는데, 그 후(9월 28일) 뉴욕의 ITT 본부가 폭파 공격을 받았다 ─위키피디아 참조.

'책임감 있는' 비둘기파는 매파와 동일한 전제 조건을 공유합니다. 그들 모두 미국이 타국에 개입할 권리에 대해서는 의문을 품지 않습니다.

의 또 다른 개입을 정당화하는 데 필요하기 때문입니다. 또 다른 베트남이 곧 생겨날 테니까요.

하지만 이번에는 잘 통제할 수 있는 성공적인 개입이어야만 할 것입니다. 예를 들어, 칠레처럼 말입니다. 언론에서 도미니카공화국, 칠레 등에 대한 성공적인 개입을 비판하는 것도 가능합니다. 비판이 '허용된 한계'를 넘지 않는다면 말입니다. 다시 말해, 언론이 이런 계획에 훼방을 놓을 수 있는 대중 운동을 야기하거나, 미국 제국주의의 동기를 합리적으로 분석하는 일 따위를 하지 않는다면 얼마든지 비판이 가능합니다. 그런 것은 자유주의 이데올로기로서는 견딜 수 없는, 완전한 혐오 대상이거든요.

자유주의 언론은 '비둘기파(온건파 _옮긴이)'가 비판을 허용하는 영역인 베트남 전쟁에 관해 어떻게 했을까요? 그들은 개입의 '어리석음'을 강조했습니다. 이것은 정치적으로 중립적인 용어죠. 어리석지 않게 '지능적인' 정책을 수행할 수도 있었는데 그러지 않았다는 뜻이지요. 전쟁은 그렇게 해서 비극적인 실수가 되었습니다. 선한 의도가 나쁜 정책으로 변질되었다는 변명이었지요. 무능하고 거만한 공무원들 때문에 일을 그르쳤다는 겁니다. 전쟁의 야만스러움도 공공연히 비난받았습니다. 하지만 그런 말도 중립적인 범주로 쓰였죠. 월남전 개입의 목적은 적법한 것이었다, 그런 행동을 해도 괜찮지만, 더 인도적으로 했어야 했다, 뭐 이런 뜻입니다.

'책임감 있는' 비둘기파는 전쟁에 반대했습니다. 실용적인 토대를 바탕으로 말입니다. 지금 미국 정부는 미국이 인도주의를 베푸는 나라이며 역사적으로 자유와 자결권과 인권을 수호해왔다는 믿음의 체계를 재건할 필요가 있습니다. 이런 정책에 대해, '책임감 있는' 비둘기파는 매파(강경파 _옮긴이)와 동일한 전제 조건을 공유합니다. 그들 모두 미국이 타국에 개입할 권리에 대해서는 의문을 품지 않습니다. 그들의 비판은 실제로 국가에 굉장히 편리한 수단이 됩니다. 타국에 무력 개입할 권리가 있느냐는 근본적인 문제를 따지지 않는 한, 미국 정부는 자신의 실수에 대한 비판을 들어줄 각오가 되어 있죠.

《뉴욕 타임스》에 실린 다음 논설을 한번 보십시다. 이 글은 종결된 베트남 전쟁에 대한 회고적 분석입니다. 편집자들은 전쟁에 관해 확정적 결론을 내리기에는 너무 이르다고 생각했습니다.

역사의 여신 클리오가 움직이는 방식은 차갑고 느리며 파악하기 어렵다……. 나중에, 시간이 많이 흘러간 나중에 역사는 선과 악, 지혜로움과 어리석음, 이상과 허상이 뒤섞인 지루했던 베트남 이야기를 평가할 수 있을 것이다……. 반공 독립 남베트남을 보호하는 전쟁이 다르게 수행되었어야 했다고 믿는 미국인들이 있다. 반공 남베트남이라는 존재는 허상일 뿐이었다고 믿는 다른 미국인들도 있다……. 10년 동안 격렬한 논쟁이 진행되었지만 이들 간의 대립은 여전히 해결되지 않고 있다.

《뉴욕 타임스》는 제3의 입장이 있을 수 있다는 논리적 가능성을 언급조차 하지 않았습니다. 미국은 베트남 내부 문제에 무력으로 개입할 수 있는 법적·도덕적 권리가 없다는 입장 말입니다. 오로지 완강한 강경파와 존경받는 온건파 간의 논쟁만 문제 삼으면서 그것을 역사의 평가에 맡기려 합니다. 당연히 이 둘에 반대하는 제3의 입장은 아예 논의에서 배제되었습니다. 베트남 개입이 성공했거나 말거나 간에 미국은 타국의 내부 문제에 힘으로 개입할 권리가 없다는 어리석은 주장은 역사의 여신 클리오의 소관 사항이 아닌 듯합니다. 《뉴욕 타임스》는 독자들이 논설에 대응해 보낸 많은 편지를 보여주었는데, 하지만 두 가지 입장에 의문을 표시하는 편지는 싣지 않았습니다. 그런 편지가 적어도 한 통은 그들에게 보내졌다는 것을 저는 확실히 압니다. 실제로는 상당히 많은 사람들이 그런 의견을 보냈을 것입니다.

1975년 4월 8일
《뉴욕 타임스》 편집자께
뉴욕 주 뉴욕 시 서43가 229, 10036

4월 5일 타임스의 논설에서는 "반공 독립 남베트남을 보호하는 전쟁이 다르게 수행되었어야 했다"는 견해와 "반공 남베트남이라는 존재는 허상일 뿐"이라는 대립적 견해 사이에 "10년 동안 격렬한 논쟁이 진행되었지만 이들 간의 대립은 여전히 해결되지 않고 있다"고 했습니다. 하지만 제3의 입장도 있습니다. 개입의 성공 여부와 상관없이, 미국은 베트남 내부 문제에 개입할 권리도 자격도 없다는 입장이 그것입니다. 진정한 평화운동은 대개 이러한 입장을 취했습니다. 전쟁을 반대한 사람은 그 전쟁이 성공하지 못하기 때문에 반대한 것이 아니라, 옳지 못한 전쟁이기 때문에 반대한 것입니다. 타임스가 전쟁을 회고하는 논의에서 이런 제3의 입장이 논의의 대상조차 되지 못했다는 것은 유감스러운 일입니다.

1면에서 도널드 커크 씨는 말했습니다. "인도차이나 전쟁 때 처음 '대학살'이라는 용어가 유행한 이후 누구도 베트남 전쟁에 그 용어를 적용하는 것을 보지 못했다. 종전 후의 가능한 결과를 예측할 경우에만 그 용어를 사용했을 뿐이다." 하지만 그는 잘못 판단했습니다. 진정한 평화운동에 참가한 많은 미국인들은 '아무도' 들어주지 않는 기본 사항을 수년간 역설해왔습니다. 그 용어는 베트남 전쟁을 다룬 문헌에서 진부한 것이 되었습니다. 한 가지 사례만 언급하자면, 우리 두 사람은 그 주제에 관해 변변치 않은 책을 썼습니다(《반혁명의 폭력─사실과 선전 속의 대학살》, 1973). 출간 뒤에 출판사를 소유한 회사(워너브러더스)가 배포를 허락하지 않았지만 말입니다. 하지만 이 밖에도 전쟁에 대한 논의나 문헌에서 비슷한 의견이 되풀이 거론되었습니다. 아쉽게도 타임스의 논설은 이러한 입장을 논의에서 아예 배제했습니다.

MIT 교수 노엄 촘스키 드림
펜실베이니아대학 교수 에드워드 S. 허먼 드림

타임스가 논의의 범위를 설정하면서 평화운동의 입장을 아예 고려 대상에서 제외한 것을 주목해주십시오. 그건 잘못되었을 뿐만 아니라 상상할 수도 없고 형용하기도 어려운 일입니다. 타임스가 규칙을 설정해버리자, 논의에 참여하는 모든 사람이 국가 선전 체계의 기본 전제를 선전 체계는 그 이념을 강요하기보다 암시할 때 더 효과적입니다. 앵무새처럼 뻔한 얘기를 달달 주입하는 것보다 허용되는 생각의 한계를 미리 설정했을 때 선전의 힘이 더 커집니다.

당연지사로 받아들였습니다. 미국의 목표는 '독립적인' 남베트남을 보호하는 것이었다는 선전 말입니다—이것은 완전히 헛소리이고 그것을 증명하기는 별로 어렵지 않습니다만. 논의 참여자들은 남베트남을 보호한다는 가치 있는 목표가 달성 가능한가 아닌가만 질문해야 합니다. 심지어 더 대담한 선전 체계에서는 국가 이념(혹은 정책기조 _옮긴이)을 신성불가침의 교리dogma로 제시합니다. 따라서 그 이념에 대한 비판은 거부되는 것이 아니라 아예 무시됩니다.

여기서 우리는 민주주의에서 선전이 발휘하는 놀라운 기능의 구체적 사례를 볼 수 있습니다. 전체주의 국가는 간단히 공식 이념(정책기조 _옮긴이)을 발표합니다. 명백하고 확실하게 말입니다. 내부적으로, 사람들은 자기 멋대로 생각할 수 있지만 반대 의견을 표시하는 것은 위험을 각오해야 할 수 있습니다. 민주주의적인 선전 체계에서는 공적 교리에 반대한다고 해서 어느 누구도 처벌받지 않습니다(이론상으로는 말입니다). 사실, 체제에 대한 반대가 장려되기도 합니다. 이렇게 하는 것은 표현 가능한 생각의 범위를 한정 지으려는 것입니다. 한쪽에는 공적 교리 지지자들, 다른 한쪽에는 정력적이고, 용감하고, 자신들의 독립적 판단에 감탄하는 비평가들이 있습니다. 소위 매파와 비둘기파죠. 하지만 우리는 그들 모두가 특정한 암묵적 가정을 공유하고 있다는 것을 발견합니다. 그것도 굉장히 결정적인 가정들을 말입니다.

선전 체계는 그 이념을 강요하기보다 암시할 때 더 효과적입니다. 사람들에게 앵무새처럼 뻔한 얘기를 달달 주입하는 것보다 허용되는 생각의 한계를 미리 설정했을 때 선전의 힘이 더 커집니다. 논쟁이 활발하게 이루어질수록, 도처에서 암묵적으로 수용된 선전 체계의 기본 이념이 더 효과적으로 스며듭니다. 그래서 언론이 중대한 이의를 제기하는 비판 세력이라는 교묘한 허세를 꾸며내는 겁니다. 어쩌면 언론이 건전한 민주주의에 위협이 될 정도로 지나치게 비판을 해대는 것처럼 보일지도 모릅니다. 하지만 실제로는 거의 모든 언론이 이데올로기 체계의 기본 원칙에 복종하고 있습니다. 이 경우에는 미국이 개입할 권리, 국제적 재판관과 집행자 역할을 다하는 미국의 독특한 권리가 그 원칙입니다. 이것은 정말로 놀라운 세뇌의 체계입니다.

같은 방침을 따른 또 다른 사례가 있습니다. 전국 규모 매체 중에서 전쟁을 가장 일관되게 비판해온 것으로 간주되던 《워싱턴 포스트》에서 가져온 다음 인용문을 보십시오. '구출'이라는 제목이 붙은 1975년 4월 30일의 논설입니다.

지난 몇 년 동안 베트남 정책의 실제 수행이 그릇되고 오도되고 심지어 비극적이기까지 했지만, 그래도 그 정책의 목적 중 일부는 옳았고 또 타당했다는 것을 부인할 수 없다. 특히, 남베트남 사람들이 그들의 정부 형태와 사회 질서를 스스로 결정하기를 바란 것은 옳은 일이었다. 미국 대중은 어떻게 선한 충동이 나쁜 정책으로 변질되게 되었는지를 탐구해야 할 자격과 의무가 있지만, 애초의 좋은 동기를 모든 기억에서 추방해서는 안 된다.

무엇이 '선한 충동'이라는 것입니까? 정확히 언제 미국이 남베트남에게 정부 형태와 사회 질서를 스스로 선택할 수 있게 도와주려고 했다는 말입니까? 이런 질문이 제기되자마자, 사태의 부조리함이 명백해졌습니다. 베트남 내에서 규모가 큰 민족주의 운동을 파괴하려는 미국을 배후로 둔 프랑스의 노력이 허사로 돌아간 순간부터, 미국은 의식적으로 또 고의로 남베트남 내에서 조직적인 정치 세력의 활동을 방해했고, 이들 정치 세력을 깨뜨리지 못하자 폭력을 가중하는 방법을 썼습니다. 하지만 손쉽게 문서로 기록될 수 있는 이런 사실들은 은폐되어야 했습니다. 자유주의 언론은 국가라는 종교의 기본 이념에 의문을 품을 수가 없었습니다. 미국은 비록 그 순수함으로 종종 오도되기도 하지만 원래 자비로운 나라이고, 국제적 선의를 베푸는 프로그램을 추진하면서 때때로 실수를 저지르지만 자유로운 선택의 기회를 주려고 노력하는 나라라는 것이 기본 이념이죠. 우리 '미국인들'이 때때로 실수를 저지르기도 하지만 그래도 항상 선량하다는 것을 반드시 믿어야 하는 겁니다.

베트남 전쟁의 근본적인 '교훈'은 이런 것이다. 우리 국민 전체는 본질적으로 나쁘지 않지만 실수를 저지르기도 한다는 것이다. 아주 거대한 규모로 말이다.

비록 실수를 저지르지만 '우리 국민 전체는' 본질적으로 나쁘지 않다는 수사법에 주목해주십시오. 베트남에서 전쟁을 벌이기로 결정한 사람이 '우리 국민 전체'였습니까? 아니면 정치 지도자들과 그들이 근무하는 사회적 기관들입니까? 국가 신조의 교리에 따르면, 이런 질문을 제기하는 것 자체가 불손한 겁니다. 왜냐하면 그것은 권력의 제도적 근원에 대해 근본적인 의문을 제기하기 때문입니다. 이런 질문들은 논의에서 배제되어야 마땅한 비이성적인 극단주의자들이나 하는 짓이죠(물론 다른 사회에 대해 그런 질문을 제기하는 것은 무방합니다. 단 미국 사회에 대해서는 그런 질문을 하면 안 되는 겁니다).

미국의 개입을 합리화하는 이런 기술의 효과는 미래에도 되풀이될 겁니다. 우리는 다음과 같은 사항을 잊어서는 안 됩니다. 미국 정부가 베트남에서 후퇴하는 동안 이미 잘 알려져 있다시피 인도네시아, 칠레, 브라질, 그리고 다른 많은 곳에서는 성공을 거두고 있었습니다.

제국주의 이데올로기의 자원은 굉장히 방대합니다. 제국주의 이데올로기는 제가 막 설명했던 것과 같은 다양한 비판 형태를 묵인합니다(실제로 장려합니다). 지식인 계급과 정부 고문들의 잘못을 비난하는 것도 허용되며, 심지어 그들이 '지배'라는 추상적 욕망을 가지고 있다고 비난하는 것도 허용됩니다. 물론 '지배'라는 용어는 현실의 사회적·경제적 구조와는 어떤 식으로도 연결되지 않는 사회 중립적인 범주입니다. 하지만 그런 추상적인 '지배에 대한 욕망'을 미국 정부의 무력행사와 연결 지어 설명하는 것은 불손한 행위로 용납되지 않습니다. 미국이 무력을 행사하는 것은 세계 질서의 특정한 체계를 유지하기 위한 것입니다. 미국에 기반을 둔 대기업들이 세계 각국에 진출하여 경제적 착취를 할 수 있도록 지원하기 위해 그런 무력을 행사하는 것입니다.

같은 맥락에서, 미국 학계의 훌륭한 학자들도 미국 외교 정책을 이끄는 원칙이 결국 미국 경제와 그 실력자들의 요구에 순응하는 세계 경제 질서를 만들어내는 것임을 보여주는 많은 기록들을 애써 외면해야 합니다. 그런 기록을 두 가지만 들자면, 첫째, 미국의 기본 정책을 수립했던 1940년대 후반과 1950년대 초반을 다룬 미 국방부 문서가 있고 둘째, 1940년대 초에 작성된 것으로 전후 시대를 대비한 세계 계획을 담은 문서들이 있는데 외교관계위원회Council on Foreign Relations의 전쟁과 평화 연구War-Peace Studies 모임들이 내놓은 것입니다. 일반적으로, 외교 정책에 대기업이 미치는 영향력에 대한 의문이나 정책 형성의 경제적인 요소는, 정책 형성을 다룬 존경받는 연구서에서 저 맨 밑 부분의 각주에서나 다루어질까 말까 합니다. 이런 사실은 가끔 연구가 되기도 했고 또 막상 연구에 들어가 보면 손쉽게 증거를 수집할 수 있습니다.

로나 겉으로만 '박애'를 내세우는 것은 도저히 고상하다고 할 수 없겠군요.

사실 선생님이 여태껏 말씀하신 모든 것은, 비록 잠정적인 결론이긴 하지만, 인터뷰의 첫머리에 던졌던 질문으로 되돌아가게 합니다. 그 질문은 이데올로기 이론과 선생님의 언어학 이론인 생성문법 사이에 어떤 연결고리가 있느냐 하는 것이었지요.

제국주의 이데올로기는 언급하신 대로 상당한 모순, 침해, 비판을 허용하지만 단 한 가지는 예외로군요. 경제적인 동기를 비판하는 것은 용인하지 않는다는 거죠. 생성시학generative poetics에도 그와 비슷한 상황이 있습니다. 할리와 카이저Halle and Keyser가 제시한 영어의 약강 5보격iambic pentameter에 대한 분석이 생각나는군요.[8]

영시의 대표적 강세는 약하게 발음되는 모음과 강하게 발음되는 모음이 번갈아 나오는 약강 구조입니다.

약강, 약강, 약강, 약강, 약강

하지만 영시 자료를 연구해보면 상당한 '파격'을 엄청나게 발견하게 됩니다. 하지만 이런 파격은 용인될 뿐만 아니라 심지어 아름답기까지 합니다. 그러나 한 가지 사항은 철저하게 금지되어 있습니다. 약한 모음 두 개에 둘러싸인 강한 모음 자리에 보격의 약한 모음이 위치하게 해서는 절대 안 되는 것입니다(할리와 카이저의 '최대 강세maximum stress' 개념).

언론이 이런 금지 사항(경제적 동기에 대한 비판은 절대 하지 않는 것 _옮긴이)을 지킨다는 사실은 역설적 희망을 안겨주기도 합니다. 이데올로기 이론을 연구하다 보면 정치 담론을 내부적으로 지탱하는 객관적 법칙을 알아낼 수 있다는 희망 말입니다. 하지만 당분간 그 모든 것은 은유일 뿐이겠죠.

주 석

1_ *Libération*(January, 1973)에서.

2_ 다음 자료 참조. *Ramparts*(April, 1973), *Social Policy*(September, 1973).

3_ 이것은 《램파츠》 지의 마지막 호에 게재되었다. 잡지는 재정 지원을 얻지 못해 폐간되었다. *Ramparts*(August, 1975).

4_ 다음 자료 참조. Dave Dellinger, *More Power Than We Know*(New York: Doubleday, 1975). N. Chomsky의 서문, *Cointelpro*, ed. N. Blackstock(New York: Vintage Books, 1976).

5_ *The New Industrial State*(New York: Signet Books, 1967), p. 335.

6_ Manuel Uribe, *Le livre noir de l'intervention américaine au Chile*(Paris: Le Seuil, 1974).

7_ Jean Pierre Faye, *Le Portugal d'Otelo: La Révolution dans le labyrinthe*(Paris: J.-C. Lattès, 1976). 이 책에는 포르투갈의 1975년 11월 쿠데타에 대한 보도 분석이 담겨 있다.

8_ Morris Halle and S. Jay Keyser, *English Stress, Its Form, Its Growth and Its Role in Verse*(New York: Harper & Row, 1971). Morris Halle and S. Jay Keyser, "Chaucer and the Study of Prosody", *College English* 28(1966), pp. 187~219.

3장

언어철학

노엄 촘스키

A Philosophy of Language

미추 로나 당신은 언어학 연구를 수행하다가 언어철학과 나아가 이른바 '지식철학philosophy of knowledge'까지 연구 영역을 넓히게 되었습니다. 특히 최근 저서인《언어에 관한 성찰Reflections on Language》에서 당신은 **생각으로 알 수 있는 것**knowable in thought의 범위를 제한하기에 이르렀습니다. 그리하여 언어에 관한 성찰은 사실상 과학철학으로 변모했습니다.

노엄 촘스키 물론 과학적 접근의 범위를 결정하는 것은 언어 연구의 대상이 아닙니다. 그래도 언어 연구는 인간 지식의 탐구 과정에서 참고할 만한, 유용한 모델을 제공합니다.

언어의 경우, 아주 제한된 정보를 제공받은 개인이 어떻게 그렇게 풍성한 지식의 체계를 개발할 수 있는지 해명해야 합니다. 한 언어 공동체 속으로 들어간 어린아이는 제한적이고 파편적이며 종종 불완전한 구문들을 접하게 됩니다. 그런데도 아주 단시간 내에 언어의 문법을 내면화하고, 아주 복잡한 지식을 개발하여 '구축'하는 데 성공합니다. 그러한 지식은 그에게 주어진 경험으로부터 귀납하거나 추상할 수 없는 것입니다. 그래서 우리는 이 내면화한 지식이 어떤 생물학적 속성에 의해 아주 비좁게 제한되어 있다고 결론을 내립니다. 지식이 이처럼 제한적이고 불완전한 정보로부터 개개 인간들 사이에서 균일하고 동질적인 방식으로 구축되는 것 같은 상황을 만나게 되면, 우리는 애초의 제약 사항들이 인지 체계(정신에 구축되는)를 결정하는 데 의미심장한 역할을 한다고 결론 내릴 수 있습니다.

우리는 일견 역설인 것처럼 보이는 상황에 직면하지만, 실제로는 역설이 아닙니다. 언어 지식처럼 풍요롭고 복잡한 지식이 균일한 방식으로 구축되는 경우에는, 생물학적 소여所與에 따라 개인의 인지認知 체계에 일정한 제약과 제한이 가해지는 것입니다. 획득 가능한 지식의 범위는 근본적으로 이러한 제약과 관련이 있습니다.

로나 온갖 종류의 문법 규칙이 가능하다면, 그런 규칙을 다 습득하는 게 불가능하겠지요. 모든 음소의 조합이 가능하다면 언어가 성립되지 않는 것처럼. 언어를 연구해보면 낱말이나 음소가 순차적으로 조합되는 방식에는 어느 정도 제한이 있지요. 가능한 조합의 수는 소수에 지나지 않습니다. 언어학은 이런 조합들을 제한하는 규칙을 분명하게 밝혀야 합니다. 이런 제약을 바탕으로 하여 무한한 언어 형태가 나오니까…….

촘스키 만약 획득 가능한 지식에 명확한 제한이 가해지지 않는다면 우리는 언어 지식과 같은 광범위한 지식에 도달하지 못할 겁니다. 하지만 이런 사전 제약이 없었더라도 우리는 개인 각자의 체험과 일치하는, 가능한 지식 체계를 방대하게 구축할 수 있었을 겁니다. 그럴 경우 체험을 넘어서는 어떤 특정한 체계를 균일하게 획득하는 것은 불가능했을 겁니다. 우리는 서로 다른 인지 체계를 채택할 수 있지만, 그중 어떤 것이 올바른 체계인지 결정할 수는 없게 됩니다. 신빙성이 고만고만한 이론이 여럿 존재한다면 그것은 사실상 이론이 없는 거나 마찬가지입니다.

인간이 아주 뛰어난 지능의 영역을 하나 발견했다고 합시다. 누군가가 증거상의 제약을 무릅쓰고 풍부한 설명을 제공하는 이론을 개발했다면, 그처럼 체험에서 지식으로 이행하게 된 전반적인 절차가 무엇이냐고 묻는 것은 당연합니다. 그러니까 지적인 비약을 돕는 제약 체계가 무엇이냐고 묻는 거지요.

과학의 역사는 관련 사례를 몇몇 제공합니다. 때때로 심오한 과학 이론이 제한된 자료를 바탕으로 하여 구축됩니다. 이러한 이론은 남들도 이해할 수 있고 또 인간 지능의 본성과 연결되는 명제로 구성됩니다. 이런 사례들을 앞에 두고, 우리는 이런 이론을 애초에 특징짓는 제약 사항을 발견하려고 시도할 수 있습니다. 이때 우리는 다시 이런 질문을 제기하게 됩니다. 널리 이해되는 이론들의 '보편 문법'은 무엇인가? 생물학적으로 주어진(선천적인 _옮긴이) 제약 요소 꾸러미는 무엇인가?

우리가 이런 질문에 답변할 수 있다고 가정해봅시다. 원칙적으로 답변은 가능합니다. 제약 요소가 이미 주어져 있으므로 우리는 원칙적으로 획득 가능한 이론의 종류를 살펴볼 수 있습니다. 이것을 언어학의 문제로 치환하면 이렇게 됩니다. 보편 문법 이론이 주어져 있다면, 원칙적으로 어떤 어떤 언어 유형이 가능한가?

생물학적 제약으로 말미암아 가능해지는 이론의 부류를 **접근 가능한 이론**이라고 합시다. 이 부류는 동질적이지는 못합니다. 다른 이론들에 비해 접근 가능성의 정도 차이가 있는 겁니다. 달리 말해서 접근 가능성이 있는 이론은 다소간 구조화되어 있습니다. 따라서 이론 구성의 '보편 문법'은 접근 가능한 이론들의 구조를 다룬 이론이 됩니다. 만약 이 '보편 문법'이 각 개인의 생물학적 소여이고 또 적절한 증거가 제시된다면, 어떤 경우에 그 개인은 특정한 이론에 접근할 수 있게 됩니다. 물론 저는 여기서 지나친 단순화를 시도하고 있습니다.

그러면 여기서 **참된 이론** 부류를 살펴봅시다. 우리는 이런 부류가 이해 가능한 표기법으로 표현되어 있다고 상상해볼 수 있습니다. 그러면 이런 질문을 던질 수 있어요. 접근 가능한 이론 부류와 참된 이론 부류가 **교차**하는 지점은 어디인가? 다시 말해 어떤 이론이 접근 가능한 부류에 속하면서 동시에 참된 부류에도 속하는가? (우리는 이와 관련하여 더 높은 접근 가능성 혹은 상대적 접근 가능성이라는 더 복잡한 질문을 던질 수도 있을 겁니다.) 이런 교차점이 존재하는 곳에서 인간은 진정한 지식을 획득할 수 있습니다. 다르게 말하면, 이 교차점을 넘어가면 인간은 진정한 지식을 얻지 못합니다.

물론 여기에는 한 가지 전제 조건이 있습니다. 뭐냐면 인간의 정신은 자연의 일부, 곧 다른 생물학적 기관들과 마찬가지로 생물학적 체계의 일부라는 겁니다. 아마 다른 기관들보다 더 오묘하고 복잡하겠지만 그래도 어쨌든 생물학적 체계입니다. 정신 영역을 제공하는 바로 그 요소들로 말미암아 제한을 받는 내재적 제약을 갖고 있는 겁니다. 이렇게 볼 때, 인간의 이성은 데카르트가 말한 보편적 도구가 아니고 특

인간의 이성은 데카르트가 말한 보편적 도구가
아니고 특정한 생물학적 체계입니다.

정한 생물학적 체계입니다.

로나 그러니까 과학적 탐구는 인간의 생물학적 한계 안에서만 가능하다는 얘기로 돌아오는 것인데…….

촘스키 하지만 이 점을 주목해주세요. 그런 교차점이 반드시 존재해야 할 특별한 생물학적 이유는 없다는 거지요. 핵물리학을 발명해내는 능력을 갖고 있다고 해서 그 개인이 특별히 선택적 우위를 가지게 되는 것도 아니고, 그게 인간 진화의 요인도 되지 못합니다. 그게 합리적인 가정입니다. 대수 문제를 기막히게 잘 푸는 능력은 별다른 재생산(생식) 요소가 아닙니다. 제가 보기에, 이런 특별한 재능이 도구를 잘 만드는 실용적 능력과 연결된다고 설명해주는 이론도 없습니다. 이렇게 말한다고 해서 특별한 재능이 선택적 압력을 받는 두뇌 진화의 결과임을 부정하려는 건 아닙니다.

어떻게 보면 접근 가능한 이론 부류와 참된 이론 부류가 서로 교차하는 것은 일종의 생물학적 기적입니다. 그런데 이런 기적은 한 영역(곧 물리학), 그리고 넓게 보아 물리학의 '외연'이라고 할 수 있는 화학, 생화학, 분자생물학 등 자연과학 영역에서만 발생했습니다. 이런 영역

> 우리는 생물학적 제약을 받고 있습니다. 우리에게
> 그런 제약이 있는 게 오히려 다행입니다.
> 그게 없었더라면 우리는 지식과 이해의 풍요로운
> 체계를 구축하지 못했을 테니까요.

에서는 제한된 정보를 바탕으로 아주 급속한 발전이 일어났습니다. 그것도 다른 사람들에게 이해시킬 수 있는 방식으로 말입니다. 여기서 우리는 인류 역사의 특이한 일화와 마주치게 됩니다. 그것은 우리가 보편적 유기체임을 믿게 만드는 증거는 어디에도 없다는 겁니다.

우리가 구축하고 이해할 수 있는 이론들과 관련해 우리는 생물학적 제약을 받고 있습니다. 우리에게 그런 제약이 있는 게 오히려 다행입니다. 그게 없었더라면 우리는 지식과 이해의 풍요로운 체계를 구축하지 못했을 테니까요. 하지만 이런 제약은 우리가 정말로 알고 싶어하는 영역에 대한 이해를 가로막습니다. 이건 정말 안된 일입니다. 어쩌면 완전히 다르게 조직된 지능을 소유하여 우리가 못 하는 것을 해내는 유기체가 있을지도 모릅니다. 이것이 의식적인 지식의 획득이라는 문제에 대한 저의 첫 번째 근사치(정답이라고 할 수는 없지만 정답에 가깝다고 생각하는 답안 _옮긴이)인데, 저는 합리적이라고 생각합니다.

여기서 한 걸음 더 나아가 어떤 특정한 유기체가 그 자신의 지식 획득 체계를 검토하는 장면을 상상해볼 수 있습니다. 그 유기체는 자신이 획득할 수 있는, 접근 가능한 이론 부류를 결정할 수 있습니다. 나는 여기서 아무런 모순도 느끼지 않습니다. 어떤 이해하기 어려운 이론, 그러니까 위에서 설명한 의미에서 '접근 불가능한' 이론이 이 때문에 이해할 수 있거나 접근할 수 있게 되는 것은 아니니까.

그 이론은 단지 정체가 밝혀질 뿐입니다. 어떤 사유의 영역에서 그 접근 가능한 이론들이 참된 이론이 아닌 것으로 판명된다면 그건 안된 일이지만 어쩔 수 없습니다. 잘해야 인간은 그런(접근 가능한 _옮긴이) 영역에 어떤 것들이 있는지, 왠지 모르지만, 예측하는 지능적인 기술을 개발할 수 있습니다. 하지만 인간은 어째서 이런 기술이 훌륭하게 작동하는지 그 이유는 충분히 이해하지 못합니다. 인간은 이해 가능한 과학에 필적하는 이해 가능한 이론을 갖지 못합니다. 인간의 이론은 비록 효과적이지만 지적으로는 불만족스러운 겁니다.

이러한 관점에서 인간의 지적인 노력의 역사를 살펴볼 때 우리는 기이한 것, 놀라운 것들을 발견하게 됩니다. 수학 분야에서 어떤 영역은 인간의 예외적인 능력에 부합하는 듯한데, 가령 정수론整數論, 공간적 직관 등이 그런 영역입니다. 이런 직관이 추구하는 바에 따라 수학 발전의 주된 방향이 결정되었습니다. 적어도 19세기 말까지는 말입니다. 분명 인간의 정신은 수數 체계의 추상적 성질, 추상기하학, 연속체의 수학 등을 감당할 수 있습니다. 이것이 절대적인 한계는 아니지만 아무튼 우리 인간은 과학과 수학의 특정 분야에 능력이 국한되어 있다는 건 분명해 보입니다.

제가 지금껏 말한 것을 철저한 경험론자는 거부할 겁니다. 심지어 헛소리 취급을 할 겁니다.

로나 선생님이 말씀하신 경험론자들은 인간이 귀납과 일반화를 통해 지식을 획득한다고 생각하지요. 그들은 선천적인 생물학적 제약은 믿지 않고 인간의 정신이 '텅 빔' 혹은 '백지' 상태에서 출발한다고 보지요. 이런 사상의 틀에서는 지식이 정신의 구조에 따라 결정된다는 것은 헛소리지요. 빈 밀랍판이 설계 형태를 결정한다고 말하는 것처럼…….

촘스키 그렇습니다. 하지만 경험론자들의 가설은 제가 볼 때 별로 신빙성이 없습니다. 귀납, 일반화, 추상화 과정으로는 자연계와 인간 사회, 과학에 대한 상식적 이해의 발달을 설명할 수 없어요. 이해 가능한 이론들 앞에 주어진 정보만으로는 이런 직행 노선이 생겨나지 않습니다.

다른 영역, 가령 음악 분야에 대해서도 같은 얘기를 할 수 있습니다. 무수한 음악 체계를 상상할 수 있지만 대부분의 체계는 인간의 귀에 소음일 뿐입니다. 여기에서도 생물학적 요소들이 인간의 귀에 호소하는 음악 체계의 부류를 결정합니다. 그 부류가 구체적으로 뭐냐 하는 것은 현재 논쟁의 대상이지만 말입니다.

아무튼 이 경우에도 직접적이고 기능적인 설명은 불가능해 보입니다. 음악적 재능은 재생산 요소가 아닙니다. 음악은 물질적 복지를 증진하지도 않고 인간으로 하여금 사회 내에서 더 잘 기능하도록 하지도 않습니다. 그것은 단지 미학적 표현에 대한 인간의 욕구에 호소할 뿐입니다. 우리가 인간 본성을 적절한 방식으로 연구한다면, 어떤 음악 체계는 그러한 욕구에 호소하는 한편 어떤 것은 호소하지 않음을 발견하게 될 겁니다.

로나 지난 2000년 동안 과학적 접근이 별 진전을 보지 못한 분야로 선생님은 인간 행동에 관한 연구를 드셨는데.

촘스키 그래요, 인간 행동이 그 한 예지요. 근본적 질문은 역사적 기억이 시작된 이래 제기되어왔습니다. 행동의 인과 관계라는 질문은 제기하는 것은 아주 간단하나, 그에 대한 이론적 답변은 거의 발전하지 못했습니다. 근본적 질문을 이렇게 다시 규정해볼 수 있겠습니다. 어떤 변수들의 함수 관계를 생각해봅시다. 특정 변수들의 값이 주어지면, 그 함수에 따라, 그 값의 조건에서 나올 수 있는 반응이 나올 것이고, 아마 가능한 반응의 분포가 드러날 것입니다. 하지만 이런 함수 관계가 진지하게 제시된 바 없고 또 허약한 근사치마저 나온 게 없습니다. 그래서 이 질문은 더 이상 이어지지 않았습니다.

사실 우리는 이 문제에 접근할 수 있는 합리적 방법을 알지 못합니다. 이런 거듭된 실패는 아마 참된 행동 이론이 우리의 인지 체계 밖에 있기 때문이 아닐까 생각됩니다. 그래서 발전이 없었던 겁니다. 원숭이에게 바흐의 음악을 이해시키려고 하는 것과 비슷하지요. 완전 시간 낭비였습니다…….

로나 그럼 행동의 문제는 구문構文의 문제와 다르군요. 구문에 대한 질문은 제기되지 않다가 생성문법이 발전하면서 사정이 달라졌지요.

촘스키 그 경우에는 일단 질문이 제기되자 모두들 유사하면서도 비교 가능한 답변을 내놓았습니다. 어떤 문제가 제기되면 때로는 답변이 불가능할 것처럼 생각되고 또 어떤 때는 답변이 아주 폭넓게 나옵니다. 답변이 제시되면 그 문제를 적절히 이해하는 사람들은 그 답변을 이해 가능한 것이라고 간주할 겁니다. 하지만 질문을 아예 제기할 수 없거나 정교하게 제기할 수 없는 경우가 종종 있습니다. 때로는 질문을 적절히 제기했더라도 답변이 우리의 지적 능력 너머에 있는 경우도 있습니다.

언어의 경우와 비교할 수 있는 또 다른 사례는 우리가 살고 있는 사회 구조에 대한 이해입니다. 우리는 다른 사람들과 얽힌 관계에 대해 묵시적이고 복잡한 온갖 지식을 갖고 있습니다. 어쩌면 우리는 사회적 상호 작용 형태에 대해 일종의 '보편 문법'을 갖고 있는지 모릅니다. 바로 이 시스템 덕분에 우리는 직관적으로 우리의 사회 현실에 대해 불완전한 지각知覺을 조직하는 겁니다. 그렇다고 해서 우리가 '과학을 형성하는 능력'을 통해 이 영역에서 의식적인conscious 이론을 반드시 개발할 수 있다고 말하려는 건 아닙니다. 만약 우리 사회에서 우리의 자리를 발견할 수 있다면, 그건 이들 사회가 우리가 알아낼 준비가 되어 있는 구조를 갖고 있기 때문일 겁니다. 우리가 조금만 상상력을 발휘한다면 아무도 자신의 자리를 발견할 수 없는 인공적 사회를 구축할 수도 있습니다…….

로나 인공 언어의 실패를 유토피아 사회의 실패에 견주어 말씀하시는 건가요?

촘스키 어쩌면요. 인간이 자연 언어 속에 푹 빠져서 수월하게 그 언어를 배우는 것처럼, 인공 언어(보편 문법을 파괴하기 위해 구축된 언어)를 배울 수는 없습니다. 인공 언어를 게임이나 퍼즐 정도로 생각할지언정…….. 마찬가지로 우리는 아무도 사회적 존재로서 살아남을 수 없는 사회를 상상할 수 있습니다. 인간의 생물학적 지각과 사회적 욕구를 깡그리 무시하는 사회 말입니다. 역사적으로도 이런 특성을 가진 사회가 있었고 그리하여 갖가지 병리 현상을 낳았습니다.

진지한 사회과학이나 사회 변화 이론은 인간 본성이라는 개념에 바탕을 두어야 합니다. 애덤 스미스 같은 고전 자유주의 사상가는 상호 거래와 교환을 인간 본성이라고 규정했습니다. 곧 물건을 서로 교환하고 싶어한다는 것이지요. 이러한 전제 조건은 그가 옹호하는 사회 질서와 잘 어울렸습니다. 이런 전제 조건(저는 신빙성이 별로 없다고 봅니다)을 받아들인다면, 인간의 본성은 초기 자본주의가 이상으로 추구한 사회에 잘 어울립니다. 독점도 없고, 국가 간섭도 없고, 생산의 사회적 통제도 없는 그런 사회 말이지요.

반면에 마르크스나 프랑스 및 독일의 낭만주의자들처럼 사회적 협동만이 인간의 능력을 완전히 개발할 수 있다고 본다면, 바람직한 사회에 대해 아주 다른 그림을 그리게 될 겁니다. 사회 조직 혹은 사회 변화의 교리에는 명시적으로나 묵시적으로 인간 본성 개념이 깃들어 있습니다.

로나 선생님이 언어에 관해 발견한 것들과 지식 분야에서 정의 내린 것들은 어느 정도까지 새로 대두하는 철학적 문제와 연결됩니까? 선생님은 어떤 철학을 가장 가깝게 느끼십니까?

촘스키 우리가 지금껏 논의해온 문제와 관련하여 제가 가장 가깝게 느끼고 또 많은 신세를 진 철학자는 찰스 샌더스 퍼스Peirce, Charles Sanders(1839~1914)입니다. 그는 완전하지는 않지만 아주 흥미로운 '귀추법(歸推法, abduction)'*이라는 추론 방법을 제시했지요.

로나 귀추법은 연역 같은 선험적 추론이나 귀납 같은 실험적 관찰에 의존하지 않는 제3의 추론 방식으로 알고 있는데요. 하지만 퍼스의 관점은 프랑스에 별로 알려져 있지 않습니다.

촘스키 그건 미국에서도 마찬가지입니다. 퍼스는 이런 주장을 폈습니다. 지식의 성장을 설명하려면, '인간의 정신은 어떤 종류의 정확한 이론을 상상하는 타고난 적응능력을 갖고 있다'고 전제해야 한다. 나아가 진화 과정에서 발달한 일종의 '본능'으로, '인정할 수 있는 가정에 제한을 두는' 귀추의 원칙을 전제해야 한다. 귀추에 대한 퍼스의 착상은 다소 모호했고, 생물학적 구조가 과학적 가설을 선택하는 데 기본적인 구실을 한다는 그의 주장은 별 영향력이 없었습니다. 제가 알기로 그 누구도 이런 생각을 계속 발전시키려 하지 않았습니다. 여러 경우에 이와 유사한 생각이 독립적으로 개발되기는 했지만 말입니다. 퍼스는 그래도 엄청난 영향력을 행사하게 되었는데 이것 때문은 아니었지요.

로나 기호학에 더 영향을 미쳤지요…….

촘스키 그렇습니다. 그 분야 전반에요. 그의 귀추법은 칸트의 생각을 발전시킨 것이었는데, 최근의 영미권 철학자들은 칸트를 그리 적극적으로 받아들이지 않습니다. 제가 알기로 퍼스의 인식론은 추종자가

• 귀추법은 어떤 특정 가설로부터 그 가설이 참일 수도 있다고 추론해나가는 방식이다. 이를테면 F라는 놀라운 사실이 관찰되었다. 만약 H가 참이라면 F는 흔한 일이 될 것이다. 따라서 H는 참일 수도 있다─옮긴이.

기존의 경험론적 전제들로부터 멀리 벗어난 출발점이
필요합니다. 과학적 지식을 위해서도,
'상식적 이해'의 구축을 위해서도 필요합니다.

별로 없습니다. 귀납법에 대한 비판은 많았는데도 말입니다. 가령 포
퍼의 비판이 좋은 사례지요.

한편 러셀은 후기 저작(《인간의 지식Human Knowledge》)에서, 지식 획
득과 관련하여 경험론의 부적절함에 대해 깊이 사색했습니다. 하지만
이 책은 무시되었습니다. 그는 우리가 실제로 가지고 있는 지식을 설
명할 목적으로 다양한 **비논증적 추론** 원칙을 제시했어요.

로나 비논증적 추론은 수학 논리의 연역하고는 다른 것이지요. 전
제가 참이고 추론이 엄정하더라도 결론이 참이라는 보장이 없기 때문
입니다. 기껏해야 참일 **개연성**이 있다는 것 아닌가요?

촘스키 본질적으로 그렇습니다. 러셀의 접근법은 어느 정도 칸트와
비슷한데 근본적 차이가 있습니다. 비논증적 추론의 원칙들은 귀납법
의 근본 원칙에 하나씩 하나씩 **추가**된 것이지, 귀납법을 근본적으로 바
꾼 것이 아닙니다. 하지만 문제는 양이 아니라 질입니다. 비논증적 추
론 원칙은 질적인 욕구를 충족시키지 못합니다. 저는 근본적으로 다른
접근법이 필요하다고 보는데, 기존의 경험론적 전제들로부터 멀리 벗
어난 출발점이 필요합니다. 이것은 과학적 지식을 위해서도 필요하고

(오늘날 과학계에서는 널리 인정되고 있습니다), '상식적 이해'의 구축을 위해서도 필요합니다. 자연계와 인간 사회의 성격에 관한 일반적인 관념을 이해하고, 인간의 행동, 그 목적, 그 이유, 그 원인 등을 직관적으로 이해하는 데에도 필요합니다.

이것은 아주 중요한 문제로서 제가 여기서 제시하는 것보다 더 많은 분석을 필요로 합니다. 하지만 당신의 질문으로 돌아가겠습니다. 언어와 과학적 탐구의 성격을 다룬 현대 철학자들의 저서는 제게 큰 자극을 주었습니다. 제 작업도 처음부터 철학의 발전에서 큰 영향을 받았습니다〔그래서 제 책의 앞머리에 그 사실을 적어 넣고 특히 넬슨 굿맨Goodman, Henry Nelson(1906~1998)과 W. V. 콰인Quine, Willard Van Orman(1908~2000)에게 큰 신세를 졌다고 밝혔습니다〕. 지금도 그러합니다. 구체적 사례를 든다면 언어 행위에 대한 존 오스틴Austin, John Langshaw(1911~1960)의 저서, 대화의 논리에 관한 폴 그라이스Grice, Herbert Paul(1913~1988)의 저서 등이 그렇습니다.

현재 의미론에 대한 흥미로운 연구가 여러 갈래로 진행되고 있습니다. 솔 크립키Kripke, Saul Aaron, 힐러리 퍼트넘Putnam, Hilary Whitehall, 제럴드 카츠Katz, Jerrold J., 마이클 더밋Dummett, Michael, 줄리어스 모라브치크Moravcsik, Julius, 도널드 데이비드슨Davidson, Donald Herbert, 기타 여러 학자들이 연구하고 있습니다. 모델-이론 의미론model-theoretic semantics―'가능한 세계들의 진실'을 연구하는 학문―은 전도가 유망합니다. 특히 자코 힌티카Hintikka, Kaarlo Jaakko Juhani(1929~)와 그 동료들의 연구가 주목할 만합니다. 이들은 자연 언어의 구문과 의미론에 대해, 특히 수량화에 주의를 기울이면서 폭넓게 연구하고 있습니다. 이러한 연구는 인간이 특정한 목적을 달성하는 데 언어가 자연과학 발전의 결정적인 순간에 길잡이 노릇을 한 것은 급격한 이상화였습니다. 이것은 '모든 객관적 사실'의 수용보다는 통찰의 깊이와 설명하는 힘을 더 높이 평가하는 일입니다.

사용되는 양태를 연구하는 화행론(話行論, pragmatics)으로 확대되었습니다. 가령 이스라엘 철학자인 아사 카셰르Kasher, Asa(1940~)의 연구가 그런 경우입니다. 위에서 든 사람들의 면면이 보여주듯이 이 연구는 국제적으로 수행되고 있고 영미권 철학자들의 관심사만은 아닙니다.

과학사와 과학철학에 관한 연구도 언급해야겠습니다. 이 연구는 생각이 발전하여 자연과학 속에 뿌리를 내리는 방식에 대해 풍요롭고 정밀한 이해를 제공하기 시작했습니다. 이러한 연구들, 가령 토머스 쿤이나 임레 러커토시Lakatós, Imre(1922~1974)의 연구는 검증과 반증이라는 인공적인 모델을 훨씬 넘어서는 곳까지 나아갔습니다. 사실 이 검증과 반증 모델은 지나치게 오랫동안 세도를 부렸고 '사회과학'(soft sciences, 이에 견주어 자연과학은 hard science라고 함 _옮긴이)에 의심스러운 영향을 끼쳤습니다. 사회과학은 그 발전을 주도할 수 있는 건전한 지적 전통의 토대 위에 서 있지 않았기 때문입니다. 제가 볼 때, 사회과학 분야에서 활동하는 사람들은 자연과학이 발달해온 방식을 더 잘 알아야 할 필요가 있습니다. 자연과학 발전의 결정적인 순간에 길잡이 노릇을 한 것은 급격한 이상화(상상력의 발휘 _옮긴이)였습니다. 이것은 '모든 객관적 사실'의 수용—거의 무의미에 가까운 개념—이라는 명제보다는 통찰의 깊이와 설명하는 힘을 더 높이 평가하는 일입니다. 그리하여 나중의 통찰이 다 설명해줄 것이라는 희망으로 분명한 반증조차 무시해버리는 겁니다. 실제로 반증을 설명해주는 통찰은 몇 년 후에 나타날 수도 있고 몇 세기 후에야 나타날 수도 있습니다. 이것은 인식론이나 과학철학의 논의에서 흔히 무시되어왔던 유용한 교훈입니다.

로나 유럽 철학자들, 특히 프랑스 철학자들은 어떻게 생각하세요?

촘스키 영미 철학을 제외한 다른 지역의 현대 철학자들은 진지하게 논할 수 있을 정도로 잘 알지 못합니다.

로나 프랑스의 마르크스주의 철학자들을 만나보셨나요?

촘스키 거의 못 만났습니다. 여기서 몇 가지 구분을 해야 할 것 같군요. 현대 마르크스철학은 대체로 레닌주의와 연계되어왔습니다. 최근까지 말이에요. 1차 대전 뒤 유럽 마르크스주의는 제가 보기에 좋지 않은 경향을 띠게 되었습니다. 볼셰비즘과 연계되는 경향이 그것입니다. 저는 볼셰비즘이 독재적이고 반동적인 흐름이라고 생각합니다. 그런데 이 볼셰비즘이 러시아 혁명 이후 유럽 마르크스주의 전통 안에서 주도권을 쥐게 되었습니다. 하지만 제가 좋게 보는 경향도 있었습니다. 가령 로자 룩셈부르크와 네덜란드 마르크스주의자인 안토니 판네코어크Pannekoek, Antonie(1873~1960)와 파울 마티크Mattick, Paul(1904~1981), 그리고 아나키즘적 조합주의자인 루돌프 로커Rocker, Johann Rudolf(1873~1958) 등이 그들입니다.

이러한 사상가들은 우리가 지금껏 논의해온 철학에 기여한 바는 없습니다. 하지만 사회, 사회의 변화, 인간 생활의 근본적 문제 등에 대해 많은 유익한 조언을 했습니다. 우리가 지금 논의하고 있는 문제에 대한 조언은 없지만.

마르크스주의는 그 자체가 교회 혹은 신학이 되곤 합니다.

물론 제가 너무 일반화하고 있다는 걸 압니다. 마르크스주의자라고 자처하는 사람들도 가치 있는 연구를 수행했습니다. 하지만 저의 비판은 어느 정도 정당하다고 봅니다. 어떤 유파에 속하든지 간에 마르크스 철학은 우리가 토의하고 있는 문제에 대해 실질적인 기여를 한 바가 없다고 봅니다.

그 밖의 유럽 철학에는 흥미를 느끼지 못했고, 그래서 더 알려고 하지 않았습니다.

로나 하지만 선생님은 암스테르담의 한 텔레비전 프로그램에서 미셸 푸코를 만나셨잖아요?

촘스키 예. 방송 전에, 그리고 방송 중에 아주 멋진 토론을 했습니다. 우리는 그 프로그램에서 여러 시간 이야기를 나누었는데, 그는 프랑스어로 저는 영어로 말했습니다. 네덜란드 시청자들이 그 토론을 어떻게 생각했는지는 모릅니다. 우리는 '인간의 본성' 문제에 대해서는 부분적으로 합의를 보았지만, 정치에 대해서는 별로 합의를 보지 못했어요(인간의 본성과 정치라는 두 가지 주제를 놓고 폰스 엘더르스가 우리를 인터뷰했습니다).

엘더르스의 비유를 빌리자면 인간 본성이라는 개념과, 그것과 과학적 진보의 관계라는 주제에 대해 우리는 '동일한 산을 정반대 방향에서 오르고 있었습니다.' 제가 볼 때 과학적 창조성은 첫째 인간 정신의 내재적 특성, 둘째 사회적·지적 조건들의 조합에 달려 있습니다. 이 중에 어느 하나만을 선택할 수는 없습니다. 과학의 발견을 제대로 이해하려면 이 두 가지 요인의 상호 작용을 이해해야만 합니다. 그런데 저는 첫째 요인에 더 관심이 많았고 푸코는 둘째 요인에 더 관심을 기울였습니다.

푸코는 어느 시대의 과학적 지식은 사회적·지적 조건들의 **틀** 같은 것이라고 보았습니다. 그런 규칙의 틀이 있기 때문에 새로운 지식이 창조된다고 보았어요. 제가 그의 말을 제대로 이해했다면, 인간의 지식은 사회적 조건과 사회적 투쟁으로 말미암아 변모하면서, 한 틀이 다른 틀로 바뀌고 그리하여 과학에 새로운 가능성을 가져온다는 거였지요. 인간 지식의 중요한 원천이 역사와는 무관하게 인간의 정신 안에 들어 있을 가능성 혹은 그러한 생각의 타당성에 대해서는 의심스러워했어요.

그는 또 **창조성**이라는 단어를 다르게 사용했어요. 제가 사용하는 창조성이라는 말에는 가치 판단이 수반되지 않습니다. 제가 말하는 창조성은 일반적인 언어와 인간 행동의 일상적이고 평범한 측면을 가리키는 것입니다. 그러나 푸코는 창조성이라고 하면 뉴턴의 업적 같은 것을 생각했어요. 물론 그는 뛰어난 개인의 업적보다 과학적 상상력의 사회적·지적 기반을 강조하기는 했지만. 다시 말해 푸코는 창조성을 급진적 혁신의 조건으로 생각하는 듯했습니다. 그의 창조성 개념이 제 것보다 더 일반적이지요.

현대 과학이 예사롭고 일상적인 창조성을 얼마간 설명해주었다 하더라도—저는 이것조차도 의심스러워합니다만—과학은 아직 진정한 창조성을 제대로 규명하지 못하고 있습니다. 그러니까 위대한 예술가의 업적이나 장래의 과학적 발견을 예측하지 못하는 거지요. 이건 아마 가망 없는 바람일 겁니다.

제가 말하는 '평범한 창조성'이란 데카르트가 인간과 앵무새를 구별하는 데 사용했던 개념과 비슷합니다. 푸코의 역사적 관점에서 보자면, 혁신가들과 그들의 업적, 혹은 진실의 등장을 가로막는 장애물을 미리 예측하는 것은 어렵고, 단지 개인들과 무관한 시스템인 지식 체계가 그 자체의 구성 규칙을 수정하는 방식만 알 수 있다는 것입니다.

로나 어떤 시대의 지식을 틀 혹은 체계로 파악하는 푸코는 구조주의 사상에 가깝다고 보지 않으세요? 구조주의는 언어도 한 가지 체계로 보는데요.

촘스키 그 질문에 제대로 대답하자면 상당한 연구가 필요할 것입니다. 아무튼 저는 접근 가능한 이론 부류에 부과되는 제약들—풍성한 이론 구축을 가능하게 해주는 인간 정신의 한계—을 강조한 반면, 그는 이론적 가능성의 확산에 더 관심이 많았습니다. 그것은 인간의 지능이 활약하는 사회적 환경의 다양성에 달려 있다는 거였지요.

로나 푸코와 마찬가지로 구조주의 언어학도 언어들 사이의 차이점을 강조하는데요.

촘스키 저는 조심해서 대답해야 할 것 같습니다. 왜냐하면 '구조주의 언어학'이라는 용어는 아주 다양한 가능성을 포함하기 때문입니다. 미국의 '신블룸필드neo-Bloomfieldian' 언어학°은 무엇보다 언어의 다양성을 강조했습니다. 그래서 마틴 주스Joos, Martin(1907~1978) 같은 사람은 언어학의 일반 명제로, 언어는 임의로운 방식으로 서로 달라질 수 있다고 했습니다. 이들이 '보편성'이라고 말하는 것은 아주 제한된 성질의 특성을 가리키는 것으로서, 통계적 관찰 같은 데 따른 것입니다. 하지만 다른 구조주의 언어학파는 이런 특성이 표적을 멀리 벗어난 것이라고 생각합니다. 예를 들어 로만 야콥슨Jakobson, Roman(1896~1982)의 저작이 그러하죠. 야콥슨은 가능한 언어 부류의 폭을 좁게 제한하는 언어적 보편성에 관심이 많았는데, 특히 음운론에 집중했습니다.

푸코의 견해를 말해보자면, 그는 사회적·역사적 조건들과 무관하게 잘 정의된 생물학적 개념으로서 '인간의 본성' 개념이 발전할 가능성을 의심했습니다. 저는 그가 자신의 접근법을 '구조주의적'으로 생각하지 않는다고 봅니다. 하지만 저는 푸코의 그런 회의론에 동의하지 않습니다. 인간 본성이 아직 과학의 범위 안으로 들어오지 못했다는 그의 견해에는 동의합니다. 지금까지도 인간 본성은 과학적 탐구의 범위 안에 들어오지 못하고 있습니다. 하지만 언어학 같은 분야에서 '인간 본성'에 대해 의미심장한 개념을 구성하기 시작했습니다. 그 지적이고 인지적인 측면에 대해서 말입니다. 아무튼 저는 언어 능력이 인간 본성의 일부분이라는 점을 의심하지 않습니다.

로나 선생님과 푸코는 포르루아얄의 **보편 문법**에 대해 말씀하셨습

• 레너드 블룸필드Bloomfield, Leonard(1887~1949)는 미국의 언어학자로, 행동주의의 입장에서 언어 체계를 분석했다-표준국어대사전 참조.

저는 과거의 사람들이 생각했던 바를 완벽하게
재구성하려 하지 않습니다. 그보다는 후배 세대가
무시하거나 왜곡한 과거 시대의 어떤 측면을
밝혀내려 합니다.

니까?

촘스키 더 구체적으로 말하면 보편 문법의 역사와 관련이 있는 저의
연구에 대해서였지요. 이 주제에 대해서는 많은 오해가 있었습니다.

이 문제는 다양한 방법으로 접근할 수 있습니다. 가령, 근대 초의 합
리주의 전통에 대한 저의 접근 방법은 과학사가나 철학사가의 그것이
아닙니다. 저는 과거의 사람들이 생각했던 바를 완벽하게 재구성하려
하지 않습니다. 그보다는 후배 세대가 무시하거나 왜곡한 과거 시대의
어떤 측면을 밝혀내려 합니다. 과거 시대의 어떤 사상가가 부지불식간
에 이런 중요한 사항을 이미 발견했다 하는 이야기를 하려는 것이지
요. 이런 의도는 저의 책 《데카르트 언어학Cartesian Linguistics》에 명백
하게 설명되어 있습니다.

저는 현대의 중요한 문제들과 관련되는 범위 내에서 과거의 사상이
나 추론에 관심이 많습니다. 저는 과거 시대에 비슷한 생각들이 어떻
게 구성되고, 후대의 발전을 어떻게 예측했는지 드러내려 했습니다. 약
간 다른 관점에서 말입니다. 우리가 현대라는 유리한 고지에서 뒤돌아
보면, 과거 시대의 사상가들이 암중모색하는 가운데 아주 건설적이고
특이한 방식으로 극히 중요한 생각에 접근했음을 발견할 수 있습니다.

과거의 사상가들은 자신이 탐구하는 작업의 중요성을 부분적으로밖에는 인식하지 못했겠지만 말입니다.

비유를 하나 들어보겠습니다. 저는 미술사가보다 미술 애호가의 입장을 취합니다. 저는 17세기 미술에 어떤 가치가 있는지 살펴봅니다. 이때의 가치는 주로 현대의 관점에서 가치 있다고 생각되는 것인데, 아무튼 그런 가치의 대상을 향해 나아가는 겁니다. 미술사가의 입장도 미술 애호가의 입장도 모두 타당하다고 봅니다. 과학적 지식의 초창기 단계에도 이런 식으로 접근하는 게 가능하다고 봅니다. 오늘날 우리가 아는 지식을 동원하여 과거 시대의 과학자가 기여한 바를 조명합니다. 하지만 그 과거의 천재적 과학자는 자신이 그런 기여를 했는지 알지 못합니다. 시대의 제약 때문이지요.

나는 바로 이런 방식으로 데카르트에게 관심을 기울였습니다. 그가 영향을 미친 철학적 전통이나 훔볼트 등의 사상을 살펴보았지요. 훔볼트는 자신을 데카르트 학파라고 생각하지 않았습니다. 저는 훔볼트가 기울인 노력에 관심이 많은데, 그는 내재된 규칙의 체계에 바탕을 둔 자유로운 창조성이라는 개념을 설명하려 했습니다. 저는 이러한 생각이 데카르트의 사상에 뿌리를 둔 것이라고 봅니다.

저의 이런 접근 방식은 비판을 받았습니다. 하지만 제가 보기에 그 비판에는 합리적 근거가 없습니다. 저는 그럴 필요가 없다고 보는데(지금도 이 생각은 불변인데), 어쩌면 제 접근법의 성격과 타당성을 더 자세히 설명했어야 할지도 모르겠습니다.

제가 지금까지 말해온 것은 과학의 역사에서는 흔한 일입니다. 가령 데익스테르하위스*는 고전 역학의 기원을 다룬 대표작에서 뉴턴 물리학에 관해 이런 말을 했습니다. "엄밀히 말하면 전체 체계는 후대의 과학 발전에 비춰 보아야만 비로소 이해할 수 있다."[1]

가령 과거 어느 때 고전 역학에서 발견한 것들이 몽땅 사라졌다고 해봅시다. 그래서 '자연사' 수준과 비슷한 수준으로 과학이 후퇴했다고 해봅시다. 그렇다면 정보와 관측 자료의 양과 구성 면에서 바빌로니아 천문학(이렇게 말하는 것이 어쩌면 불공평할지 모르는데)과 비슷한 수준으로 돌아가게 될 겁니다. 그러다가 과학의 새로운 발전 단계가 전개되어 고전 역학의 시대에 자주 나왔던 질문이 다시 나왔다고 합시다. 그렇게 된다면 예전 시대의 중요한 통찰들을 발견하여 그것이 후대의 과학을 어떻게 예측했는지 알아보는 것은 타당하면서도 중요한 작업이 될 겁니다.

이런 일이 바로 언어학과 정신 연구 분야에서 벌어진 것입니다. 과거 시대의 저작(제가 이미 밝혔듯이, 이들 저작을 잘못 이해한 경우가 많습니다)으로 거슬러 올라가 무시되었던 통찰들을 현재의 관점에서 다시 발견하는 것은 아주 흥미로운 일입니다. 현재의 지식 수준과 기술에 비추어 예전의 질문들이 어떻게 이해되고 다시 해석될 수 있는지 살펴보는 겁니다. 이것은 타당한 접근 방법이고, 과거의 발견과 사상을 당시 있었던 그대로 복원하는 작업(가령 데익스테르하위스의 작업)과 혼동해서는 안 됩니다.

물론 예전의 논의를 왜곡하지 않도록 조심해야 합니다. 하지만 제가 과거의 사상을 왜곡했음을 증명하는 비판적 분석을 지금껏 보지 못했습니다. 이른바 '학술지'에 실린 글 중에는 저의 저서를 오해한 것이 많았습니다. 제가 논의하지도 않은 견해를 날카롭게 비판하는 것을 보고

• Dijksterhuis, Eduard Jan(1892~1965), 네덜란드의 과학사가 – 위키피디아.

현재의 지식 수준과 기술에 비추어 예전의 질문들이 어떻게 이해되고 다시 해석될 수 있는지 살펴보는 것은 타당한 접근 방법이고, 과거의 발견과 사상을 당시 있었던 그대로 복원하는 작업과 혼동해서는 안 됩니다.

서는 깜짝 놀랐습니다. 저는 이런 왜곡을 가끔 지적하기는 했지만 일일이 다 지적하지는 못합니다. 여기서 그렇게 하고 싶지도 않습니다.

저의 접근법은, 지적 작업에 종사하는 사람이 자기 자신을 상대로도 해볼 수 있습니다. 가령 20년 전에 자신이 생각했던 것을 회상하는 겁니다. 그 생각이 어떤 방향으로 어떤 우회로를 거쳐 20년 후에는 훨씬 분명하고 이해하기 쉬운 목표에 도달했는지 살펴보는 겁니다.

로나 선생님과 푸코의 정치적 불일치는 어떤 것이었나요?

촘스키 저는 두 가지 지적 과제가 있다고 보았습니다. 하나는 인간 본성의 긴급한 필요에 부응하는 미래 사회를 상상하는 겁니다. 우리가 생각해낼 수 있는 최선의 것을 말입니다. 다른 하나는 현재의 여러 사회에 존재하는 권력과 압제의 성격을 분석하는 겁니다.

제가 제대로 이해했다면 푸코의 입장은 이러했습니다. 우리가 현재 상상할 수 있는 것은 현대 세계의 부르주아 사회가 만들어낸 것뿐이다. 정의와 '인간 본질의 실현' 같은 개념은 우리 문명이 만들어낸 것이고, 우리의 계급 제도에서 나온 것이다.

그리하여 정의라는 개념은 권력을 잡은 계급 혹은 권력을 잡으려는 계급의 압제를 끝내고, 그리하여 근본적인 인권을 회복시켜줄 것이라는 주장이 뒷받침되어야 계급투쟁은 정당화될 수 있습니다.

계급이 내놓는 구실에 불과하다는 거지요. 개혁가나 혁명가의 과제는 권력을 잡으려는 것이지 더 정의로운 사회를 이룩하려는 게 아니라는 겁니다. 추상적 정의는 제기할 수도 없고 설령 제기한다 하더라도 지적知的으로 이해할 수 있게 제기될 수는 없다는 거였어요.

제가 그의 말을 제대로 이해했다면, 푸코는 계급투쟁에 참가하는 사람은 이기기 위해 그렇게 하는 것이지 더 정의로운 사회를 이룩하기 위해서가 아니라고 말했어요. 이 점에 대해 저는 아주 다른 의견을 갖고 있습니다. 제가 볼 때 사회적 투쟁이라는 것은 어떤 뚜렷한 주장이 있어야 정당화될 수 있습니다. 잘 이해되지 않는 가치관과 사실에 바탕을 둔 간접 주장일지라도 주장이 있어야 합니다. 그 주장은 투쟁의 끝에 인간에게 이로운, 더 정의로운 사회가 앞당겨질 것임을 보여줄 수 있어야 합니다.

여기서 폭력을 예로 들어봅시다. 저는 절대적인 평화주의자는 아닙니다. 그래서 그 어떤 상황에서도 폭력을 써서는 안 된다고 주장하지는 않습니다. 가령 자기방어를 위해서는 폭력을 쓸 수도 있습니다. 하지만 폭력 사용을 정당화할 만한 근거가 있어야 합니다. 잘못된 것을 바로잡느라 불가피하다든가 하는 주장이 뒷받침되어야 합니다.

만약 프롤레타리아의 혁명적 승리가 온 세상 모든 사람을 화장장으로 보내는 것이라면 계급투쟁은 정당화될 수 없습니다. 계급의 압제를 끝내고, 그리하여 근본적인 인권을 회복시켜줄 것이라는 주장이 뒷받침되어야 계급투쟁은 정당화될 수 있습니다. 여기서는 물론 복잡한 문제가 발생합니다. 하지만 그 문제를 직시해야 합니다.

정치에 관한 한 푸코와 저는 의견이 일치하지 않았습니다. 저는 정의를 말하는데 그는 권력을 말했습니다. 제가 보기에 우리의 견해 차이는 바로 거기에 있었습니다.

주 석

[1] E. J. Dijksterhuis, *The Mechanization of the World Picture* (London: Oxford University Press, 1961), p. 466.

4장

진리와 권력

미셸 푸코

Truth and Power

질문 고전 시대의 광기狂氣 연구로부터 범죄와 타락에 관한 연구로 이행하게 된 학문적 경로를 간략하게 설명해주시겠습니까?

미셸 푸코 1950년대 초 제가 연구에 몰두할 때 일어났던 중요한 문제 하나는 과학의 정치적 위상과 이데올로기적 기능에 관한 문제였습니다. 물론 리센코* 사건이 모든 것을 지배했다는 얘기는 아닙니다. 하지만 이 지저분한 사건을 계기로 하여 오랫동안 묻히고 감추어져왔던 홍미로운 질문들이 촉발되었습니다. 나는 이런 질문들의 지평 위에서 《광기와 문명Madness and Civilization》(1961)**을 집필했습니다. 당시 나

---

* Lysenko, Trofim Denisovich(1898~1976). 소련의 생물학자로서 소련 정부의 농업 정책에 부응하여 우생학을 왜곡했다-옮긴이.
** 영어판 《광기와 문명Madness and Civilization》은 본디 프랑스어로 쓰인 《광기와 심신장애-고전 시대 광기의 역사Folie et déraison: Histoire de la folie à l'âge classique》의 요약본이다.

는 이런 질문을 던지고 싶었습니다. 이론물리학이나 유기화학 같은 학문에 대해, 그런 학문이 사회의 정치·경제 구조와 맺는 관계를 묻는다는 것은, 지나치게 복잡한 질문을 던지는 것이 아닐까? 이것은 설명의 문턱을 너무 높여놓는 것이 아닐까? 반면에 정신의학 같은 학문을 연구 대상으로 삼는다면 그것(과학과 정치의 관계 _옮긴이)은 훨씬 풀기 쉬운 문제가 되지 않을까? 왜냐하면 정신의학의 인식론적 측면은 문턱이 낮을 뿐만 아니라, 정신의학의 실천이 경제적 필요와 사회 규제의 정치적 문제 등 모든 제도와 연결되어 있으니까. 정신의학처럼 약간 '의심스러운' 학문의 경우 권력과 지식(정치와 학문 _옮긴이)의 상호 복합적 효과가 더욱 잘 파악되지 않을까?

저는 《병원의 탄생Naissance de la clinique: une archéologie du regard médical》(1963)에서, 의학에 대해 바로 이런 질문을 던지고자 했습니다. 의학은 정신의학보다 훨씬 더 견고한 과학의 갑옷을 입고 있지만, 아주 광범위하게 사회 구조와 연결되어 있습니다. 그런데 당시 저를 더욱 당황하게 한 것은, 그런 질문이 상대의 관심을 전혀 끌지 못했다는 점입니다. 의학계는 그런 질문을 정치적으로 사소하고 인식론적으로 천박하다고 보았습니다.

이렇게 된 데에는 세 가지 이유가 있다고 봅니다.

첫째, 프랑스의 마르크스주의 지식인들〔그들은 프랑스 공산당(Parti Communiste Français: PCF)이 지정한 역할만 수행했습니다〕에게, 일차적 관심사는 대학과 기존 세력의 인정을 받는 것이었습니다. 따라서 그들은 기존 학계와 동일한 이론적 질문, 동일한 문제와 주제를 다루는 것이 필요했습니다. '우리는 마르크스주의자들이다. 하지만 대학에 있는 당신들의 관심사를 모르지 않는다. 아니, 당신들의 오래된 관심사에 새로운 해결책을 제시해줄 수 있는 사람은 우리뿐이다.' 마르크스주의는 대학의 자유로운 전통을 부흥시키는 세력으로서 존재를 인정받으려 했습니다. 그들이 이렇게 한 시기는 공산주의자들이 스스로를 가리켜 국가적 전통nationalist tradition을 활성화시킬 수 있는 유일한 세력이라고 주장하던 시기와 일치합니다.

그래서 우리가 지금 다루고 있는 분야에서, 그들은 과학의 역사상 가장 '고상한' 학문 곧 수학과 물리학에만 집중했습니다. 간단히 말해서 피에르 모리스 마리 뒤앙*, 에드문트 후설, 알렉상드르 쿠아르** 등이 내세운 주제들만 다루려 했습니다. 의학이나 정신의학은 고상하지도 진지하지도 않은 학문이었고 고전 합리주의에 입각한 멋진 학문들과 동급이 되지 못한다고 보았습니다.

둘째, 스탈린 이후의 스탈린주의는 이미 발언된 것이 아니면 마르크스주의 담론에서 배제했고, 지금까지 개척되지 않은 영역을 탐구하는 것을 허용하지 않았습니다. 정신의학의 권력 효과라든가 의학의 정치적 기능에 대해서는 미리 준비된 개념이나 공식 용어가 없었습니다. 하지만 19세기 방식의 '과학' 담론에 대해서는, 마르크스와 엥겔스 그리고 레닌을 경유하여 현대인들에 이르기까지 마르크스주의자들과 학자들 사이에 무수한 의견 교환이 이루어졌습니다. 마르크스주의자들이 이처럼 과학의 실증주의에 충성을 바치다 보니 과학이 제기하는 질문 전반에 대해서는 완전 귀머거리였습니다.

마지막으로, 셋째 이유가 있기는 하지만 이것이 일정한 역할을 했는지는 확신이 서지 않습니다. PCF 관련 지식인들은 강제수용 문제, 정

---

* Duhem, Pierre Maurice Marie(1861~1916). 프랑스의 물리학자, 과학사가.
** Koyré, Alexandre(1882/1892~1964). 러시아 태생 프랑스 과학사가, 철학자.

신의학의 정치적 활용, 폭넓게 말해서 사회의 징계 틀에 대해 말하는 것을 꺼렸습니다. 물론 1955~1960년 당시에는 굴라그(강제수용소)의 실상이 잘 알려져 있지 않았습니다. 많은 사람들이 그 존재를 어렴풋이 알고 있었으나 그것에 대해서는 말하지 않는 게 이롭다고 생각했습니다. 그것은 경계 표시가 내걸린 위험 지역이었습니다. 물론 이처럼 세월이 흐른 뒤에 당시 사람들이 강제수용소의 존재를 얼마나 알고 있었는지 판단하기는 어렵습니다. 하지만 사람들의 동정을 속속들이 꿰고 있는 공산당 지도부가 사람들에게 이런저런 것은 하지 마라, 이런저런 연구 방향은 안 된다고 말하는 것은 손쉬운 일이었습니다. PCF와 가까운 소수 의사들 사이에서 파블로프 정신의학이 다루어지기는 했겠지만, 정신의학의 정치학 혹은 정치 행위로서 작용하는 정신의학은 그럴듯한 주제로 여겨지지 않았습니다.

제가 이 분야에서 수행한 연구에 대해 프랑스 좌파 지식인들은 침묵으로 일관했습니다. 그러다가 1968년 무렵에 와서 마르크스주의 전통과 PCF의 존재를 제치고 이런 질문들이 갑자기 정치적 중요성을 띠게 되었습니다. 저는 상상도 하지 못한 일이었어요. 그래서 저의 초기 연구가 얼마나 소심하고 머뭇거리는 것이었는지 여실히 알게 되었습니다. 1968년 연간에 발생한 정치적 돌파구가 없었더라면 이 문제를 다시 끄집어내어 형법 이론, 감옥, 징벌 같은 방향으로 연구를 넓힐 수 없었을 겁니다.

질문 그러니까 당신의 이론적 궤적에는 확실히 '단절(불연속성)'이 있다는 얘기로군요. 당신은 어느 날 느닷없이 '구조주의' 역사학자라는 이름을 얻게 되었는데, 오늘날 이 단절이라는 개념을 어떻게 생각하십니까?

푸코 단절이라는 개념은 언제나 저를 당황하게 합니다. 《프티 라루스》[*] 신판을 찾아보면 제가 이렇게 소개되어 있습니다. "푸코: 단절을 바탕으로 역사 이론을 전개하는 철학자." 저는 이걸 보고 크게 당황했습니다. 제 책 《사물의 질서The Order of Things》(1966)[**]에서 제 입장을 명확하게 밝히지 않은 탓도 있을 겁니다. 저는 이 문제에 대해 아주 많이 발언했지만 말입니다. 생물학, 정치경제학, 정신의학, 의학 같은 경험적 지식 형태에서, 변모의 리듬은 일반적으로 용인되는 원만하고 지속적인 발전 도식을 따라가지 않습니다. 아직도 많은 역사적 분석의 바탕에는 과학이 점진적으로 원숙해져왔다는 생물학적인 관념이 깔려 있습니다. 하지만 제가 볼 때 그런 관념은 역사와 무관합니다. 가령, 18세기 말까지 의학이라는 학문은 일정한 유형의 담론을 갖고 있었습니다. 그러던 것이 25~30년 사이에 의학은 그동안의 '진정한' 명제들과 단절했을 뿐만 아니라, 더 깊이 들어가면 의학을 지탱하는 일체의 실천 (의학에 대해서 보고 말하는 방식)과도 절연했습니다.

이것들은 그저 새로운 발견에 그치는 일이 아니었습니다. 지식(학문_옮긴이)의 담론과 형태에 완전히 새로운 '체제'가 생겨난 겁니다. 이것이 겨우 몇십 년 사이에 벌어진 일이었습니다. 당시 의학 교과서들을

---

[*] Le Petit Larousse. 1905년부터 간행되어온 프랑스어 사전 겸 소형 백과사전. 프랑스의 문법학자이자 사전 편찬자인 피에르 라루스Larousse, Pierre Athanase(1817~1875)가 세운 라루스 출판사에서 100년 넘게 출간을 지속하고 있다─위키피디아 참조.

[**] 프랑스어 원제는 《말과 사물Les Mots et les choses: Une archéologie des sciences humaines》이다. 본래는 프랑스어 원서 제목도 《사물의 질서L'Ordre des Choses》였는데, 제목이 같은 다른 책이 있어 바꾸었다─위키피디아 참조.

권력의 효과가 과학적 담론 사이에서 어떻게 유통되는가,
그것들의 내적 권력 체제를 구성하는 것은 무엇인가,
왜 그리고 어떻게 특정 시기에 그 체제가
전 세계적인 변이를 겪는가.

면밀히 들여다보면 이것은 부정할 수 없는 사실입니다.

저의 요지는 '봐라, 이처럼 단절이 생겨났고 그것도 아주 좋은 단절이다'라고 말하려는 것이 아니었습니다. 그보다는 이렇게 질문하려는 것이었습니다. '왜 특정 시기, 특정 지식의 질서에서 이런 갑작스러운 도약과 진화가 발생한 것일까? 왜 이러한 변모는 일반적으로 용인되는 원만하고 지속적인 발전 도식을 따라가지 않는가?'

하지만 변화가 급속하고 광범위한 것이었다는 점은 중요하지 않습니다. 그보다는 그런 급속함과 광범위함이 어떤 다른 것을 보여주는 표시라는 겁니다. 그 다른 것은, 과학적으로 진실하다고 용인되는 담론의 형성 규칙에 어떤 변화가 발생했다는 사실입니다. 따라서 이것은 내용의 변화(과거의 오류 반박, 오래된 진실 재발견)도 아니고, 이론 형태의 변화(패러다임 갱신, 체계 구성 요소들의 변이)도 아닙니다. 오히려 무엇이 담론statements을 **지배하느냐** 하는 문제입니다. 담론들이 서로를 **지배**하여, 과학적으로 합당한 것, 나아가 과학적 절차에 따라 검증 혹은 반증된 것으로 용인될 만한 일련의 명제들을 만들어냅니다. 간단히 말해서 체제의 문제, 곧 과학적 담론의 정치학인 겁니다.

이렇게 볼 때 어떤 외부 권력이 과학에 명령을 내렸는가 하는 것이 문제가 아니라, 권력의 효과가 과학적 담론 사이에서 어떻게 유통되는

가, 그것들의 내적 권력 체제를 구성하는 것은 무엇인가, 왜 그리고 어떻게 특정 시기에 그 체제가 전 세계적인 변이를 겪는가 하는 것이 문제입니다.

저는 이런 서로 다른 체제들을 《사물의 질서》에서 밝히고 드러내려 했습니다. 하지만 그 책에서 이런 체제들을 설명하지는 않았고, 그 작업은 다음 책에서 필요할 것이라고 분명하게 말했습니다. 이 책에서 부족한 부분은, 이런 '담론의 체제discursive regime' 문제, 담론 statements의 작용에 고유한 권력의 효과 등을 잘 설명하지 못했다는 겁니다. 저는 이것을 체계성, 이론적 형태나 패러다임 같은 것으로 혼동했습니다. 이 책을 쓸 당시에 적절히 따로 떼어내지 못했던, 이 핵심적인 권력의 문제는 《광기와 문명》과 《사물의 질서》가 교차하는 지점에서 두 가지 뚜렷이 다른 양상으로 등장합니다.

질문 그렇다면 단절이라는 개념을 그 적절한 맥락 속에 위치시켜야 하겠군요. 그런데 여기에 또 다른 개념이 있습니다. 당신의 사상에서 더욱 핵심적이면서도 더욱 이해하기 까다로운 것인데, 바로 사건event 이라는 개념이지요. 이 사건이라는 것과 관련하여, 한 세대의 학자들이 오랫동안 난관에 봉착했지요. 민족지학―개중에는 위대한 민족지학 자들도 있습니다―의 연구 작업을 따라가 보면, 구조(생각해볼 수 있는 것)와 사건(불합리한 것으로 여겨지는 것) 사이에 이분법이 정립되어 있습니다. 그러니까 분석의 구조 안으로 들어오기를 거부하는 사건, 구조주의의 형태와는 들어맞지 않는 사건이 있다는 거지요. 최근에 발간된 《롬므L'Homme》지에 토론 기사가 실렸는데, 저명한 민족지학자 세 명이 사건 개념을 다시 끄집어내어 이렇게 말했습니다. "사건은 언제나

구조를 중시하여 사건을 배제하려고 했던 것처럼, 반대로
사건을 중시하여 구조를 배제해서는 안 됩니다.
서로 다른 유형의 사건들이 다양한 층위를
형성한다는 것을 이해해야 합니다.

합리적인 이해의 범위를 벗어난다. '절대적 우발성'의 영역에 있다."

"우리는 구조를 분석하는 사상가이고 역사는 우리의 관심사가 아니다. 우리가 역사(구체적 사건 _옮긴이)에 대해서 무엇을 말할 수 있겠는가."

이러한 사건과 구조의 대립은 특정 인류학자들이 주장하는 것입니다. 이것은 역사학자들에게 파괴적 영향을 미쳤습니다. 역사학자들이 급기야 역사 연구에서 사건을 배제하면서, 사건을 중시하는 것은 사소한 것, 우발적인 일 등에 집착하는 열등한 역사학이라고 결론을 내렸기 때문입니다.

그런데 역사에는 교차하는 매듭과 같은 문제들이 있습니다. 이 매듭들은 사소한 상황의 사건도 아니고 그렇다고 해서 정연하고 투명한 분석을 자랑하는 아름다운 구조에 속하지도 않습니다. 이를테면 당신이 《광기와 문명》에서 풀어낸 '대규모 강제수용'이 이런 매듭의 하나로서 구조와 사건의 이분법을 초월합니다. 이러한 관점에 입각하여 사건 개념을 새롭게 정의해주시겠습니까?

푸코 구조주의는 사건 개념을 배제하려는 가장 체계적인 시도였습니다. 인류학 분야뿐만 아니라 다른 일련의 학문에도 도입되었고 심지어 역사학에서도 위세를 떨쳤지요. 이런 의미에서 볼 때, 저처럼 구조

우리의 존재를 품고 규정하는 역사는 전쟁의 형태를
취하지 랑그의 형태를 취하지 않습니다. 다시 말해
권력 관계이지 의미의 관계는 아니라는 겁니다.

주의에 반대하는 사람도 없을 겁니다. 하지만 중요한 것은, 전에 구조
를 중시하여 사건을 배제하려고 했던 것처럼, 반대로 사건을 중시하여
구조를 배제해서는 안 된다는 거지요. 그러니까 사건이라는 한 가지
층위에다 모든 것을 위치시키려 해서는 안 됩니다. 서로 다른 유형의
사건들이 다양한 층위를 형성한다는 것을 이해해야 합니다. 그 규모,
그 지속 기간, 효과를 일으키는 능력 등이 사건마다 다르다 이겁니다.

중요한 것은 사건들을 변별하고, 그 사건들이 속한 네트워크와 층위
를 가려내고, 사건들이 서로 연결되어 의미를 생산해내는 경로를 재구
성하는 것입니다. 이런 작업을 하려면 상징주의적 분석이나 기호론적
구조의 영역을 거부해야 합니다. 그 대신에 권력 관계의 계보, 전략적
발전, 전술의 측면 등을 살펴야 합니다. 여기서 염두에 두어야 할 것은
그 대단한 랑그˚와 기호˚˚ 모델이 아니라 전쟁과 전투 모델입니다.

우리의 존재를 품고 규정하는 역사는 전쟁의 형태를 취하지 랑그의
형태를 취하지 않습니다. 다시 말해 권력 관계이지 의미의 관계는 아
니라는 겁니다. 역사는 아무런 '의미'도 갖지 않습니다. 그렇다고 해서
역사가 불합리하다거나 뒤죽박죽이라고 말하는 건 아닙니다. 오히려

˚   langue. 모든 개인의 두뇌 속에 잠재적으로 존재하는 문법 체계―옮긴이.
˚˚ 파롤(parole)을 말한다. 파롤은 랑그에 의해 가능해지는 각 개인의 구체적 언어 행위―옮긴이.

역사는 충분히 이해할 수 있고, 아주 세부적인 사항까지 분석이 가능합니다. 단 투쟁, 전략, 전술의 관점에서 분석할 때 그렇다는 얘기입니다. 모순을 해결하려는 논리인 변증법이나 의사소통의 구조를 설명하는 기호학은 투쟁에 대한 본질적인 이해를 제공해주지 못합니다. '변증법'은 헤겔의 정반합正反合을 내세워 투쟁의 개방적이고 위험한 현실을 회피하려는 방법이고, '기호학'은 투쟁의 폭력적·유혈적·치명적인 특성을 랑그와 파롤이라는 평온한 플라톤적 형태로 축소하는 방법입니다.

질문 이 담론성discursivity의 맥락에서 살펴볼 때, 당신은 담론에 작용하는 권력 문제를 맨 처음 제기한 인물입니다. 당신이 이런 주장을 펼 당시, 주도적인 분석 형태는 '텍스트'의 개념이나 대상에 초점을 두고 수행하는 것이었고, 기호학이나 구조주의의 방법론이 원용되었습니다. 담론discourse과 권력을 연결 지어 질문한 것은 근본적으로 담론이 누구에게 봉사하는가 하고 묻는 거나 마찬가지였습니다. 따라서 담론 분석이란 말해지지 않은 부분이나 암묵적인 의미를 파고드는 것이 아니었습니다. 왜냐하면 당신이 거듭 말했듯이, 담론은 투명하여 해석이 불필요하고 그런 만큼 누구도 거기에 다른 의미를 부여할 게 없습니다. 우리가 '텍스트들'을 어떤 일정한 방식으로 읽어나가면, 그 내용이 우리에게 투명하게 전달되어 오고 그래서 추가적 의미나 해석은 필요없습니다. 당신이 담론에 관해 제기한 권력 문제는 학문의 방법론이라든지 현대의 역사 연구에 독특한 효과와 파장을 던졌습니다. 당신의 연구 작업에 이 권력 문제가 어떻게 위치하는지 간단하게 설명해주시겠습니까?

푸코 제가 그런 문제를 처음 제기한 사람은 아니라고 봅니다. 다만 그 질문을 제기하느라고 애먹은 것은 생각나는군요. 과거를 회고하면서 저 자신에게 질문을 던져보니,《광기와 문명》이나《병원의 탄생》에서 권력 얘기를 한 거 빼고는 무엇이 있나 하는 생각도 들고요. 하지만 그 당시에는 권력이라는 단어를 사용하지 않았고 또 이러한 분석 분야들을 완전 파악하지도 못했습니다. 이렇게 된 것은 당시 정치 상황과 관련이 있습니다. 좌파든 우파든 이러한 권력 문제를 제기하기가 어려웠습니다. 우파에서는 권력이라고 하면 헌법이나 주권 등 주로 사법적 차원의 관점을 의미했습니다. 마르크스주의자들은 주로 국가기구 차원의 관점에서 권력을 말했습니다. 권력이 행사되는—구체적이고 자세한—방식, 그 특수성, 그 기법, 그 전술 등은 아무도 알아보려고 하지 않았습니다. 그들은 권력 행사 방식이 상대편 진영의 '그들' 가운데 있는 것으로 치부하면서 논쟁적인 방식으로 그걸 비난하기에 바빴습니다.

소련 사회주의 권력이 문제될 때, 그 적수들은 그것을 전체주의라고 불렀습니다. 마르크스주의자들은 서방 자본주의 권력을 계급 지배라고 비난했습니다. 하지만 권력의 역학 그 자체를 분석하는 일은 없었습니다. 이 작업은 1968년 이후에 시작되었습니다. 민중 수준에서 날마다 벌어지는 투쟁을 기반으로 해서 말입니다. 그 민중 속의 투쟁하는 사람들은 권력의 정교한 그물망을 발견했습니다. 바로 여기서 권력의 구체적 성격이 가시적으로 드러났습니다. 그리하여 권력 분석이 지금껏 정치 분석의 분야 바깥에 있었던 모든 것을 해명하는 데 유익하다는 게 밝혀졌습니다.

간단히 말해서, 정신의학의 환자 강제수용, 개인의 심리적 정상화,

정신의학의 환자 강제수용, 개인의 심리적 정상화, 형법 제도 등은 권력의 바퀴가 어떻게 굴러가는지 파악하는 데 필수적인 사항입니다.

형법 제도 등은 오로지 그 경제적 의미만 살펴본다면 중요성이 확 떨어지게 됩니다. 이런 것들은 권력의 바퀴가 어떻게 굴러가는지 파악하는 데 필수적인 사항입니다. 권력의 문제를 경제적 사건이나 그런 경제 사건의 도움을 받는 이해 세력의 체계보다 하위의 것으로 파악한다면, 당연히 이런 문제들을 사소한 것으로 보게 됩니다.

질문 그렇다면 특정 유형의 마르크스주의나 특정 유형의 현상학이 그런 문제 분석틀을 형성하는 데 객관적인 장애가 되었겠군요?

푸코 그렇습니다. 저와 같은 세대의 사람들은 학생 시절에 두 가지 분석 형식을 교육받았습니다. 하나는 구성 주체의 관점, 다른 하나는 궁극적인 단계의 경제 관계라는 관점에 따른 형식인데, 후자는 상부구조와 하부구조의 상호 작용과 이데올로기라는 개념을 사용하지요.

질문 그렇다면 그런 방법론적 맥락 속에서 당신이 선택한 계보학적 접근법은 어디에 위치합니까? 당신이 분석한 가능성의 조건, 양태, '대상'의 구성, 영역 등을 감안할 때, 어떤 것이 그런 접근법을 만들어내는 요인이 되었습니까?

푸코 나는 이런 구성의 문제를 구성 대상(광기, 범죄 등)과 관련짓기 보다는, 역사적 분석틀 안에서 해결하기를 원했습니다. 하지만 이 역사 적 맥락화는 현상학적 주체를 서로 관련짓는 것 이상의 작업을 필요로 했습니다. 저는 현상학자들이 주장하는 것처럼 주체를 역사화해서는 문제가 해결되지 않는다고 봅니다. 그들은 역사 과정을 통해서 주체가 진화한다고 거짓 주장을 하고 있습니다. 역사적 분석틀 안에서 주체를 정확하게 구성하려면 구성 주체, 그러니까 주체 자체를 배제해야 합니 다. 저는 이것을 계보학이라고 부릅니다. 지식, 담론, 대상의 영역 등이 어떻게 구성되는지 설명해주는 역사의 한 형태인 것입니다. 계보학은 주체에 대해서는 전혀 관심이 없습니다. 그것이 사건의 터전을 완전히 초월하는 개인이든 혹은 역사의 과정 속에서 매번 공허하게 똑같은 짓 을 되풀이되는 개인이든, 주체에 대해서는 관심이 없는 겁니다.

질문 마르크스주의 현상학과 특정 유형의 마르크스주의는 분명 은 막(영상을 비쳐주기도 하지만 시야를 가리기도 하는 것 _옮긴이) 겸 장애물로 작용했습니다. 오늘날 은막 겸 장애물로 작용하는 두 가지 개념이 있 는데 하나는 이데올로기이고 다른 하나는 억압입니다.

모든 역사가 이 두 가지 범주의 관점에서 사고되게 되었는데, 이데 올로기와 억압은 정상화, 성욕, 권력 등 다양한 현상에 의미를 부여해 왔습니다. 이 두 개념을 노골적으로 사용하든지 말든지 간에, 결국에 가서는 두 개념으로 돌아왔는데 하나(이데올로기)는 마르크스와 관련해 서 손쉽게 사용되었고 다른 하나(억압)는 프로이트가 평생 동안 즐겨 사용해온 것입니다.

이에 관해 저는 이렇게 말하고 싶습니다. 두 개념의 배후에는, 그리고 직간접적으로 이들 개념을 사용하는 사람들의 배후에는 일종의 향수(혹은 동경 _옮긴이)가 있습니다. 이데올로기라는 개념의 배후에는 모든 오류와 환상에서 벗어난, 거의 투명한 형태의 지식에 대한 동경이 깃들어 있고, 억압이라는 개념의 배후에는 모든 강요, 징벌, 정상화로부터 벗어난 형태의 권력에 대한 동경이 있습니다. 그러니까 기만이 없는 지식과, 강압이 없는 권력을 동경하는 거지요.

당신은 두 개념을 가리켜 부정적인 것, '심리적인 것', 엉성하게 분석적인 것이라고 했습니다. 당신의 저서《감시와 처벌Surveiller et punir: Naissance de la prison》(1975)이 두드러진 경우입니다. 이 책에는 두 개념이 폭넓게 논의되지는 않았지만, 이데올로기와 억압이라는 개념에 의존하는 전통적 설명을 훌쩍 뛰어넘는 분석이 들어 있습니다. 차제에 이 문제에 대한 당신의 생각을 좀 더 자세히 밝혀주실 수 있는지요?《감시와 처벌》의 발간으로 위의 두 개념에 내포된 온갖 부정성否定性과 심리주의를 벗어난 긍정적 의미의 역사가 생겨나는 것 같은데 말입니다.

푸코 제가 볼 때 이데올로기라는 개념은 다음 세 가지 이유 때문에 아주 조심스럽게 다루어야 합니다.

첫째, 좋든 싫든 그것은 진실이라고 간주되는 어떤 것에 대하여 늘 대립적 입장을 취합니다. 어떤 담론에 관해 중요한 문제는, 진실의 범주에 들어가는 것과 다른 범주에 들어가는 것을 칼같이 구분하는 것이 아닙니다. 그보다는 진실의 효과가 담론 내에서 역사적으로 어떻게 생산되었는지 살피는 것이 더 중요합니다. 사실 담론 그 자체만 놓고 보면 진실일 수도 있고 그렇지 않을 수도 있습니다.

둘째, 이데올로기라는 개념은 반드시 주체의 질서 속에 들어 있는 어떤 것을 가리킵니다.

셋째, 이데올로기는 그것의 하부구조, 그 물질적이고 경제적인 결정 요소 같은 기능을 발휘하는 어떤 것과 대비해볼 때 2차적 지위를 차지합니다.

이런 세 가지 이유 때문에 이데올로기는 아주 조심스럽게 다루어야 하는 개념이 됩니다.

억압이라는 개념은 이보다 더 음험한 것입니다. 그것은 권력의 효과에 속하는 광범위한 현상들과 너무나 잘 조응하기 때문에, 나 자신도 그 개념으로부터 해방되는 데 애를 먹었습니다. 《광기와 문명》을 쓸 때는 이 개념을 암시적으로 사용했습니다. 권력의 메커니즘과 정신의학이 억압하는 생생하고, 수다스럽고, 불안정한 광기가 분명 존재한다고 가정했던 것이지요. 하지만 지금에 와서는 억압이라는 개념이 권력의 생산적 측면을 적절히 파악하기에는 부적당하다는 생각이 듭니다. 그것은 권력의 효과를 규정하는 데 권력의 사법적 측면에 너무 치중하는 것입니다. 그러니까 권력을 '안 돼'라고 말하는 법률과 동일시하는 겁니다. 이 경우 권력은 금지의 힘을 지닌 것으로 인식됩니다. 권력을 부정적이고, 협의적이고, 의심스러운 개념으로 보는 겁니다. 이런 인식이 아주 널리 퍼져 있습니다.

만약 권력이 순전히 억압적인 것, '안 돼'라고 말하는 것뿐이라면 사람들이 그것에 순순히 복종하리라고 보십니까? 권력이 효력을 가지고 사람들에게 받아들여지는 이유는 '안 돼'라고 말하는 힘에만 의존하지 않기 때문입니다. 권력은 사회 전반에 걸쳐서 생산적인 네트워크 또한 형성하고 있는 겁니다.

《감시와 처벌》에서 제가 드러내려 했던 것은, 17세기와 18세기부터 억압이라는 개념은 권력의 효과를 규정하는 데 권력의 사법적 측면에 너무 치중하는 것입니다. 권력이 순전히 억압적인 것, '안 돼'라고 말하는 것뿐이라면 사람들이 그것에 순순히 복종하리라고 보십니까?

권력의 생산성에 놀라운 기술적 비약이 일어났다는 겁니다. 고전 시대의 군주제는 멋진 국가기구(군대, 경찰, 재무 부서 등)를 발전시켰을 뿐만 아니라, 소위 권력의 새로운 '경제'를 수립했습니다. 여기서 경제라는 것은 권력의 효과가 장애 없이 지속적으로 순환하게 만드는 절차를 가리키는 것인데, 이런 경제가 사회 안의 모든 사회적 단체 속에 '개인화'되었습니다. 이러한 새로운 기술은 예전에 비해 훨씬 더 효율적이면서 낭비는 적었습니다(경제적으로 비용도 덜 들어가고, 그 결과의 위험도가 더 낮았으며, 빠져나갈 구멍이나 저항의 가능성도 낮았습니다). 예전의 기술은 강제된 용인(특혜 인정과 범죄성 규정)과 비용이 많이 드는 허세('본보기' 용 징벌 같은, 권력의 극적이고 비연속적인 개입)에 의존하는 것이었습니다.

질문 억압은 특히 성욕과 관련하여 즐겨 사용된 개념입니다. 부르주아 사회는 성욕을 억압하고 성적 욕망을 짓눌렀습니다. 18세기에 수음 행위를 억압한 대대적 캠페인이나 19세기 후반 동성애를 비난한 의학적 담론, 혹은 성욕 전반에 대한 담론 등은 대표적인 억압의 담론이었습니다. 사실 이러한 담론은 일련의 전반적 간섭을 뒷받침했습니다. 감시, 유포, 통제 등 전략적이고 적극적인 간섭 행위들이 있었습니다. 이러한 간섭들은 억압처럼 보이는 기술 혹은 억압으로 해석될 수 있는 기술과 밀접한 관계가 있습니다. 수음을 억압한 캠페인이 그 대표적인 경우입니다.

푸코 그렇지요. 부르주아 사회는 소아 성욕을 지나치게 억압하여 그 존재를 아예 인정하지 않을 정도였지요. 프로이트의 학설이 등장하기까지 아이들도 성욕을 갖고 있다는 사실은 공개적으로 밝혀지지 않았습니다. 교육학이나 유아의학에 관한 지침서—18세기에 부모들을 위해 발간된 지침서들—을 읽어보면 유아의 섹스가 가능한 모든 맥락에서 끊임없이 언급됩니다. 이러한 담론의 목적은 정확하게 말해서 어린아이들로 하여금 성욕을 갖지 못하게 하려는 것이었습니다. 그러한 담론은 부모들의 머리에 다음과 같은 사실을 새겨 넣는 **효과**를 낳았습니다. 아이들의 섹스는 부모가 교육적으로 책임져야 할 근본 문제다. 또 아이들의 머릿속에다가는 아이들 스스로의 육체와 섹스에 대한 관계가 **자신들**에 관한 근본적인 문제임을 새겨 넣었습니다. 이렇게 한 결과 아이들은 자신의 육체에 대해 성적인 호기심을 갖게 되고, 어른들은 그런 유아 성욕의 위험을 두 눈 부릅뜨고 감시하게 되었습니다.

그 결과 유아의 신체를 성적性的인 것으로 만들고, 부모와 아이의 관계를 성적인 것으로 만들고, 나아가 가정의 영역을 성적인 것으로 만들었습니다. 이렇게 하여 '성욕'은 권력이 만들어낸 아주 긍정적인 생산물의 하나가 되었습니다. 권력이 그냥 섹스를 억압하기만 하지는 않았다는 얘기입니다.

나는 이런 긍정적 메커니즘이 좀 더 탐구되어야 할 필요가 있다고 봅니다. 권력의 성격을 언급할 때면 누구나 떠올리는 사법적(금지를 강요하는 _옮긴이) 도식 체계로부터 자유로워져야 합니다. 따라서 이런 역사적 발견의 문제가 발생합니다. 왜 서구는 권력 행사를 순전히 사법적이고 부정적인 것으로 보면서 기술적이고 긍정적인 것으로 보지 않았을까?

질문 권력이란 늘 사법적이거나 철학적인 거대 이론이 처방해주는 형태를 매개로 하여 존재하는 것이라고 여겨졌기 때문이 아닐까요? 또 권력을 행사하는 자와 그 권력의 지배를 받는 자 사이에는 근본적으로 메울 수 없는 간격이 있다는 생각도 한몫했을 테고.

푸코 저는 그것이 군주제와 밀접한 관계가 있다고 봅니다. 중세에는 봉건적 권력기관들 사이에 갈등이 만연했는데 그것을 진압하면서 군주제가 발전했습니다. 군주제는 일종의 심판, 전쟁·폭력·약탈에 종지부를 찍을 수 있는 권력, 그런 갈등과 개인적 불화에 '안 돼'라고 말할 수 있는 권력으로 등장했습니다. 군주제는 스스로에게 사법적·부정적 기능을 부여함으로써 존재 이유를 증명했는데, 물론 성립 즉시 월권을 하기 시작했습니다. 군주, 법률, 금지는 권력의 체계를 형성했고 그 체계는 이후 왕권신수설王權神授說에 따라 더욱 강화되었습니다. 정치 이론에서는 늘 군주 한 사람에게 강박적으로 집착했습니다. 이런 이론들은 오늘날에도 왕권 문제를 가지고 야단법석을 떨고 있습니다. 하지만 우리에게 필요한 정치철학은 왕권 문제나 법률과 금지의 문제를 중심적으로 파악하는 철학이 아닙니다. 우리는 왕의 머리를 잘라야 할 필요가 있습니다. 정치 이론에서는 이런 단두 작업이 아직 이루어지지 않았습니다.

질문 왕의 머리는 아직 잘리지 않았지만, 사람들은 이제 그 머리를 감시로 대체하려 하고 있습니다. 감시discipline는 17세기에 제도화한 시스템으로서 감시, 정상화, 통제 기능을 포함하고 얼마 뒤에는 징벌, 교정, 교육 같은 기능을 포함하게 됩니다.

이런 감시 체제가 어디서 온 걸까요? 왜 그런 게 등장했고 그 용도는 무엇일까요?

오늘날 그 등장 원인을 거대한 어금니(武力 _옮긴이), 전체주의적 주체, 곧 근대국가 탓으로 돌리고들 있습니다. 근대국가는 16세기와 17세기에 세워졌고 그와 함께 (고전 정치 이론에 따르면) 군대, 경찰, 행정 관료제를 가져왔습니다.

푸코 문제를 국가에 대한 관점으로 제기하는 것은, 곧 군주와 왕권 그러니까 사법적 관점으로 제기하는 것과 마찬가지입니다. 권력의 현상을 모두 국가기관에 따른 것으로 본다면, 권력을 본질적으로 억압적인 것으로 파악하는 셈입니다. 그러니까 군대는 죽음의 권력이고, 경찰과 법원은 징벌 권력이라고 파악하는 식입니다. 물론 이렇게 말한다고 해서 국가가 중요하지 않다는 얘기는 아닙니다. 단지 권력의 관계들, 그 관계들에 대한 분석은 반드시 국가의 범위를 넘어서야 한다는 것입니다. 여기에는 두 가지 이유가 있습니다.

첫째, 국가는 국가기구들이 엄청난 힘을 가지고 있음에도 권력 관계의 모든 분야를 점유하지 않습니다.

둘째, 국가는 이미 존재하는 다른 권력 관계들을 바탕으로 할 때에만 운영될 수 있습니다. 국가는 신체, 성욕, 가족, 친족 관계, 지식, 과학 기술 등에 스며들어 있는 전반적 권력 네트워크와 연관된 상부구조입

권력 관계에 대한 분석은 반드시 국가의 범위를 넘어서야 합니다. 국가는 신체, 성욕, 가족, 친족 관계, 지식, 과학기술 등에 스며들어 있는 전반적 권력 네트워크와 연관된 상부구조입니다.

니다. 이 네트워크는 일종의 '메타 권력'―몇 가지 대규모 금지 기능을 주축으로 구조화되어 있는 권력―을 상대로 조건을 형성하고 동시에 조건을 부여받는 관계를 맺게 됩니다. 이 메타 권력도 전반적 권력 네트워크 속에 뿌리를 내릴 때 비로소 안정되고 굳건해질 수 있습니다. 그래야 메타 권력은 거대한 부정적 권력 형태를 취할 수 있는 겁니다. 바로 이것이 제가 《감시와 처벌》에서 밝히려 했던 것입니다.

질문 그렇다면 국가를 혁명의 영원한 적수로 만들어온 이중적 정치 투쟁(국가를 권력의 실체로 본다면 권력을 상대로 투쟁할 때 국가에 맞설 수밖에 없으므로 사회 전반의 권력과 국가를 이중으로 상대해야 한다는 의미 _옮긴이)을 끝낼 수 있는 가능성이 열린 게 아닐까요? 이것은 국가를 적수로 상정하는 것보다 훨씬 더 넓은 범위의 투쟁이 되지 않나요?

푸코 이렇게 말씀드리고 싶군요. 국가는 전반적 권력 관계들을 집대성해서 그 기능을 발휘하도록 합니다. 그런데 혁명은 동일한 네트워크를 다른 유형으로 집대성하는 것입니다. 이것은 많은 다른 종류의 혁명이 있다는 뜻입니다. 거칠게 말해서, 권력 관계들을 파괴적으로 다시 집대성할 수 있는 가짓수만큼 혁명의 가짓수가 있는 겁니다. 그러다 보니 기존의 국가 운영에 바탕이 되었던 권력 관계들을 고스란히 남겨두는 혁명도 생각해볼 수 있습니다.

질문 당신은 권력을 연구 대상으로 삼으면서 클라우제비츠의 전쟁론을 뒤집어서, 정치는 다른 수단으로써 전쟁을 지속하는 것이라고 말했습니다. 당신의 최근 연구 결과에 따르면 이런 군사적 모델이 권력을 기술記述하는 가장 좋은 방법입니까? 그것은 단지 은유적 모델입니까, 아니면 실제적인 모델—권력 운영의 일상적인 방식—입니까?

푸코 그것이 지금 제가 직면한 문제입니다. 권력의 기술과 절차를 권력의 기반인 법제적 형태로부터 떼어내려고 하면, 우리는 이런 기본적 질문과 마주치게 됩니다.

권력은 그저 전쟁과 유사한 지배의 형태인가?

그렇다면 권력의 모든 문제를 전쟁과 연관 지어 생각해야 하는가?

권력이란 일종의 일반화한 전쟁이고, 어떤 특정한 순간에만 평화로운 국가 형태를 취하는가?

만약 이렇다면 평화는 전쟁의 한 형태가 될 것이고, 국가는 전쟁을 수행하는 한 가지 수단이 될 것입니다.

여기서 일련의 광범위한 문제가 제기됩니다.

누가 누구를 상대로 전쟁을 벌이는가?

그것은 두 계급의 전쟁인가, 아니면 여러 계급 사이의 전쟁인가?

영원한 전쟁이 수행되고 있는 이 시민 사회에서 군대와 군사적 기관들의 역할은 무엇인가?

정치 구조와 정치 과정을 분석하는 데에서 전술과 전략 개념은 어떤 상관관계를 갖는가?

권력 관계들의 본질과 변화 양태는 무엇인가?

이런 모든 질문을 탐구해야 합니다. 아무튼 사람들은 전쟁 같은 권력 관계나 계급투쟁에 대하여 얘기할 때, 그 뜻이 아주 자명하다는 듯이 말합니다. 어떤 전쟁을 말하는 것인지, 그 전쟁이 구체적으로 어떤 형태를 취하는지 분명히 밝히지 않고 말입니다.

질문 우리는 감시하는 권력, 그 효과, 규칙, 구성 양태 등을 논의했습니다. 그런데 당신은 이런 문제를 《감시와 처벌》에서 기술한 바 있습니다. 여기서 왜 감시인가 하는 질문을 던지고 싶습니다. 감시의 용도는 무엇입니까? 18세기에 나타난 현상인데, 인구라는 것이 과학적 탐구의 대상으로 등장했습니다. 사람들이 출생률, 사망률, 인구 변동 등을 조사하기 시작했습니다. 그래서 사상 처음으로 인구 동향을 제대로 알지 못하고서는 국가를 통치하기가 어려워졌습니다. 국가행정의 차원에서 이런 조사를 처음으로 조직한 M. 모오Moheau는 이 조사의 목표를 인구에 대한 정치적 통제라고 보았습니다.

이런 감시 권력은 저 혼자 힘으로 작동하는 것입니까, 아니면 인구라는 고정된 개념으로부터 뒷받침을 받는 겁니까? 제가 말하는 인구란 적정한 방식으로 스스로를 재생산하고, 일정한 규범에 의거하여 적정한 방식으로 결혼하며 적정한 방식으로 행동하는 사람들로 구성된 집단을 말합니다.

이렇게 본다면 한편으로는 인구라는 거대한 신체(관련된 일련의 전체 담론을 수반하는 신체body)가 있고, 다른 한편으로는 저기 저 아래쪽에 말 잘 듣는 개인들의 신체, 곧 감시하의 개별 신체microbodies of discipline

가 있습니다.

당신이 아직 이러한 연구의 초기 단계에 있다는 것을 압니다만 이런 두 가지 신체, 그러니까 인구라는 거대한 어금니 신체와, 개인이라는 미세한 신체들 사이에 생겨나는 관계들의 성격을 어떻게 보십니까?

푸코 당신의 질문은 정곡을 찔렀습니다. 현재 그 문제를 연구 중이기 때문에 대답하기가 어렵군요. 먼저 이런 사실을 명심해야 합니다. 17세기와 18세기에 근본적이며 기술적인 발명과 발견이 이루어졌고, 아울러 권력을 행사하는 새로운 테크놀로지가 개발되었습니다. 이것이 18세기 말에 수립된 새로운 정부 형태나 헌법 개혁보다 더 중요합니다. 좌파 진영에서 늘 하는 소리는 이런 것입니다. 권력은 (물질적인 것을 _옮긴이) 추상화하고, 신체를 부정하며 억압하고 탄압한다 운운.

하지만 제가 보기에, 17세기와 18세기 이래 도입된 권력의 새로운 테크놀로지에서 가장 현저한 측면은 이런 것입니다. 그것은 구체적이면서도 정밀한 특성을 가지고, 또 복합적이고 다양한 현실을 잘 파악하고 있습니다. 봉건 사회에서 권력은 기호signs와 징수levies에 의해 작동되었습니다. 봉건 영주에 대한 충성심, 의례, 예식 등이 그런 기호였고, 징세, 약탈, 사냥, 전쟁 등이 그런 징수였습니다.

17세기와 18세기에 사회적 생산과 사회적 서비스를 통해 힘을 행사하는 권력 형태가 탄생했습니다. 그러니까 개인들의 구체적 생활 속에서 생산적 서비스를 얻어내는 것이 곧 권력이었습니다. 따라서 권력의 실제적이고 효율적인 '구체화'가 절실히 필요해졌습니다. 권력은 개인들의 신체, 행위, 태도, 일상적인 행동 방식 등에 접근할 수 있어야 했습니다. 이 때문에 학교 훈육discipline이라는 방법이 중요해졌습니다.

17세기와 18세기에 사회적 생산과 사회적 서비스를 통해 힘을 행사하는 권력 형태가 탄생했습니다. 권력은 개인들의 신체, 행위, 태도, 일상적인 행동 방식 등에 접근할 수 있어야 했습니다.

그렇게 하여 어린아이의 신체를 고도로 복잡한 조종과 조건 형성 제도 속으로 편입시키는 데 성공했습니다. 동시에 권력의 이 새로운 기술은 인구라는 현상과 씨름해야 했습니다. 간단히 말해서 모여든 사람들의 덩어리에 대한 단속, 통제, 지도 등을 관리해야 했습니다(자본이 집중하는 경제 제도와 인구 집중을 통제하는 권력 제도는 17세기부터 불가분의 현상이었습니다). 이렇게 하여 인구 이동, 공중 보건, 위생, 주거 조건, 기대수명, 출생률 같은 문제가 생겨났습니다. 섹스 문제가 정치적으로 중요한 것은, 섹스가 신체에 대한 감시와 인구 통제, 이 두 가지가 교차하는 지점에 위치하기 때문입니다.

질문 마지막으로 전에 당신에게 여러 번 제기되었던 질문을 던지겠습니다. 당신이 하고 있는 연구, 당신의 주된 관심사, 당신이 도달한 결론 등은 날마다 벌어지는 정치적 투쟁에 어떤 쓸모가 있습니까? 당신은 전에 국지적인 투쟁을 가리켜, 권력과 대치하는 구체적 장소라고 말했습니다. 당이나 계급 같은 전 세계적·보편적 갈등의 장소와는 뚜렷이 구분되는 장소로서 말입니다. 이와 관련한 지식인의 역할은 무엇이라고 보십니까? 전 세계적 조직(당이나 계급 _옮긴이)의 대변자로 활동하는 '유기적' 지식인이 아닐 경우, 또 진리를 전달하는 스승으로 활동하지 않을 경우, 지식인은 어떤 위치를 차지하게 될까요?

푸코 오랫동안 '좌파' 지식인은 진리와 정의의 스승 자격으로 발언했고, 또 그런 발언을 할 권리가 있다고 여겨졌습니다.[1] 이 지식인은 보편적인 것의 대변자로서 발언해왔습니다. 사람들은 이 지식인의 말을 그런 것으로 들었습니다. 따라서 지식인이 된다는 것은 우리 모두의 의식/양심이 되는 일 같은 것이었습니다. 이런 생각은 마르크스주의, 한물 간 마르크스주의에서 나온 것입니다. 역사적 필연에 따라 프롤레타리아가 보편적인 것의 담지자이듯이(하지만 즉자적이고 사려가 부족한 담지자일 뿐 프롤레타리아는 자기 자신을 이런 담지자로 의식하지 못합니다), 지식인은 그의 도덕적·이론적·정치적 선택에 따라 구체적이고 세련된 형태로 이러한 보편성의 담지자가 되기를 원합니다. 이렇게 볼 때 지식인은 보편성의 분명하고 개별적인 형태로 여겨질 수 있는데, 그 보편성의 불분명하고 집단적인 형태가 프롤레타리아에게서 구현됩니다.

지식인들이 이런 역할을 수행하도록 요청받은 지 여러 해가 흘렀습니다. '이론과 실천의 연결'에 새로운 양상이 확립되었습니다. 지식인들은 '보편적인', '모범적인', '모든 사람에게 정의롭고 진실한' 양상의 차원에서 활동하는 것이 아니라, 어떤 특수한 분야, 특수한 접촉점(가령 거처, 병원, 강제수용소, 연구실, 대학, 가정과 성적인 관계 등)에서 활동하는 데 익숙해져왔습니다. 이것은 지식인들로 하여금 그들의 투쟁을 더욱 직접적·구체적으로 인식하게 만들었습니다. 그들은 여기서 구체적이고 '비보편적인' 문제—프롤레타리아나 대중의 문제와는 다른 것—을 만납니다. 그렇더라도 지식인들은 프롤레타리아 및 대중과 밀접한 관계를 갖고 있는데 거기에는 두 가지 이유가 있습니다.

과거에 보편적 의식이고 자유로운 주체였던 지식인은
국가나 자본에 복무하는 유능한 인재, 곧 기술자 ·
· 행정가 · 교사 등과는 대비되는 개념이었습니다.

첫째, 그것은 실제적이고, 구체적이고, 날마다 벌어지는 투쟁이기 때문입니다.

둘째, 지식인들은 비록 형태는 다르지만 프롤레타리아와 똑같은 적수와 대치하고 있기 때문입니다. 가령 다국적 기업, 사법기구와 경찰기구, 부동산 투기꾼 등이 그런 적수입니다.

이것이 제가 말하는 '국지적specific' 지식인으로서 '보편적universal' 지식인과는 구분됩니다.

이런 새로운 양태는 추가적인 정치적 의미를 띠고 있습니다. 그것은 지식인들로 하여금 전에는 서로 구분되어 있던 범주들을 통합하게 해줍니다. 과거에 지식인은 곧 저술가였습니다. 보편적 의식意識이고 자유로운 주체였던 지식인은 국가나 자본에 복무하는 **유능한 인재**, 곧 기술자 · 행정가 · 교사 등과는 대비되는 개념이었습니다. 각 개인의 구체적 활동이 정치화의 기반으로 복무하게 되면서부터, 지식인의 성스러운 표시였던 **글쓰기**의 문턱은 사라졌습니다. 서로 다른 형태의 지식들이 수평적으로 연결되는 것이 가능해졌고 정치화의 한 초점을 다른 초점으로 연결할 수도 있게 되었습니다. 행정가와 정신과 의사, 의사와 사회사업가, 실험실 기술자와 사회학자 등이 지식인의 정치화라는 세계적인 과정에 참여할 수 있게 되었습니다(각자의 분야에서도 참여할 수 있고 상호 교류와 지원을 통해서도 참여할 수 있게 되었습니다).

이러한 과정은, 비록 저술하는 지식인이 사라져가는 시대이기는 하지만, 대학과 학원이 '교환(혹은 교류 _옮긴이)을 담당하는 곳'으로 등장하게 된 배경을 설명해줍니다. 대학과 학원은 지식이 교차하는 지점에서 그런 교환기 구실을 하게 되었습니다. 오늘날 대학과 교육이 정치적으로 아주 민감한 영역이 된 것은 바로 이런 역할 때문입니다. 소위 '대학의 위기'라는 것은 권력의 상실로 해석될 것이 아니라, 권력 효과의 복합화 혹은 강화로 이해되어야 합니다. 대학은 그곳을 출입하는 지식인들의 다형적多形的 복합체인 까닭입니다.

우리가 1960년대에 목도한, 글쓰기에 대한 저 일련의 무자비한 이론화는 글쓰기가 이제 끝났다는 백조의 노래에 다름 아닙니다. 그것을 통해 저술가는 자신의 정치적 특권을 유지하려고 싸웠던 것입니다. 하지만 그건 바로 이론의 문제였고, 그는 과학적 근거를 어디선가(언어학, 기호학, 정신분석학 등에서) 가져와야 했습니다. 그래서 소쉬르나 촘스키 등에게서 이론의 근거를 빌려와야 했고 그러다 보니 아주 평범한 저술이 양산되었습니다. 이것은 저술가의 활동이 이제 그만 사태의 핵심에 있지 않다는 것을 증명합니다.

제가 볼 때 이 '국지적' 지식인상은 2차 대전 이후 등장했습니다. 보편적 지식인에서 국지적 지식인으로 이행하는 전환점에 핵 과학자(가령 오펜하이머)가 있습니다. 핵 과학자는 어떤 과학적 지식에 대해 직접적이면서도 국지적인 관계를 맺기 때문에 그것에 개입할 수 있습니다. 핵 위협이 전 인류와 세계의 운명에 영향을 미치기 때문에 그의 담론은 동시에 보편적 담론이 될 수 있습니다. 전 인류와 관련되는 이런 저항의 문제로 인해, 핵 전문가는 자신의 구체적 입장을 지식의 질서에 편입시킵니다.

이렇게 하여 사상 처음으로 지식인이 정치권력의 박해를 받게 되었습니다. 그것도 그가 주장하는 일반적 담론이 아니라 그가 아는 지식 때문에 말입니다. 바로 그 지식의 차원에서 그는 정치적 위협이 됩니다. 저는 여기서 서방 지식인들에 대해서만 말하고 있습니다. 소련에서 벌어진 일도 이와 유사하지만 많은 점이 다릅니다. 1945년 이래 서방과 사회주의 국가에서 벌어진 과학적 반체제 운동을 전반적으로 연구해볼 필요가 있습니다.

19세기와 20세기 초에 활약했던 '보편적' 지식인은 아주 구체적인 역사적 인물로부터 파생되어 나온 것입니다. 그는 정의와 법률의 사람, 곧 권력, 독재, 부의 압제와 오만에 저항하며 보편적인 정의와 공정한 법률의 이상을 주장한 인물이었습니다. 18세기의 위대한 정치투쟁은 법과 권리, 헌법을 놓고서, 보편적으로 적용될 수 있고 그렇게 적용되어야 하는 이치와 법률을 주장하는 것이었습니다. 오늘날 우리가 '지식인'이라고 부르는 사람은 법률가, 혹은 필요하다면 직업적인 법률가에 대항하여 공정한 법률의 보편성을 주장했던 사람의 후예입니다. 저는 여기서 사회적 의미가 아니라 정치적 의미의 지식인을 말하고 있습니다. 이 지식인은 정치투쟁의 장에서 자신의 지식과 능력을 발휘하면서 진리와 관계를 맺습니다(프랑스인 중에는 이런 지식인의 원조로 볼테르가 있습니다).

법률가나 저명인사에게서 파생된 '보편적' 지식인은 저술가로서 자신의 역량을 발휘하며, 모든 사람이 알아보는 가치와 의미의 담지자입니다. 반면에 '국지적' 지식인은 이와는 아주 다른 인물로 법률가나 저명인사가 아니고, 단지 자기 분야의 전문가 혹은 학자입니다. 앞에서 핵 과학자들이 바로 이런 지식인이라고 말했습니다. 사실 19세기 말부터 이런 지식인이 무대 뒤에 대기하고 있거나 아니면 무대 구석에 이미 등장해 있었습니다. 다윈 혹은 다윈 이후의 진화론자들이 뚜렷하게 모습을 드러낸 경우였습니다. 진화론과 사회주의자들 사이의 격정적인 관계, 진화론의 아주 애매모호한 효과(가령 사회학, 범죄학, 정신의학, 우생학 등에 미친 효과)는 한 가지 중요한 계기가 되었습니다. 학자가 '국지적인' 과학적 진리의 이름으로 현대의 정치투쟁에 개입하게 된 것입니다. 그가 내세우는 과학적 진리가 얼마나 중요한가는 차치하고 말입니다.

역사적으로 볼 때, 다윈은 서구 지성사의 한 굴절점point of inflection 입니다. (이런 관점에서 볼 때 프랑스 소설가 에밀 졸라는 아주 중요합니다. 그는 '보편적' 지식인에 속했고, 법률의 담지자이면서 공정성을 위해 싸운 전사였습니다. 그는 자신의 담론을 그 스스로 과학적이라고 믿었던 질병분류학과 진화론으로 무장했습니다. 하지만 그는 해당 분야의 과학적 지식이 빈약했고, 그 지식이 졸라의 담론에 미친 정치적 효과는 아주 불분명합니다.) 만약 이 문제를 더 면밀히 연구하고자 한다면 20세기 초의 물리학자들이 어떻게 정치적 논쟁의 영역에 재진입했는지 살펴보아야 합니다. 사회주의 이론가들과 상대성 이론가들의 논쟁은 이 역사에서 아주 중요합니다.

아무튼 생물학과 물리학은 이런 국지적 지식인이라는 새로운 인물 유형의 형성에 크게 기여했습니다. 경제적·전략적 영역에 기술적·과학적 구조가 편입됨으로써 국지적 지식인은 진정 중요한 존재가 되었습니다. 이런 새로운 기능과 직분을 가진 지식인은 이제 '천재 저술가'가 아닙니다. 그는 이제 모든 가치를 담지하고, 불의한 군주나 관료를 상대로 싸우고, 죽어서까지도 자신의 외침을 온 세상에 퍼뜨리는 존재

> 지금 '국지적' 지식인은 자신이 속한 분야에만 몰두하여
> 그 투쟁을 아주 사소한 수준에 머무르도록 하는 위험,
> 국지적 투쟁을 통제하는 정당이나 조합기구로부터
> 조종을 받을 위험에 처해 있습니다.

가 아닙니다. 그는 '절대적 학자'로서 다른 소수 학자들과 함께 생명을 이롭게 할 수도 있고 아니면 돌이킬 수 없을 정도로 파괴할 수 있는 권력—그가 국가에 봉사하든 혹은 저항하든—을 갖고 있습니다. 그는 영원한 가치를 주장하는 몽상가가 아니라 일상생활 속의 생과 사를 결정하는 전략가입니다. 사정이 이렇기 때문에 우리는 현재 '위대한 저술가'의 멸종을 경험하고 있습니다.

자, 이제 좀 더 구체적인 세부 사항으로 들어가 봅시다. 우리는 현대 사회의 기술–과학 구조의 발달과 함께 최근 몇십 년 동안 국지적 지식인의 중요성이 커졌음을 인정합니다. 이러한 과정은 1960년을 기점으로 가속화했습니다. 그런데 지금 '국지적' 지식인은 어떤 장애물을 만났고 또 어떤 위험을 마주하고 있습니다. 자신이 속한 분야에서 요구되는 일에만 몰두하여 그 투쟁을 아주 사소한 수준에 머무르도록 하는 위험, 그런 국지적 투쟁을 통제하는 정당이나 조합기구로부터 조종을 받을 위험에 처해 있습니다. 무엇보다도 국제적 전략이나 외부 지원을 갖추지 못해 이런 국지적 투쟁을 제대로 펼치지 못할 위험이 있습니다. 그러니까 그 투쟁에 사람들이 따르지 않거나 한정된 소수 집단만 참여하는 것입니다.

오늘날 프랑스에서 우리는 이런 사례를 목도하고 있습니다. 감옥,

형법 제도, 경찰-사법 제도의 개정을 위한 투쟁이 사회 활동가와 감옥 출소자들 사이에서만 '고립된 채' 이루어져서, 그런 운동을 확대해줄 수 있는 지원 세력과는 점점 절연되고 있습니다. 이 운동이 순진한 이데올로기만을 따르기 때문입니다. 그 이데올로기에 따르면 범죄자는 순진한 희생자, 순수한 반항자—사회의 희생양—이고 장차 혁명을 몰고 올 젊은 늑대라는 겁니다. 이런 19세기 후반의 아나키즘으로 복귀하게 된 것은 오늘날 유통되는 전략들을 제대로 통합하지 못했기 때문입니다. 그 결과 이 운동에는 커다란 균열이 가게 되었습니다. 운동을 하는 사람들이 단조로운 노랫가락을 계속 불러대니까 오직 소수 사람들에게만 그 노래가 들릴 뿐이고, 그러다 보니 일반 대중은 당연히 그것을 타당한 정치적 흐름으로 받아들이지 않게 되었습니다. 대중은 권력의 지속적인 세뇌로 범죄자에 대한 두려움을 지니고 있고, 따라서 현행 사법-경찰 기구의 유지, 강화를 용인하는 겁니다.

우리는 현재 국지적 지식인의 기능을 재고해야 할 시기에 와 있다고 봅니다. 위대한 '보편적 지식인'에 대한 향수도 강하고 새로운 철학, 새로운 세계관에 대한 욕구도 강하지만, 그래도 국지적 지식인의 기능을 재고해야지 아예 폐기해서는 안 됩니다. 왜냐고? 그에 대한 답변으로 정신의학 분야에서 성취된 중요한 결과를 살펴보면 충분할 것입니다. 이 분야에서 나온 성과는 국지적 투쟁이 오류가 아니며 막다른 골목에 도달한 것도 아님을 증명했습니다.

핵 과학자, 컴퓨터 전문가, 약리학자 등의 자격으로 떠맡게 된 정치적 책임 때문에 이제 국지적 지식인들은 점점 더 중요한 존재가 되고 있습니다. 다음과 같은 세 가지 이유를 들이대며 국지적인 권력 형태에 대한 그들의 특수한 관계를 정치적으로 평가 절하하려 드는 것은 커다란 오류가 될 것입니다.

첫째, 그건 전문가의 문제로서 일반 대중과는 상관없다(이것은 이중으로 잘못된 견해입니다. 대중은 그 문제를 잘 알고 있을 뿐만 아니라 이미 그 문제에 관련되어 있습니다).

둘째, 국지적 지식인은 국가나 자본의 이해에 봉사한다(이것은 사실입니다. 그러나 이는 동시에 그가 처한 전략적 위치를 보여줍니다).

셋째, 그는 과학적 이데올로기를 전파한다(이것은 언제나 진실은 아닙니다. 진정한 담론의 적절한 효과라는 근본적 문제에 견주어볼 때 2차적인 문제에 지나지 않습니다).

여기서 중요한 문제는, 제가 보기에, 진리는 권력과 무관하다거나 권력을 소유하지 않는다는 인식을 혁파하는 것입니다. 그 기능과 역사가 의심스러운 신화에 따르면, 진리는 자유로운 영혼에 대한 보답이고, 오래 견딘 고독의 자식이고, 자기 자신을 해방시키는 데 성공한 사람들의 특권이라는 것입니다. 이것은 사실이 아닙니다. 진리는 이 세상에서 나오는 것입니다. 그것은 복합적인 형태의 제약에 따라 만들어집니다. 그리고 그것은 권력의 주기적인 효과를 유도합니다. 각 사회에는 진리의 체제가 있고, 진리의 '일반 정치학'이 있습니다. 다시 말해 그 사회가 받아들여 진리로서 기능을 발휘하게 만드는 담론 유형이 있는 겁니다. 아울러 진실한 진술과 거짓된 진술을 구분하게 만드는 메커니즘과 사례, 각각의 진술을 재가하는 수단, 진리를 획득하는 과정에서 가치가 있다고 인정되는 기술과 절차, 어떤 진술을 참이라고 판정하는 사람들의 지위 등이 있습니다.

우리와 같은 사회에서 진리의 '정치경제학'은 다음 다섯 가지 중요한 특징을 갖고 있습니다.

첫째, '진리'는 과학적 담론 형태와 그 담론을 생산하는 기관들에 집중되어 있다.

둘째, 진리는 각종 경제적, 정치적 요구에 복종한다(진리라고 인정해 달라는 요구, 경제적 생산과 정치적 권력을 위한 요구 등).

셋째, 진리는 대량 확산과 소비의 대상이며 다양한 형태를 취한다(교육·정보 기구들을 통해 유통된다. 이런 기구들의 영향력은 엄격한 제약이 있지만 사회적 신체body에 널리 스며들어 있다).

넷째, 진리는 몇몇 거대 정치·경제 기구들(대학, 군대, 저술, 매체)의 배타적 혹은 주도적 통제에 따라 생산되고 전파된다.

다섯째, 진리는 정치적 토론과 사회적 대치의 산물이다('이데올로기적' 투쟁).

지식인을 정의할 때 중요한 것은 그가 '보편적 가치의 담지자'인가 여부는 아닌 듯합니다. 오히려 어떤 구체적 지위를 지닌 인물인가 하는 것입니다. 그의 구체성이 우리와 같은 사회에서 진리 기구의 일반적 기능과 어떻게 연결되어 있느냐는 겁니다. 이것을 좀 더 자세히 말하면 지식인은 다음 세 가지 구체성을 띱니다.

첫째, 그의 계급적 지위(자본에 봉사하는 프티부르주아인가 아니면 프롤레타리아에 봉사하는 '유기적' 지식인인가).

둘째, 그의 생활과 노동 조건(그의 연구 분야, 그가 속한 연구실 내의 지위, 대학이나 병원에서 그가 감수하거나 반발하는 정치적·경제적 요구 사항 등).

셋째, 우리 사회에 통용되는 진리 정치학의 구체성.

이 마지막 셋째 요인 때문에 지식인의 지위는 일반적인 의미를 획득하게 되고, 그의 국지적 투쟁은 그의 소속 분야를 넘어서는 파급 효과를 갖게 됩니다. 지식인은 우리 사회의 유지에 필수적인 진리의 체제라는 일반적 수준에서 활동하고 또 투쟁할 수 있습니다. '진리를 위한' 혹은 '진리를 둘러싼' 투쟁이 늘 벌어지고 있습니다. 제가 여기서 의미하는 진리는 '발견되고 받아들여지는 진리들의 조합'을 가리키는 것이 아닙니다. 오히려 '진실과 거짓을 구분하고, 권력의 구체적 효과를 진리에 붙들어 매는 규칙들의 조합'입니다. 따라서 지식인의 투쟁은 진리를 '위한' 투쟁이 아니고, 진리라는 지위 부여와 그것이 수행하는 경제적·정치적 역할에 관한 투쟁이라는 겁니다. 지식인의 정치적 문제를 '과학'과 '이데올로기'가 아니라 '진리'와 '권력' 차원의 관점에서 생각해야 합니다. 이렇게 하면 지식인의 전문화와, 지식인과 육체노동자의 구분도 새로운 방식으로 정립해볼 수 있습니다.

이 모든 것은 아주 혼란스럽고 불확실합니다. 불확실하기 때문에 지금까지 제가 한 말은 한 가지 가설로 취급되어야 합니다. 이러한 혼란을 조금이나마 줄이고자 다음 몇 가지 '명제'를 제시해볼까 합니다. 확고한 단언은 아니고 더 검증하고 평가해야 할 제안들입니다.

'진리'는 진술들(담론 _옮긴이)의 생산, 규제, 분배, 유통, 작동을 원활하게 만드는 규칙적 절차의 체계로 이해되어야 한다.

'진리'는 그것을 생산하고 지탱하는 권력 체계와 순환 관계로 연결되어 있으며, 그것이 유도하고 그것을 확대하는 권력 효과와도 연계되어 있다. 이것을 가리켜 진리의 '체제regime'라고 한다.

이 체제는 단지 이데올로기나 상부구조에 그치지 않는다. 그것은 자본주의를 형성하고 발달시키는 전제 조건이다. 약간 수정되기는 했지만 이와 똑같은 체제가 사회주의 국가에서도 작동한다(중국에 대해서는 잘 모르므로 판단을 유보하겠습니다).

지식인에게 핵심적인 정치적 문제는 과학과 연계된 이데올로기의 중요한 것은 권력의 체계로부터 진리를 해방하는 것이 아니라 진리의 권력을 각종 사회적, 경제적, 문화적 헤게모니 형태로부터 떼어내는 것입니다.

내용을 비판하는 것이 아닙니다. 자신의 과학적 실천에 정확한 이데올로기를 동반하는 것도 아닙니다. 그가 탐구해야 할 것은 새로운 진리 정치학을 구성할 수 있는 가능성입니다. 중요한 것은 사람들의 의식—혹은 그들의 머릿속에 들어 있는 것—이 아니라, 진리를 생산하는 정치적, 경제적, 제도적 체제입니다.

중요한 것은 권력의 체계로부터 진리를 해방하는 것이 아니라(진리가 이미 권력이므로 해방 운운은 환상입니다), 진리의 권력을 각종 사회적, 경제적, 문화적 헤게모니 형태—현재 이 안에서 진리가 작동합니다—로부터 떼어내는 것입니다.

요약하면, 정치적으로 중요한 문제는 오류, 환상, 소외된 의식, 이데올로기 등이 아닙니다. 문제는 진리 그 자체입니다. 따라서 니체의 사상이 중요해집니다.

주 석

1— 마지막 질문(지식인의 역할)에 대한 푸코의 답변은 서면으로 제출되었다.

5장

옴네스 에트 싱굴라팀
Omnes et Singulatim*

정치적 이성 비판을 향하여

미셸 푸코

Omnes et Singulatim
Toward a Critique of Political reason

첫 번째 강연

강연 제목에 좀 허세가 있다는 걸 압니다. 하지만 이렇게 제목을 붙인 이유가 곧 그것에 대한 변명도 됩니다. 19세기부터 서구의 사상은 정치 구조 속 이성의 역할—혹은 이성의 부재—을 비판하는 일을 게을리하지 않았습니다. 따라서 이런 방대한 프로젝트를 다시 꺼내든다는 것은 정말 부적절한 일일지 모릅니다. 하지만 예전에 이와 관련하여 많은 시도가 이루어졌다는 사실은, 새로운 시도가 그것들 못지않게 성공적일 수도 있음을 보장해줍니다. 물론 행운이 따라야겠지만 말입니다.

비록 이런 기치를 내걸기는 했지만, 내 프로젝트는 불완전한 스케치 혹은 초안에 지나지 않습니다. 철학은 이미 오래전에 과학적 이성의 무능함을 극복하려는 노력을 포기했습니다. 보수 작업을 그만둔 겁니다.

계몽사상의 과제 중 하나는 이성의 정치적 권력을 증대하는 것이었습니다. 하지만 19세기 사람들은 이성이 우리 사회에서 너무 강력해지지 않았는지 우려하게 되었습니다. 그들은 합리성을 강조하는 사회가, 개인과 개인의 자유(나아가 인류라는 종과 그 생존)에 위협이 되는 게 아닌가 우려했습니다.

달리 말해 칸트 이래 철학의 역할은 이성이 경험으로 알 수 있는 것의 범위를 넘어가지 않도록 하는 것이었습니다. 동시에 근대국가가 발달하고 사회의 정치적 관리 기술이 높아지면서, 철학의 역할은 정치적 합리성의 과도한 권력을 감시하는 것이 되었습니다.

누구나 이런 진부한 사실들을 알고 있습니다. 하지만 진부하다고 해서 그런 사실들이 없어지는 것은 아닙니다. 우리가 그런 사실들을 상대로 벌여야 하는 작업은 어떤 구체적, 원천적 문제들이 이런 진부한 사실과 관련되어 있는지 찾아내는 일입니다.

합리성(혹은 합리화 _옮긴이)과 정치권력의 남용 사이에는 분명한 상관관계가 있습니다. 관료 제도나 강제수용소 등은 이런 관계가 존재한다는 것을 분명하게 보여줍니다. 하지만 중요한 것은 이런 명백한 사실을 어떻게 분석하느냐입니다.

이성을 '심판'해볼까요? 내가 보기에 그것처럼 무의미한 일도 없습니다. 첫째, 이 분야에서는 유죄냐 무죄냐 여부가 아무런 상관이 없습니다. 둘째, 비이성의 반대되는 개념으로 '이성'을 제시하는 것도 무의미합니다. 셋째, 이러한 심판은 우리로 하여금 합리주의자와 비합리주의자를 가르는 임의적이면서도 따분한 일을 하도록 할 것이기 때문입니다.

계몽사상에서 연원해서 우리 근대 문화에서 구체적으로 발견되는 종류의 합리주의를 탐구해볼까요? 이것은 프랑크푸르트 학파의 몇몇 학자들이 해놓은 작업입니다. 이들의 작업이 중요하고 가치 있기는 하지만 여기서 그들의 저술을 논할 생각은 없습니다. 나는 합리화와 권력 사이에 존재하는 연결고리를 탐구하는 또 다른 방법을 제안하고자 합니다. 그것은 다음 세 가지로 요약할 수 있습니다.

1. 사회나 문화의 전반적 합리화를 다루지 말고 여러 분야, 가령 광기·질병·죽음·범죄·성욕 등 근본적 체험에 국한해 합리화 과정을 분석한다.

2. 합리화rationalization는 위험한 단어라고 생각한다. 사람들이 어떤 것을 합리화하려고 들 때의 중요한 문제는, 그들이 합리성의 원칙에 순응하는가 여부가 아니라 그들이 어떤 종류의 합리성을 찾아내는가이다.

3. 계몽사상이 우리 서구의 역사에서, 또 정치적 기술의 발전에서 중요한 단계였기는 하지만, 우리가 어떻게 하여 우리의 역사 속에 갇히게 되었는지를 이해하려면 그보다 더 옛적의 과정을 살펴보아야 한다.

이것이 내가 광기, 죽음, 범죄, 성욕, 기타 권력의 여러 테크놀로지 등을 분석하면서 작업을 진행해온 방식이었습니다. 내가 지금 작업하고 있는 주제는 개성의 문제, 혹은 '개인화하는 권력'의 문제와 관련되는 자기동일성self-identity입니다.

유럽 사회의 정치권력이 점점 더 중앙 집중 형태를 취하면서 발전해왔다는 것은 주지의 사실입니다. 역사가들은 지난 수십 년 동안 행정

기구와 관료 제도를 갖춘 국가 조직을 연구해왔습니다.

나는 여기서 하게 될 두 차례 강연을 통해 이런 권력 관계 속에 발생한 또 다른 종류의 변모를 분석하고자 합니다. 이러한 변모는 잘 알려져 있지 않습니다만 근대 사회에서는 중요하다고 봅니다. 물론 이러한 진화는 중앙 집중형 국가로 진화하는 데는 해로운 것이었습니다. 중앙 집중형 국가는 개인들을 지속적이고도 항구적으로 통제할 목적으로 권력 기술을 개발해왔기 때문입니다. 이러한 국가를 중앙 집중 권력의 정치 형태라고 한다면 목자牧者의 신분pastorship은 개인화한 권력이라고 할 수 있습니다.

오늘 밤 강연의 요지는 이 목자라는 권력 형태의 기원과, 고대사에 나타나는 몇몇 양상을 살펴보는 것입니다. 그리고 두 번째 강연에서는 이 목자권력이 어떻게 그 반대 개념인 국가권력과 합쳐지게 되었는지 살펴보겠습니다.

신, 왕, 지도자란 곧 양떼를 이끄는 목자라는 생각은 그리스인과 로마인에게는 낯선 개념이었습니다. 물론 예외도 있었습니다. 시기적으로 앞선 자료는 호메로스 서사시에서 발견되고 그 뒤의 것은 동로마제국의 문헌에서 발견됩니다. 이 문제는 나중에 다시 다루겠습니다. 대체로 말해서 양떼라는 비유는 그리스나 로마의 정치 문헌에는 나타나지 않습니다.

하지만 이집트, 아시리아, 유대 등 고대 동양 사회에서는 그렇지 않습니다. 파라오는 이집트의 목자였습니다. 파라오는 대관식 날 의례적으로 목자의 지팡이를 받았습니다. 그리고 '사람들의 목자'는 바빌로니아 군주의 정식 호칭 중 하나였습니다. 신 역시 인간들을 풀밭으로 데려가 먹여주는 목자였습니다. 이집트의 찬가에서는 라Ra를 이런 식으로 찬송합니다. "모든 사람이 잠들었을 때 그들을 보살피는 라여, 당신은 당신의 가축들에게 좋은 것만을 추구하나니……." 신과 왕은 똑같은 역할을 수행하기 때문에 이 둘의 밀접한 관계는 쉽사리 연상됩니다. 신과 왕이 보살피는 양떼는 똑같습니다. 목자인 왕은 위대하고 신성한 목자의 양떼를 위탁받습니다. 왕을 부르는 아시리아의 호소문은 이러합니다. "풀밭의 눈부신 벗이시여, 당신은 당신의 땅을 보살피고 먹이는, 모든 풍요를 이끄는 목자이십니다."

하지만 목자의 심상을 발전시켜 더욱 굳건하게 한 것은 히브리 사람들이었습니다. 그들은 그 과정에서 아주 독특한 특징도 개발했습니다. 오로지 신만이 히브리 사람들의 목자라는 것입니다. 여기에는 딱 한 가지 예외가 있습니다. 군주제의 창시자인 다윗은 유일하게 목자 칭호를 받았습니다. 신이 그에게 양떼를 모아들이라는 임무를 준 것입니다.

하지만 부정적 의미의 예외도 있었습니다. 사악한 왕들은 일관되게 나쁜 목자에 비유되었습니다. 그들은 양떼를 흩어지게 하고, 목말라 죽게 하고, 순전히 자신의 이익을 위해 양털을 깎았습니다. 야훼는 유일하고 진정한 목자입니다. 그는 오로지 자신이 보낸 예언자들의 도움을 받으면서, 친히 양떼를 인도했습니다. 시편은 이렇게 노래합니다. "양떼처럼 당신 백성을 모세와 아론의 손을 빌려 인도하셨습니다." 나는 이런 비유의 기원이나 유대 사상에서 진화되어온 과정을 살펴볼 생각은 없습니다. 단지 목자권력의 몇 가지 전형적 사례를 들었을 뿐입니다. 나는 이 목자 사상을 그리스 정치사상과 비교하면서, 이 주제가 기독교 사상과 후대의 제도에서 얼마나 중요한 역할을 했는지 보이려 합니다.

1. 목자는 땅보다는 양떼에게 권력을 휘두른다. 물론 사정은 이보다 훨씬 복잡하지만 넓게 보아 신, 땅, 히브리 사람들의 관계는 그리스인들의 그것과는 다르다. 그리스의 신들은 땅을 소유했고, 이런 일차적 소유가 인간과 신들의 관계를 규정한다. 반면에 히브리 문헌에서는 목자-신과 양떼의 관계가 더 근본적이고 중요하다. 땅은 신이 양떼에게 마련해주고 약속해주는 것이다.

2. 목자는 양떼를 모아들이고, 인도하고, 지시한다. 그리스 사상에서는 정치 지도자가 도시 내의 적대 관계를 진정시키고 갈등을 조정하여 봉합한다. 그러나 목자가 거두어들이는 것은 흩어진 개인들일 뿐이다. 양떼는 목자의 목소리를 듣고 모여든다. "내가 그들을 휘파람 소리로 모아들이리라." 반대로 목자가 사라지면 양떼는 자연 흩어진다. 달리 말해서 목자의 직접적인 현존과 행위가 양떼를 존재하게 만든다. 반면에 솔론 같은 그리스 법률가는 법률 제도가 잘 갖추어진 도시를 뒤에 남긴다. 그가 사라져도 도시는 존속한다.

3. 목자의 역할은 양떼의 구원이다. 그리스인들도 신이 도시를 구원한다고 말했다. 그리스인들은 유능한 지도자가 배의 키잡이가 되어 암초를 피하여 목적지로 배를 인도한다고 거듭 말했다. 하지만 목자가 양떼를 구원하는 방식은 아주 다르다. 위험이 닥쳐오면 양떼를 모두 구원하는 것은 물론이고 또 지속적이고 개인화된

자애를 베푼다. 목자는 양떼의 식량을 마련해주고 매일 그들의 목마름과 배고픔을 보살핀다. 그리스의 신은 비옥한 땅과 풍요로운 곡식을 제공하지만, 매일매일 양떼를 보살피는 일은 하지 않는다. 반면에 목자는 모든 양떼가 충분히 먹고 구원받도록 해주기 때문에 개인화된 자애를 베푼다. 히브리 문헌은 이런 개인적으로 자애로운 권력을 강조했다. 랍비들의 해석은 왜 야훼가 모세를 민족의 목자로 삼았는지 설명해준다. 그는 단 한 마리 잃어버린 양을 찾으려고 양떼를 떠났기 때문이다.

결국 중요한 것은 자애로움이다. 목자에게는 자신의 양떼를 위한 목표가 있다. 좋은 풀밭으로 인도하는 것, 혹은 우리로 잘 데려오는 것이다.

4. 또 다른 차이점은 권력 행사가 '의무'라는 사상이다. 그리스 지도자는 모든 사람의 이익을 위해 결정을 내렸다. 만약 그가 자신의 개인적 이익을 선호한다면 그는 나쁜 지도자가 될 것이다. 그의 의무는 영광스러운 것이었다. 설혹 그가 전쟁 중에 목숨을 잃더라도 그의 희생은 아주 고귀한 것 곧 영원불멸로 보상받는다. 그는 결코 잊히지 않는다. 이와는 대조적으로 목자의 자애는 '헌신'에 훨씬 더 가깝다. 목자가 하는 모든 일은 양떼의 복지에 관련된다. 그것이 목자의 지속적인 관심사이다. 양떼가 잠들면 **목자**는 감시한다.

감시한다는 주제는 중요하다. 목자의 헌신에 관한 두 가지 측면을 부각한다. 첫째, 그는 자신이 먹이는 양떼를 위해 행동하고, 일하고, 헌신한다. 둘째, 그는 양떼를 감시한다. 그는 양떼 전체와 양 한 마리 한 마리 모두에게 신경을 쓴다. 그는 양떼 전체를 세세히 알아야 한다. 그는 풀 많은 목초지의 위치, 계절의 법칙, 사물의 질서를 알고 있어야 할 뿐만 아니라, 양떼 각자의 특별한 필요를 알아야 한다. 출애굽기에 대한 랍비의 해석은 모세의 목자 자격을 이렇게 설명한다. 모세는 양을 각각 풀밭에 내보낸다. 먼저 가장 어린 양을 내보내 가장 부드러운 풀을 뜯게 한다. 이어 좀 더 나이 든 양을 보내 풀을 뜯게 하고, 마지막으로 가장 나이 든 양을 내보내 가장 질긴 풀을 뜯게 한다. 목자의 권력에는 이처럼 양 한 마리 한 마리에 대한 개별적 관심이 포함되어 있다.

이상이 목자-왕과 그 양떼의 관계를 기술한 히브리 문헌의 주제입니다. 하지만 예루살렘 함락 이전에 바로 이런 방식으로 히브리 사회에서 권력이 행사되었다고 주장하지는 않겠습니다. 또 이런 정치적 권력 개념이 일관된 것이라고 주장하지도 않겠습니다.

위에서 언급한 것들은 그저 주제일 뿐입니다. 그것도 역설적이고 심지어는 모순적인 주제지요. 중세와 근세에 들어와 기독교는 이 주제를 아주 강조했습니다. 역사상 우리 사회—고대 말기에 유럽 대륙 서쪽에서 생겨난 사회들—는 가장 공격적이고 정복욕이 강한 사회였습니다. 스스로를 상대로 혹은 다른 사회를 상대로 엄청난 폭력을 휘둘렀습니다. 이들 사회는 아주 많고 다양한 정치 형태를 발명했고, 법적 구조를 여러 번 근본적으로 바꾸었습니다. 소수 목자를 내세워 가능한 많은 양떼를 다스리는 기이한 권력의 테크놀로지를 발전시켰습니다. 이렇게 하여 이들 사회는 일련의 복잡하고, 지속적이고, 역설적인 관계들을 정립했습니다.

이것은 역사상 아주 독특한 현상입니다. 인간들을 관리하는 데 '목자 테크놀로지'가 개발된 일은 고대 사회의 구조를 크게 파괴했습니다.

이러한 파괴의 중요성을 더 잘 설명하기 위해 아까 그리스인들에 대해 말했던 부분으로 다시 돌아가 보겠습니다. 이에 대해 반대 의견이 있을 수 있습니다.

한 가지 반대 의견은 호메로스의 서사시가 왕들을 가리킬 때 목자 비유를 사용한다는 것입니다. 《일리아드》와 《오디세이》에는 포이멘 라온(poimēn laon: 사람의 목자)이라는 표현이 여러 번 나옵니다. 이것은 지도자를 수식하는 말로서 그들의 장엄한 권력을 강조하는 것입니다. 또한 후대의 인도-유럽 문헌에도 의례적 칭호로서 이러한 표현이 흔하게 나옵니다. 따라서 고대 아시리아 문헌에서처럼 고대의 서사시에서 이런 칭호가 발견되는 것은 그리 놀라운 일이 아닙니다.

문제는 그리스 사상과 관련해서 제기할 수 있습니다. 바로 피타고라스 학파의 문헌에 목자 모델이 언급되어 있습니다. 목자 비유가 아르키타스의 《파편들》에 등장하고 이것을 스토베우스가 인용한 바 있습니다. 노모스(nomos: 법률)라는 말은 노메우스(nomeus: 목자)와 관련이 있습니다. 목자는 나누어주고, 법률은 배당하는 것이지요. 제우스는 양떼에게 양식을 나누어주기 때문에 노미오스Nomios 혹은 네메이오스 Nemeios라고 불렸습니다. 마지막으로 행정가는 필란트로포스 philanthrōpos 곧 이기심이 없는 자, 목자처럼 열성적이고 헌신적인 사람이어야 했습니다.

아르키타스의 《파편들》을 편집한 독일의 B. 그루베Grube는 이것을 가리켜 히브리의 영향이 그리스 문헌에 나타난 유일한 경우라고 지적

했습니다. 아르망 들라트Delatte, Armand를 비롯한 다른 논평가들은 신, 행정가, 목자를 연관 짓는 비유가 그리스에서는 아주 흔했다고 말합니다. 따라서 이것은 깊이 생각해볼 문제가 아닙니다.

나는 정치 관련 문헌에만 집중하겠습니다. 연구 결과는 명확합니다. 정치와 관련된 목자 비유는 이소크라테스Isocrates(서기전 436~서기전 338), 데모스테네스(서기전 384~서기전 322?), 아리스토텔레스(서기전 384~서기전 322) 등의 문헌에 전혀 등장하지 않습니다. 이소크라테스가 《아에로파기티쿠스Aeropagiticus》*에서 행정가의 의무를 강조한 점을 감안하면 다소 놀라운 일입니다. 그는 헌신과 젊은 사람들에 대한 관심 표명을 강조했지만, 목자를 뜻하는 표현은 한마디도 하지 않았습니다.

대조적으로 플라톤은 행정가를 목자로 종종 표현했습니다.《크리티아스Critias》,《공화국》,《법률》에서도 목자를 언급했고,《정치가》에서는 아주 자세히 설명했습니다.**앞의 세 책에서는 목자 주제가 다소 종속적입니다. 신들이 직접 인간을 다스리고 인간들이 풍요로운 풀밭에서 풀을 뜯던 행복한 시절이 때때로 그려집니다(《크리티아스》). 또 트라시마코스Thrasymachos의 악덕에 대비되는 미덕이 행정가들의 필수 사항이라고 언급됩니다(《공화국》). 그리고 종속적 위치에 있는 행정가의 역할을 언급하는데, 행정가들은 감시견과 마찬가지로 '저울의 맨 꼭대기에 있는 사람들'에게 복종해야 합니다(《법률》).

* 아에로파구스(Areopagus)는 '아레스의 바위'라는 뜻으로, 아테네의 아크로폴리스 북서쪽에 있는 지명이다. 고대 아테네에서는 여기서 열리는 재판정에서 고발과 변론이 이루어졌다. 이소크라테스는 이 재판정의 권한을 복구하고자 했다ㅡ위키피디아 참조.
** 《크리티아스》,《공화국》,《법률》,《정치가》는 모두 플라톤의 '대화편'에 속하는 작품이다.

하지만 《정치가》에서 목자권력은 핵심적 문제이고 그래서 길게 다루어져 있습니다. 도시의 의사결정권자나 명령을 내리는 자가 일종의 목자로 규정될 수 있는가?

플라톤의 분석은 잘 알려져 있습니다. 이 문제를 해결하고자 그는 구분하는 방법을 사용했습니다. 비활성 물질에 명령을 내리는 자(가령 건축가)와 동물에게 명령하는 자, 그리고 고립된 동물에게 명령을 내리는 자(가령 황소에게 멍에를 지우는 자)와 동물의 무리에 명령을 내리는 자, 그리고 가축 떼에게 명령을 내리는 자와 인간의 무리에 명령을 내리는 자로 구분했습니다. 맨 마지막에 나오는 것이 정치 지도자 곧 인간의 목자입니다.

하지만 이런 첫 번째 구분은 불만족스러운 것이었습니다. 그것을 좀 더 세분해야 했습니다. 인간을 다른 동물들과 대비한다는 것은 그리 좋은 생각이 아니었습니다. 그래서 대화는 처음부터 다시 시작되고 일련의 구분이 정립됩니다. 야생동물과 사육동물, 물에서 사는 동물과 뭍에서 사는 동물, 뿔을 가진 동물과 뿔이 없는 동물, 발굽이 갈라진 동물과 그렇지 않은 동물, 상호 생식이 가능한 동물과 그렇지 않은 동물 등. 그리하여 대화는 끝없는 세분으로 산만하게 흘러갑니다.

이렇게 첫 번째 구분과 두 번째 구분이 실패로 끝난 것은 무엇을 의미합니까? 정확하게 운영하지 않으면 그런 구분 방법은 아무것도 증명하지 못합니다. 정치권력을 목자와 양떼의 관계로 분석하려는 생각은 당시에 이미 논란의 여지가 있는 것으로 여겨졌음을 보여주는 겁니다. 정치가의 본질을 파악하려던 대화 참가자들은 목자와 양떼의 관계는 그럴듯하지 않다고 생각했을지 모릅니다. 어쨌든 그런 식으로 정치가의 본질을 파악하는 것이 당시 흔한 일이었을까? 아니면 플라톤은 피타고라스의 주제 중 하나를 논의한 것일까? 같은 시대의 다른 정치 문헌에는 목자 비유가 없는 것으로 보아 후자의 가정이 더 그럴듯해 보입니다. 하지만 우리는 이에 대한 논의를 열린 상태로 놔두고자 합니다.

나의 개인적 탐구는 플라톤이 목자 주제를 《정치가》의 나머지 부분에서 반박한 사실에 집중합니다. 그는 먼저 방법론적 논증으로 반박에 나서고, 이어 세상이 한 축을 중심으로 돌고 있다는 저 유명한 신화를 가지고 반박합니다.

방법론적 논증은 아주 흥미롭습니다. 왕이 목자냐 아니냐는 어떤 종의 인간들이 양떼가 되느냐에 따라 결정되는 것이 아니고, 목자가 하는 일을 분석함으로써 결정된다는 것입니다.

목자의 일은 어떤 특징이 있을까요? 첫째, 목자는 양떼의 선두에 선 사람입니다. 둘째, 그의 일은 양떼에게 양식을 제공하고, 아플 때 간호해주고, 무리를 한데 모으기 위해 음악을 연주하고, 길을 인도하고, 훌륭한 자손을 보도록 그들 사이의 교제를 주선하는 것입니다. 동양의 문헌에 나오는 전형적인 목자 비유가 바로 이렇습니다.

이에 비해 왕의 일은 어떤 것일까요? 왕은 목자와 마찬가지로 그 도시(국가 _옮긴이)의 선두에 섭니다. 하지만 그 나머지 일은 다른 사람이 합니다. 누가 사람들에게 음식을 제공합니까? 왕입니까? 아닙니다. 농부와 빵 굽는 사람입니다. 아프면 누가 돌봅니까? 왕입니까? 아닙니다. 의사가 합니다. 누가 음악으로 사람들을 지도합니까? 왕이 아니라 김나시아르코스*입니다. 따라서 많은 시민이 '인간의 목자'라는 칭호를

---

* 고대 아테네의 운동선수 양성 책임자. 아테네 외부에서는 체육과 문학 교육 책임자를 가리켰다─위키피디아.

들을 자격이 있습니다. 인간 무리의 목자에게 많은 경쟁자가 있듯이, 정치가도 그러합니다. 따라서 우리가 정치가의 진정한 본질이 무엇인지 알아내고자 한다면, '그것을 둘러싸고 있는 (정보의 _옮긴이) 홍수'를 잘 헤쳐서 정치가가 어떤 측면에서 목자가 **아닌지**를 증명해야 합니다.

그래서 플라톤은 세상이 두 가지 연속적이고 모순적인 운동을 하면서 축을 중심으로 돌고 있다는 신화를 끄집어냈습니다.

첫 단계에서, 각종 동물이 비범한 목자가 이끄는 무리에 소속됩니다. 인간의 무리는 신이 인도합니다. 그들은 지구의 과실을 마음껏 즐깁니다. 한 곳에 머무를 필요는 없습니다. 죽은 뒤에 인간은 다시 환생합니다. 여기에 아주 중요한 문장이 추가됩니다. "신이 그들의 목자이기 때문에 인류는 정치적 제도가 필요하지 않았다."

두 번째 단계에서 세상은 정반대 방향으로 움직입니다. 신들은 이제 인간의 목자가 아닙니다. 인류는 불이 주어졌기 때문에 스스로 돌보아야 합니다. 그렇다면 정치가의 역할은 무엇일까요? 그가 신을 대신하여 목자 노릇을 할까요? 전혀 그렇지 않습니다. 그의 일은 도시 전체에 강력한 조직을 구축하는 것입니다. 정치가의 역할은 양식 제공, 간호, 자녀 출산 등을 돌보는 것이 아니라 사회의 구성원을 한데 묶는 것입니다. 여론이라는 '베틀 북'을 사용하여 서로 다른 미덕과 정반대되는 기질들(격렬하거나 온순하거나)을 함께 짜 넣는 거지요. 통치라는 고상한 기술은 사람들을 결집시켜 '화합과 우정에 바탕을 둔 공동체'를 만드는 것입니다. 이렇게 해서 정치가는 '아주 훌륭한 피륙'을 짜는 것이지요. 그리하여 도시의 모든 인구 곧 '노예와 자유민 등을 그 피륙으로 감싸는 것'입니다.

《정치가》는 고전 시대의 저작 중에 목자직pastorate이라는 주제를 아주 체계적으로 다룬 책입니다. 그리고 목자직은 나중에 기독교가 지배한 서유럽에서 아주 중요한 주제가 되었습니다. 당초 동양의 주제였던 것이 플라톤의 시대에 중요한 탐구의 대상이 되었습니다. 하지만 그 주제가 논박의 대상이었다는 점을 강조하겠습니다.

하지만 전적인 반박의 대상은 아니었습니다. 플라톤은 의사, 농민, 김나시아르코스, 교육자 등이 목자로서 활약한다는 사실을 인정했습니다. 하지만 이들이 정치가로서 활동한다는 생각은 거부했고 그것을 명백하게 말했습니다. 정치가가 무슨 시간이 있어서 각 개인을 먹여주고, 음악을 들려주고, 아플 때 간호해주겠는가? 황금시대에나 그렇게 할 수 있었을 것이다. 또 어떻게 정치가가 의사나 교육자처럼 소수 개인의 생활과 발전을 책임질 수 있겠는가?

신과 평범한 사람 사이에 위치한 정치가는 목자가 아닙니다. 개인들로 구성된 집단의 생활을 돌보는 것이 정치가의 일은 아닙니다. 그의 일은 도시의 통합을 구축하고 그것을 계속 확보하는 것입니다. 간단히 말해서 정치 문제는 도시와 그 시민들로 이루어진 틀 안에 있는 일—과 다多의 관계입니다. 반면에 목자직은 각 개인의 생활에 관계합니다.

이 모든 얘기가 다소 막연하게 들릴지 모르겠습니다. 내가 이처럼 고대의 문헌을 들추는 것은 이 문제—혹은 이러한 일련의 문제들—가 아주 오래전부터 제기되었다는 것을 보이기 위해서입니다. 이 문제는 서양의 역사 전반에 걸쳐 있습니다. 그리고 현대 사회에서도 여전히 중요한 문제입니다. 이 문제는 결국 정치권력과 목자직 사이의 관계입니다. 정치권력은 통합의 법적 틀로서 국가 내에서 작용하는 힘이고, 이른바 '목자직'은 각 개인의 생활을 안전하게 해주고, 지탱하고,

개선하는 역할을 맡는 것입니다.

이른바 '복지국가 문제'는 오늘날에 구사되는 새로운 통치 기술을 잘 알려주었습니다. 우리는 이 기술의 정체를 알아야 합니다. 그것은 법적 주체에게 행사되는 정치권력과, 각 개인에게 행사되는 목자권력이 교묘하게 결합한 형태입니다.

나는 기독교권에서 목자권력이 어떻게 진화해왔는지 파헤칠 생각은 없습니다. 그 진화를 따져보는 것은 엄청난 작업이 될 것입니다. 그리스도를 '착한 목자'로 지칭하는 등의 교리 문제부터, 교구 조직이나 목자의 책임이 신부와 주교 사이에 공유되는 방식 등 제도 문제에 이르기까지 엄청난 문제가 제기될 것입니다.

여기서 내가 하고자 하는 것은, 권력의 테크놀로지인 목자직이 진화하는 과정에서 나타난 두세 가지 중요한 특징을 살펴보려는 겁니다.

먼저 크리소스토무스*, 키프리아누스**, 암브로시우스***, 히에로니무스**** 등의 고대 기독교 문헌과, 카시아누스*****나 베네딕토****** 등의 수도 생활 관련 문헌을 살펴봅시다. 히브리 주제가 다음 네 가지 방향으로 상당히 변주되어 있습니다.

---

*   Chrisostomus, Johannes(349경~407). 초기 기독교의 교부이자 콘스탄티노폴리스 대주교. 동방교회가 선포한 첫 번째 교회학자(doctor of the church, doctor ecclesiae, 혹은 교회박사) 중 한 명이다. 교회학자는 교의상 교회에 큰 기여를 한 학자에게 부여된 칭호로, 교황이나 세계공의회가 정해서 선포한다. 서방교회에서는 1298년 처음으로 암브로시우스, 아우구스티누스, 히에로니무스, 교황 그레고리오 1세를 교회학자로 선포했고, 동방교회에서는 크리소스토무스, 대(大) 바실리우스, 나치안츠의 그레고리우스, 그리고 후에 아타나시우스가 교회학자로 선포되었다─위키피디아, 두산백과.

**   Cyprianus, Thascius Caecilius(?~258). 카르타고의 주교로 초기 기독교 시대의 중요한 저술가─위키피디아.

***   Ambrosius, Aurelius(대략 337이나 340~397). 밀라노의 주교로 서방교회에서 선포한 첫 번째 교회학자 네 명 중 한 명이며, 4세기 기독교에서 가장 영향력 있는 인물이었다─위키피디아.

****   Hieronymus, Eusebius(347경~419/420). 암브로시우스·그레고리오 1세·아우구스티누

1. 먼저 책임에 관한 것입니다. 우리는 앞에서 목자가 양떼 전체와 양들 각각의 운명을 책임진다고 보았습니다. 기독교 사상에서, 목자는 각 개인의 안전을 책임질 뿐만 아니라 그 개인들의 모든 행동, 그들이 저지를 수 있는 선과 악, 그들에게 벌어지는 모든 것에 대해 책임을 집니다.

더욱이 기독교는 양들 각각과 목자 사이에다 죄악과 공로의 복잡한 교환/유통 체계를 설정했습니다. 양떼의 죄악은 목자의 책임입니다. 그는 최후의 심판 때 그에 대해 책임을 져야 합니다. 반대로 양떼에게 구원의 길을 발견하게 해주면, 목자 자신도 그로 인해 구원을 받게 됩니다. 하지만 양떼를 구원하느라 목자 자신은 길을 잃어버릴 가능성이 있습니다. 그래서 목자가 자기 자신을 구원하고 싶다면, 남을 위해 자기 자신을 희생하는 모험을 걸어야 합니다. 만약 그가 길을 잃어버리면 가장 큰 위험을 떠안게 되는 것은 양떼입니다. 여기서 이런 역설은 잠시 접어두기로 합시다. 내 목적은 목자와 양들 각각을 묶어주는 도덕적 유대의 힘과 복잡성을 강조하려는 것이니까요. 내가 여기서 특히 강조하고 싶은 것은 이런 유대가 개인의 삶뿐만 아니라 그의 세세한 행동에까지 관련된다는 겁니다.

스와 함께 라틴 4대 교부로 일컬어진다. 그리스어 역본인 70인역성서를 토대로 히브리어 성서를 라틴어로 번역하여, 현재 로마가톨릭교회에서 사용하는 성서(불가타성서)의 최초 판본을 만들어냈다—두산백과, 브리태니커백과 참조.
***** Cassianus, Jo(h)annes Eremita(360경~435). 지금의 루마니아 지역인 스키티아 태생 수도사. 카스토르 주교의 권유를 받아 쓴 두 가지 방대한 저서가 오늘날에도 수도 생활의 모범 지침서로 여겨진다. 《제도집Institutiones》(12권)과 《담화집Collationes》(24권)이 그것이다—두산백과, 위키피디아 참조.
****** Benedictus von Nursia(480경~550경). 베네딕토수도회의 창설자. 그가 세운 몬테카시노 수도원에서 완성한 수도원 개혁안과 수도회 회칙이 이후 많은 가톨릭 수도회에 영향을 미쳤다—두산백과 참조.

2. 두 번째 중요한 변화는 복종의 문제입니다. 히브리 사상에서 신
은 목자이고, 그를 따르는 양떼는 그의 의지와 법률에 순종합니
다.

반면에 기독교에서는 목자-양 관계를 개인이 완전히 의존하는
관계라고 생각합니다. 이것은 기독교 목자직이 그리스 사상과 크
게 다른 점 중 하나입니다. 만약 그리스인이 복종을 해야 한다면
그건 법으로 강제되거나 도시의 의지가 정한 일이기 때문입니다.
만약 그가 어떤 특정인(의사, 웅변가, 교육자)의 의지를 따랐다면, 그
특정인이 그를 설득했기 때문입니다. 그리고 치료, 웅변술 획득,
최선의 선택 등 더 긴요한 목적이 있기 때문입니다.

기독교에서 목자와 양의 유대는 개인적인 것입니다. 그것은 목자
에 대한 개인적 복종입니다. 그의 의지에 따르는 것은 그게 법률
과 일치해서가 아니라 오로지 그의 **의지**이기 때문입니다. 카시아
누스의 《제도집》을 보면 많은 구체적 사례가 있습니다. 수도자는
상급자의 황당한 지시를 수행함으로써 구원을 찾는다는 것입니
다. 여기서 복종은 미덕입니다. 복종이 그리스인의 경우처럼 잠정
적 수단이 되는 게 아니라 목적 그 자체가 됩니다. 그런 상태가 지
속됩니다. 양은 항구적으로 목자에게 복종해야 합니다. 수브디티
(subditi: 예속된) 존재인 겁니다. 성 베네딕토가 말했듯이 수도자는
각자의 자유 의지에 따라 살지 않습니다. 그들은 수도원장의 명령
에 따라야 합니다. 암불란테스 알리에노 유디키오 에트 임페리오
(ambulantes alieno judicio et imperio: 다른 사람의 법률과 명령에 따라 탁
발하는 자)였습니다. 그리스정교회는 이런 복종 상태를 아파테이아

apatheia라고 불렀습니다. 이 낱말의 의미가 진화한 과정은 의미심장합니다. 그리스 철학에서 아파테이아는 인간이 이성을 발동하여 자신의 열정을 억제하는 것을 의미합니다. 기독교 사상에서 파토스pathos는 개인이 자기 자신을 상대로 발휘하는 의지를 말합니다. (그리스정교회의 _옮긴이) 아파테이아는 이런 의지가 없는 상태입니다.

3. 기독교의 목자직은 목자와 개별 양 사이에 특별한 유형의 지식이 있음을 전제합니다.

이 지식은 특정한 것입니다. 그것은 개인화합니다. 양떼의 상태를 아는 것만으로는 충분하지 않고, 양떼 각자의 상태도 알아야 합니다. 이것은 기독교 목자직이 확립되기 훨씬 전부터 있어온 오래된 이야기입니다. 하지만 세 가지 다른 방식으로 크게 확대되었습니다. 첫째, 목자는 각자의 물질적 필요를 알아내어 필요할 때마다 그것을 제공합니다. 둘째, 개별 양이 무엇을 하고 있는지, 무슨 공적인 죄악을 짓는지 알아야 합니다. 끝으로 가장 중요한 것은, 개별 양의 영혼 속까지 들어가서, 은밀한 죄악을 지은 게 있는지, 거룩한 길로 얼마나 나아갔는지 아는 일입니다.

이런 각 개인에 대한 지식을 확보하기 위해 기독교는 헬레니즘 세계에서 이미 작동했던 두 가지 방법을 채택했는데 하나는 자기반성이고 다른 하나는 양심의 인도입니다. 기독교는 이들 방법을 상당히 고쳐서 받아들였습니다.

자기반성은 피타고라스 학파, 스토아 학파, 에피쿠로스 학파에서 널리 채택했던 것으로서 개인이 매일 자신의 의무를 잘 수행했는지 점검하는 수단이었습니다. 이렇게 하여 자기 열정을 통제하고 완성(자기극복)으로 나아가는 진도를 평가했습니다. 양심의 인도도 특정 문화권에 잘 알려진 방법이었고, 주로 장례나 고난을 겪을 때처럼 특별히 까다로운 상황에서—때로는 보수를 받고—해주는 조언이었습니다.

기독교 목자직은 이 두 가지 행위를 밀접하게 연결시켰습니다. 양심의 인도는 지속적인 구속을 의미했습니다. 양떼는 인도를 받아야만 험난한 길을 잘 빠져나올 수 있고, 그 과정에서 매 순간 인도를 받아야 한다는 겁니다. 인도를 받는 것은 항구적인 상태였습니다. 그 인도를 벗어나려고 하면 치명적으로 길을 잃어버리는 겁니다. 이럴 때 늘 인용되는 문구는 이렇습니다. "인도를 받지 아니하는 자는 죽은 풀처럼 시들리라."

자기반성의 목적은 자기 자신을 스스로 더 잘 아는 데 있지 않았습니다. 오히려 목자에게 자기 자신을 완벽하게 드러내는 데 있었습니다. 곧 영혼의 깊은 곳을 목자에게 다 보여주는 것입니다. 서기 1세기경의 금욕주의 문헌이나 수도원 자료 중에는 인도와 자기반성을 연결 지은 것이 많습니다. 이런 문헌들은 이러한 기술이 기독교에 얼마나 중요한지, 또 얼마나 정교하게 가다듬어졌는지 보여줍니다. 여기서 내가 강조하고 싶은 것은 이런 것입니다. 이 두 가지 기술은 그리스-로마 문명에서는 매우 기이하게 여겨질 만한 현상이 등장했음을 보여줍니다. 그것은 완전한 복종, 스스로에 대한 앎, 다른 사람에 대한 고백을 하나로 묶는 현상입니다.

4. 또 다른 변화가 있습니다. 이것이 가장 중요할지 모릅니다. 자기 반성, 고백, 인도, 복종 등을 강조하는 기독교의 기술은 한 가지 목적을 갖고 있습니다. 그것은 각 개인으로 하여금 이 세상에서 '금욕'을 하도록 만들려는 것입니다. 금욕은 물론 죽음은 아니지만 이 세상과 자기 자신을 포기하게 만드는 것으로, 일종의 날마다 죽는 행위입니다. 그러니까 저 세상에서 생명을 부여해준다는 죽음입니다. 목자 주제가 죽음과 연결되는 것은 이게 처음이 아닙니다. 이것은 그리스의 정치권력 사상과는 다른 것입니다. 그것은 도시를 위한 희생이 아닙니다. 기독교의 금욕은 일종의 자기(이승 _옮긴이) 대 자기(저승 _옮긴이)의 관계입니다. 이것은 기독교적 자기동일성의 한 부분, 아주 중요한 구성 부분입니다.

우리는 기독교 목자직이 히브리 사상이나 기독교 사상에서 찾아볼 수 없는 게임을 도입했다고 말할 수 있습니다. 이것은 생명, 죽음, 진실, 복종, 개인, 자기동일성 등이 등장하는 기이한 게임입니다. 시민들의 희생을 통하여 도시의 안전을 도모하는 게임과는 전혀 상관이 없습니다. 우리 서구 사회는 이 두 게임을 합쳐놓으면서 정말 괴물같이 되어버렸습니다. 도시-시민 게임과 목자-양떼 게임을 하나로 합쳐서 이른바 근대국가가 생겨난 겁니다.

이미 여러분은 감지하셨겠지만 오늘 저녁 나의 목적은 이 문제를 해결하려는 게 아니고 그것에 다가가자는 겁니다. 이 문제는 광기와 정신병을 다룬 첫 책부터 내가 연구해온 문제와 비슷합니다. 앞에서 말했듯이 체험(가령 광기, 질병, 법률 위반, 성욕, 자기동일성 등), 지식(가령 정신의학, 의학, 범죄학, 섹스학, 심리학 등), 권력(가령 정신병원이나 감옥에서 휘두르는 권력, 개인을 통제하는 기타 기관의 권력 등)의 3자 관계를 살피는 문제입니다.

우리 문명은 가장 복잡한 지식 체계와 가장 정교한 권력 구조를 개발해왔습니다. 이런 종류의 지식, 이런 유형의 권력이 우리를 어떤 존재로 만들었을까? 광기, 고통, 죽음, 범죄, 욕망, 개성 같은 근본적 체험이―비록 우리가 그것을 의식하지 못하지만―지식 및 권력과 어떤 방식으로 연계되어 있을까? 나는 이런 질문에 대한 답변을 얻지 못하리라고 확신합니다. 하지만 그렇다고 해서 그런 질문을 던지지 못할 이유는 없습니다.

Omnes et Singulatim
Toward a Critique of Political Reason

두 번째 강연

나는 원시 기독교가 어떻게 개인들에게, 그들 각각의 진실을 드러내게 하여 목자권력을 지속적으로 행사했는지 말했습니다. 또 자기반성이나 양심의 인도 같은 개념을 그리스 사상에서 빌려 오기는 했지만, 이 목자권력이 얼마나 그리스 사상과 이질적인 것인지도 말했습니다.

이번에는 여러 세기를 건너뛰어 근대로 시선을 돌려, 개인에 대한 지배라는 역사에서 발생한 또 다른 중요한 사건을 말씀드리겠습니다.

그 사건은 근대적 의미의 국가 형성입니다. 내가 이런 역사적 관련을 짓는다고 해서, 원시 기독교 시대로부터 1000년 동안 서유럽의 로마 가톨릭 세계에서 목자권력이 사라졌다고 말하려는 건 아닙니다. 일반적인 기대와 달리, 이 1000년의 시대는 목자권력이 승리를 거둔 시대가 아니었습니다. 그렇게 된 데에는 여러 가지 이유가 있습니다. 어떤 것은 경제적 이유입니다. 영혼에 대해 목자권력을 행사한다는 것은 곧 도시적 경험을 의미하는 것으로서, 중세 초기의 광범위했던 가난한 농

촌경제와는 어울리지 않는 것입니다. 어떤 것은 문화적 이유입니다. 목자직은 어느 정도의 문화적 수준을 요구합니다. 목자뿐만 아니라 양떼도 어느 정도 수준에 올라 있어야 합니다. 어떤 것은 사회정치적 이유입니다. 중세에는 개인들 사이에 목자직과는 전혀 다른 종류의 개인적 유대 조직이 발전했습니다.

그렇다고 해서 중세 교회에서 개인에 대한 목자권력이 완전히 사라졌다는 건 아닙니다. 그 권력은 그대로 있었고 상당한 활력을 발휘했습니다. 두 가지 사건이 이것을 증명합니다. 첫째, 교회 내부, 특히 수도회에서 벌어진 개혁―기존의 수도원들에서 연속적으로 벌어진 서로 다른 개혁―은 수도자들 사이에 목자권력을 회복하려는 목표를 가지고 있었습니다. 새로 창설된 종단―가령 도니미크회와 프란체스코회―은 신자들 사이에서 목자의 역할이 수행되어야 한다고 강조했습니다. 교회는 위기 때마다 목자의 기능을 다시 회복하려고 끊임없이 노력했습니다. 둘째, 일반 대중 사이에서도 중세 동안에 일련의 갈등이 있었는데 그 대상은 목자권력이었습니다. 교회가 그 의무를 다하지 못했다고 비판하는 사람들은 교회의 위계질서 구조를 거부했습니다. 그보다는 신자들이 원하는 목자를 쉽게 찾을 수 있는, 더 자발적인 형태의 공동체를 추구했습니다. 이러한 추구 노력은 여러 가지 형태로 표현되었습니다. 때때로 발도파Vaudois의 경우*처럼 폭력적이기도 했고, 공동생활형제회**처럼 평화적이기도 했습니다. 때때로 후스파*** 같은

* 12세기 프랑스에서 발데스(Valdes, Peter. Valdo 혹은 Waldo라고도 함)가 창시한 교파로 청빈을 강조했다. 로마가톨릭교회의 권위와 부패를 비판하여 박해를 받았다. 16세기 종교개혁으로 프로테스탄트에 흡수되었으나 일부는 프랑스와 이탈리아 사이의 국경 지대와 알프스의 보두아 계곡에 존속했고, 19세기 후반 우루과이를 거쳐 미국으로 건너가 작은 공동체들을 세웠다. 오늘날 알도파라는 이름으로 남아 있다―두산백과, 브리태니커백과 참조.

격렬한 운동도 있었고 때로는 아미 드 디외 드 로버란트Amis de Dieu de l'Oberland 같은 제한된 활동을 하는 단체도 있었습니다. 이런 운동은 베가르도회Beghards처럼 이단으로 나아가기도 하고, 때로는 교회의 품속에 안주한 정통파 운동(가령 15세기의 이탈리아 오라토리오회)을 자극했습니다.

이런 운동을 개략적으로 말씀드리는 것은 다음과 같은 의미에서입니다. 중세에 목자직이 효과적이고 실용적인 인간 관리 제도로 확립되지는 않았지만, 그래도 끊임없는 투쟁의 대상이 되었다는 것입니다.

중세 내내 사람들 사이에 목자 관계를 재정립하고자 하는 동경이 있었고, 이러한 열망이 신비주의 물결과 위대한 1000년의 꿈을 일으켰던 것입니다.

여기서 나는 국가가 어떻게 형성되었는지 그 과정을 다루고 싶지는 않습니다. 또 국가들이 형성된 서로 다른 경제·사회·정치적 과정을 다루지도 않겠습니다. 국가들이 자신의 생존을 확보하기 위해 사용하는 서로 다른 제도와 메커니즘도 생략하겠습니다. 정치조직의 한 유형으로서의 국가, 국가권력의 행사에 원용되는 합리성이라는 메커니즘, 이렇게 두 가지 사이에 걸쳐 있는 것을 얼마간 지적하는 것으로 만족하

** Frères de la Vie. 네덜란드의 종교개혁가 헤이르트 흐로테Groote, Gerhard(1340~1384)가 가난한 필경사들의 공동체를 기초로 하여 세운 종교공동체. 지나치게 사색적인 스콜라철학을 비판하면서 명상과 경건한 생활을 중시하는 평신도 운동을 펼쳤다. 아름다운 글씨로 쓴 필사본 제작과 학교 운영을 주요 사업으로 했다―두산백과, 브리태니커백과 참조.

*** 보헤미아의 종교개혁가 얀 후스Hus, Jan(1372/73~1415)를 추종한 사람들. 후스가 로마가톨릭교회에서 이단으로 화형당한 뒤 보헤미아의 기사, 귀족, 상층 시민들은 후스파 동맹을 결성해 교황의 십자군과 전쟁을 벌였다. 1436년 평화조약이 성립된 뒤 차츰 로마가톨릭교회에 흡수되었으나, 1467년 후스의 이상을 이어받아 소박하고 비폭력적인 삶을 추구하는 보헤미아형제단이 조직되어, 모라비아교회와 체코 형제단복음주의교회의 뿌리가 되었다―두산백과, 브리태니커백과 참조.

겠습니다.

합리성 문제에 대해서는 앞 강연에서 이미 말씀드린 바 있습니다. 여기서 일탈된 국가권력이 과도한 합리주의 혹은 비합리주의 때문인가에 대해서는 건너뛰기로 하겠습니다. 그 대신 국가가 생산한 정치적 합리성의 구체적 유형을 면밀하게 살펴보겠습니다.

놀라운 점은, 국가권력의 합리성이 반성적反省的인 것이어서 그 자신의 구체성을 완벽하게 의식하고 있다는 것입니다. 그것은 임의롭고 맹목적인 행위에 잡혀 있지 않았습니다. 그것은 (차후에 _옮긴이) 회고적 분석으로 밝혀지는 것도 아닙니다. 그것은 **국가이성**reason of state과 **단속 이론**theory of police이라는 두 가지 교리로 단단하게 구성되어 있습니다. 이 둘은 그 후 좁고 경멸적인 의미를 획득하게 되었습니다. 하지만 근대국가가 형성되던 150년 내지 200년 동안 두 용어의 의미는 지금보다 훨씬 넓었습니다.

국가이성은 국가 통치 원칙과 방법이 하느님이 세상을, 아버지가 가정을, 상층부가 지역 사회를 다스리는 방법과 어떻게 다른지 규정한 교리입니다.

단속 이론은 국가의 합리적 행위가 미치는 대상의 성격을 규정한 교리입니다. 국가 행위가 추구하는 목적, 그 과정에서 사용되는 도구의 일반적 형태 등도 규정합니다.

오늘 제가 말씀드리려고 하는 것은 합리성의 체계에 관한 것입니다. 여기에는 두 가지 전제가 있습니다. 첫째, 독일 역사가 프리드리히 마이네케Meinecke, Friedrich(1862~1954)가 이미 국가이성에 대해서는 아주 멋진 책을 펴냈기 때문에 나는 주로 단속 이론에 대해서 말씀드리겠습니다. 둘째, 독일과 이탈리아는 통일국가로 정립되는 과정에서 많은 어려움을 겪었기 때문에, 국가이성과 단속(경찰)에 대해 많은 이론을 내놓았습니다. 그래서 앞으로 종종 이탈리아와 독일의 자료를 인용하겠습니다.

그러면 **국가이성**부터 시작해봅시다. 다음은 몇 가지 정의입니다.

보테로—"국가가 형태를 조직하고 그 힘을 강화하고 지속하고 성장하기 위해 사용하는 수단에 대한 완벽한 지식."

팔라초—"공화국 안에서 평화와 질서를 유지하게 해주는 규칙 혹은 기술."(《정부와 진정한 국가이성에 관한 담론》, 1606).

켐니츠—"공적인 모든 사항, 협의체, 사업 등에 필요한 정치적 고려로서 그 유일한 목적은 국가의 보존, 확대, 안전이다. 이 목적을 달성하기 위해 가장 손쉽고 간편한 수단이 사용된다."(《국가이성에 관하여》, 1647).

그러면 위의 정의에 공통되는 사항들을 살펴보기로 합시다.

1. 국가이성은 '기술art'로 간주된다. 곧 어떤 규칙에 순응하는 기법 technique이다. 그 규칙은 관습이나 전통에 속하는 것이 아니라 합리적 지식에 속한다. 오늘날 '국가이성'이라는 용어는 '임의성' 혹은 '폭력'을 연상시킨다. 하지만 동시에 사람들은 국가를 다스리는 기술에 얽힌 특수한 합리성을 떠올린다.

2. 이러한 구체적 통치 기술은 어디서 그 근거를 부여받는가? 이 질문에 답변하려면 초기 정치사상이 불러일으킨 (종교적 _옮긴이) 물의를 떠올리게 된다. 하지만 그 대답은 간단하다. 통치 기술은 합

리적이다. 통치되는 것의 성격을 관찰해보면 알 수 있는데, 통치 대상은 바로 **국가**다.

이런 진부한 얘기를 하는 것은 기독교·사법적 전통에서 벗어나기 위해서다. 이러한 전통은 통치가 본질적으로 정의로운 것이라고 주장한다. 전통에서는 인간의 법, 자연의 법, 신의 법 등 모든 법칙 체계를 존중한다.

이 문제와 관련한 토마스 아퀴나스의 중요한 저술이 있다. "각 분야의 기술art은 자연이 수행하는 것을 모방해야 한다." 기술은 그런 조건으로 작동할 때에만 합리적이다. 왕이 왕국을 통치하는 기술은 신이 자연을 통치하는 기술, 혹은 영혼이 육체를 통치하는 기술을 모방해야 한다. 또한 왕은 인간들이 궁극적 목표에 도달하도록 인도해야 한다. 신이 자연물을 그렇게 하듯이, 혹은 영혼이 신체를 그렇게 하듯이. 여기에 이런 반론을 펼 수 있다. 인간의 궁극적 목적을 왕이 제공한다면, 신체에 좋은 것은 어떤가? 아니다. 그건 왕이 아니라 의사가 제공한다. 부富의 관리는? 사무장만 있으면 충분하다. 진리는? 그것도 아니다. 스승이 필요할 뿐이다. 그렇지만 아퀴나스는 이렇게 말한다. 인간은 여기 지상에서 호네스툼(honestum: 고귀한 것)에 순응함으로써 천국의 환희에 도달하는 길을 열어줄 사람이 필요하다.

이상에서 보듯이, 아퀴나스 식 통치 기술은 신이 피조물에게 율법을 부과하는 방식이다. 아퀴나스의 합리적 통치 모델은 정치적인 것이 아니다. 반면에 16세기와 17세기에 사람들이 '국가이성'의 이름으로 추구했던 것은 실제적인 통치를 이끌 수 있는 원칙들이었다. 그 원칙은 자연이나 일반적인 자연 법칙과는 상관이 없고,

국가란 무엇인가, 그 요건이 무엇인가 등과 관련이 있다.

따라서 이러한 연구는 종교계의 반발을 불러 종교적 물의를 일으킬 수밖에 없었다. 그래서 정치이성은 곧 무신론과 같은 것이라고 치부되었다. 특히 프랑스에서는 정치적 맥락에서 국가이성이라는 용어를 사용하면 통상적으로 '무신론자'라는 소리를 들었다.

3. 국가이성은 또 다른 전통과도 대립한다.《군주론》에서 마키아벨리의 화두는 세습이나 정복으로 획득한 땅을 어떻게 내외부의 경쟁자들로부터 지켜낼 것인가 하는 것이었다. 마키아벨리의 분석이 군주와 국가 사이의 연결고리 강화를 추구하는 것이었다면, 국가이성이 제기하는 문제는 국가 그 자체의 존속과 성격이다. 이 때문에 국가이성을 설명하는 이론가들은 마키아벨리와 거리를 두었다. 마키아벨리는 악명이 높았고, 그들은 그의 저서에서 자신들의 화두를 발견하지 못했다. 반면에 국가이성에 반대하는 자들은 이 새로운 통치 기술을 헐뜯으면서 그것이 마키아벨리의 유산이라고 비난했다.《군주론》이 집필된 지 1세기가 지나서도 이런 혼란스러운 논쟁이 이어졌지만, 어쨌거나 **국가이성**은 마키아벨리의 합리성과는 아주—부분적으로나마—종류가 다른 합리성으로 자리매김되었다.

이 통치 기술의 목적은 군주가 그 영토를 대상으로 휘두르는 권력을 강화하려는 것이 아니다. 오히려 국가 자체를 강화하려는 것이다. 이것이 16세기와 17세기에 나온 국가이성 이론들의 가장 뚜렷한 특징이다. 합리적 통치란 다음과 같다. 국가의 성격을 감안할 때, 통치는 적들을 무한정 오랜 시간 동안 억누르며 버틸 수 있어야 한다. 그렇게 하자면 국가의 힘을 강화해야 한다. 그리고 국가의 적들도 그렇게 할 것이다. 하지만 버티는 데에만 관심을 쏟는 국가는 반드시 재앙에 직면한다. 이것은 아주 중요한 발상이다. 그것은 새로운 역사적 전망과 연결된다. 국가는 무한정 오랜 역사적 시간 동안 버티어야 하고 그것도 분쟁이 발생한 지리적 지역에서 그렇게 해야 한다.

4. 마지막으로 국가의 힘을 강화하는 합리적 통치로서 이해되는 국가이성은 어떤 특정한 유형의 지식을 구성할 것을 전제로 한다. 국가의 힘이 알려져야만 통치가 가능하다. 그래야 국가가 지탱된다. 국가의 능력, 그 능력을 강화하는 수단은 알려져야 한다. 다른 국가들의 힘과 능력도 알려져야 한다. 실제로, 통치되는 국가는 다른 국가들을 상대로 버틸 수 있어야 한다. 따라서 통치는 이성, 지혜, 신중 같은 일반 원칙을 실행하는 것 이상을 포함한다. 지식이 절대적으로 필요하다. 국가의 힘에 대한 간결하고, 정확하며, 정연한 지식. 국가이성의 특징인 통치술은 이른바 정치적 '통계' 혹은 '산수'와 밀접한 관계가 있다. 곧 다른 국가들의 힘에 대한 지식을 갖추고 있어야 하는 것이다. 이러한 지식은 올바른 통치에 필수적이다.

이상을 간결하게 요약하면 이러합니다. 국가이성은 신적, 자연적, 인간적 법칙에 의거한 통치술은 아닙니다. 그것은 세상의 일반적 질서를 중시할 필요는 없습니다. 그것은 국가의 힘과 관련되는 통치술입니다. 복잡하고 경쟁적인 틀 안에서 국가의 힘을 증강하려는 목표를 둔 통치술입니다.

그런데 17세기와 18세기의 저술가들이 이해한 '경찰police'이라는 개념은 우리가 지금 이해하는 것과 아주 다릅니다. 이 저술가들이 주로 이탈리아인과 독일인이었던 까닭을 연구해볼 가치가 있습니다. 그들이 이해한 '경찰'이라는 말은 국가 안에서 작동하는 어떤 기관이나 메커니즘이 아니라, 국가에 고유한 통치 테크놀로지를 가리키는 것이었습니다.

이것을 좀 더 간결하고 분명하게 설명하기 위해 유토피아 지향적인 프로젝트가 들어 있는 문헌을 인용해보겠습니다. 이것은 처음으로 경찰국가를 계획한 프로그램이라 할 수 있습니다. 루이 튀르케 드 메이에른Mayerne, Louis Turquet de은 이 프로젝트를 작성하여 1611년 네덜란드 정부에 제출했습니다. J. 킹King은 《루이 14세 정부의 과학과 합리론Science and Rationalism in the Government of Louis XIV》이라는 책에서 이 기이한 프로젝트의 중요성을 지적했습니다. 이 프로젝트의 제목은 '귀족적-민주적 군주제Aristo-democratic Monarchy'였습니다. 저자가 무엇을 중시했는지 이 제목이 말해줍니다. 두 가지 서로 다른 정치체제 중 어느 하나를 고르겠다는 것이 아니라, 그 둘을 잘 혼합하여 국가에 활기를 불어넣겠다는 것입니다. 튀르케는 국가를 때로는 도시, 때로는 공화국, 또 어떤 때는 경찰Police이라고 불렀습니다.

튀르케가 제안한 조직은 다음과 같습니다. 국왕 바로 밑에 대신 네 명을 둡니다. 그 대신들은 각각 정의(법률), 군대, 재무, **경찰**을 담당합니다. 이 경찰 담당 대신의 역할은 대체로 도덕적인 것 같습니다. 튀르케에 따르면 이 대신은 사람들 사이에 "겸손, 자비, 충성, 근면, 우호적 협동, 정직"을 함양합니다. 신하의 미덕은 왕국의 안녕을 보장한다는 전통적 사상을 여기서 볼 수 있습니다. 하지만 그 세부 사항을 살펴보면 전망은 좀 달라집니다.

튀르케는 각 지방에 법과 질서를 지키는 국局이 있어야 한다고 주장했습니다. 총 4개국인데 1, 2국은 사람을, 나머지 3, 4국은 사물을 관장합니다. 제1국은 사람들 생활의 긍정적, 적극적, 생산적 측면을 보살핍니다. 달리 말해 교육과 관련이 있습니다. 각자의 기호와 능력을 결정하고, 직업을 골라줍니다. 25세가 넘은 사람은 자신의 직업을 등록해야 합니다. 유익한 직업에 종사하지 않는 사람은 사회의 찌꺼기 취급을 받습니다.

제2국은 사람들의 부정적 측면을 보살핍니다. 도움이 필요한 가난한 사람들(과부·고아·노인), 실업자들, 재정 지원이 필요한 일을 하는 사람들(이자 없는 대출), 공중 보건(질병·전염병), 화재와 홍수 같은 사고 등이 관할 사항입니다.

제3국은 상품과 제품을 전문으로 취급합니다. 생산해야 할 제품과 생산 방식을 일러주고, 시장과 거래를 통제합니다. 제4국은 영토를 담당합니다. 개인 부동산, 유산, 증여, 거래 등을 통제합니다. 장원에 관한 권리를 개혁하고, 도로·하천·공공건물·삼림 등을 감시합니다.

여러 점에서 이 문헌은 당시 유행했던 정치적 이상형과 비슷합니다. 그런가 하면 당시에 논의되었던 국가이성과 군주제의 행정조직 이론들과도 유사합니다. 이 문헌은 당시 사람들이 품었던 국가통치 이념을 대표합니다.

이 문헌은 다음과 같은 사항을 보여줍니다.

1. '경찰'은 사법부, 군대, 재무부와 함께 국가를 인도하는 행정 기능이다. 실제로 그것은 나머지 다른 것들을 아우른다. 튀르케는 말한다. "그것은 사람들이 수행하고 감당하는 모든 것에 힘을 뻗친다. 그 영역은 법률, 재무, 군대를 포함한다."

2. 경찰은 모든 것을 아우른다. 하지만 아주 특별한 관점에서만 그러하다. 사람과 사물은 서로 간의 관계 속에서 파악된다. 영토 내 사람들의 공존, 그들과 부동산의 관계, 그들이 생산하는 것, 시장에서 교환되는 것 등. 사람들이 살아가는 방식, 그들에게 벌어지는 재앙과 사고 등도 감시된다. 경찰이 감시하는 것은 살아 있고, 능동적이고, 생산적인 사람이다. 튀르케는 아주 인상적인 표현을 썼다. "경찰의 진정한 대상은 사람이다."

3. 인간의 활동에 이처럼 간섭하는 것은 전체주의적이라 할 만하다. 그렇게 하는 목적은 무엇인가? 여기에는 두 가지 범주가 있다. 첫째, 경찰은 도시에 장식, 형태, 영화榮華를 제공하는 모든 것에 관여한다. 영화는 완벽한 국가질서의 아름다움뿐만 아니라 그 힘, 그 활력을 말한다. 따라서 경찰은 국가의 활력을 보장하고 강조한다. 둘째, 경찰의 또 다른 목적은 사람들 사이에서 일하고 거래하는 관계를 조성하고 나아가 상호 부조하도록 지원하는 것이다. 여기서 튀르케는 중요한 단어를 사용한다. 경찰은 사람들 사이에 '소통'을 보장해주어야 한다. 그렇지 않으면 사람들은 살아나갈 수가 없고, 그들의 삶은 불안하고 가난해지고 종국에는 위협받게 될 것이다.

여기서 우리는 중요한 사상이 무엇인지 알아낼 수 있다. 사람들에게 정치권력을 휘두르는 합리적 개입 기관인 경찰은 사람들에게 여분의 생활을 약간 제공한다. 그렇게 함으로써 국가에게도 여분의 힘을 약간 제공한다. 이것은 '소통'을 제어함으로써 가능해진다. 소통이란 개인들의 공통적인 활동(일, 생산, 교환, 숙식)이 잘 돌아가게 하는 것이다.

여러분은 이렇게 반대 의견을 표명할지 모릅니다.

"그건 무명작가가 내놓은 유토피아론에 지나지 않는다. 그런 문헌에서 어떤 의미 있는 결과를 도출할 수는 없다!"

하지만 나는 이렇게 답변하겠습니다.

"튀르케의 책은 당시 유럽 국가들 사이에 유통되었던 많은 책들 중 하나다. 이 책은 간결하면서도 자세하기 때문에 오히려 다른 책에서 발견되는 특징들을 더 잘 보여준다. 튀르케의 발상은 머릿속에서만 맴돌던 생각이 아니다. 그 생각은 17세기와 18세기에 널리 퍼졌다. 가령 카메랄리즘(Cameralism, 독일 관방학官房學)이나 중상주의라는 정책으로 적용되었는가 하면 교과 과목으로 채택되기도 했다(독일에는 경찰학 Polizeiwissenschaft이라는 과목이 있었는데 행정학을 이런 제목으로 가르쳤다)."

이와 관련하여 나는 다음 두 가지 전망을 제시(검토가 아니라)하고자 합니다. 먼저 프랑스의 행정학 개론을 검토하고 이어 독일 교과서를 살펴보겠습니다.

1. 역사학자라면 N. 들라마르Delamare, Nicolas의 법령집인 《경찰론 Traité de la Police》을 다 압니다. 18세기 초 프랑스 왕국은 왕국의

경찰 규정을 편찬하는 일에 착수했습니다. 이것은 아주 귀중한 정보의 원천입니다. 이런 방대한 규칙과 규정이 들라마르 같은 행정가에게 전반적인 경찰관警察觀을 심어주었을 겁니다.

들라마르는 경찰이 국가 안에서 열한 가지 사항을 보살핀다고 말했습니다. (1) 종교 (2) 도덕 (3) 보건 (4) 보급 (5) 가로, 도로, 도시의 건축물 (6) 공공 안전 (7) 문예(폭넓게 말해서 예술과 과학) (8) 거래 (9) 공장 (10) 남자 하인과 노동자 (11) 가난한 사람.

이와 똑같은 분류가 모든 경찰 관련 논문에 등장합니다. 튀르케의 유토피아 프로그램에서 보았듯이, 경찰은 군대, 법률, 세금을 제외하고 모든 것을 감시합니다. 이것은 이렇게 말해볼 수 있습니다. 왕권은 군대의 힘과 사법 제도와 조세 제도 덕분에 봉건제에 대항하여 그 자신을 주장할 수 있었습니다. 전통적으로 이런 제도를 통해 왕권이 행사되었습니다. 이제 '경찰'은 중앙 집중화한 정치·행정 권력이 간섭하는 완전히 새로운 분야를 가리키는 용어가 되었습니다.

그런데 문화적 의례, 소규모 생산 기술, 지식 활동, 도로망 등에 간섭하는 것을 지지하는 논리는 무엇일까요?

들라마르는 정확한 대답을 망설인 듯합니다. 어떤 곳에서는 이렇게 말합니다. "경찰은 인간의 **행복**에 관계되는 모든 것을 감시한다." 다른 곳에서는 다르게 말합니다. "경찰은 사람들 사이에서 이루어지는 '**사교**'(사회적 관계)에 관련된 모든 것을 감시한다." 또 다른 곳에서는 **생활**을 감시한다고 말했습니다. 나는 이 마지막 대답이 그럴듯한 정의定義라고 생각합니다. 아주 독창적이면서 앞의 두 가지를 분명하게 설명하는 정의입니다. 들라마르 자신도 이 정의를 제일 좋아했습니다. 그는 경찰의 열한 가지 감시 대상에 대해 이런 말을 했습니다. 경찰은 교리의 관점에서가 아니라 생활의 도덕적 질 차원에서 종교에 접근한다. 보건과 보급을 살핌으로써 생활을 보존하고, 거래·공장·노동자·가난한 사람·공공질서 측면에서 생활의 편의를 보살핀다. 극장, 문학, 연예와 관련해서 생활의 즐거움을 보살핀다. 간단히 말해서 생활이 경찰의 감시 대상이라는 겁니다. 이런 감시는 필수 불가결하고 유익하며, 과분한 것입니다. 그런 감시가 사람들이 생존하고 잘 생활할 수 있도록 합니다. 바로 이런 것을 경찰은 보장해야 합니다.

여기서 우리는 들라마르의 다른 정의도 연결하여 생각해볼 필요가 있습니다. "경찰의 유일한 목적은 사람들이 이승에서 최대의 행복을 향유하도록 하는 것이다." 다시 말해 경찰은 영혼의 안녕을 보살핍니다(종교와 도덕을 감시하기 때문에). 식량, 보건, 의복, 주택을 감시함으로써 신체의 안녕을 도모하고, 산업, 거래, 노동을 감시함으로써 부의 축적을 도모합니다. 경찰은 사회에서 생활함으로써 얻어지는 모든 혜택을 감시합니다.

2. 이제 독일의 교과서들을 살펴봅시다. 이들 교과서는 행정학을 가르치기 위해 사용되었습니다. 여러 대학, 특히 괴팅겐대학에서 많이 가르쳤는데, 유럽 대륙에서 아주 중요한 과목이었습니다. 프러시아, 오스트리아, 러시아의 공무원들—요제프 2세와 예카테리나 여제의 개혁을 실천하게 되는 사람들—이 이것으로 훈육을 받았습니다. 나폴레옹의 측근이었던 프랑스인들은 경찰학 Polizeiwissenschaft의 가르침을 잘 알고 있었습니다.

이들 교과서에는 어떤 내용이 들어 있었을까요?

후헨탈Huhenthal의 《국가행정의 서Liber de politia》에는 다음 항목이 들어 있습니다. 시민들의 수, 종교와 도덕, 보건, 식량, 개인과 재산의 안전(특히 화재와 홍수에 관해), 법무 행정, 시민의 편의와 쾌락(이런 것들을 얻는 방법과 제한하는 방법) 등. 이어 하천, 삼림, 광산, 염전, 주택 등에 대한 장휴이 나오고 마지막으로 농업, 공업, 상거래 등을 통해 재화를 얻는 방법에 관한 장이 나옵니다.

J. P. 빌레브란트Willebrand는 《경찰 개요Précis for the Police》에서 도덕, 상업과 수공업, 보건, 안전을 잇따라 설명하고 마지막으로 도시 건설과 계획을 언급합니다. 이런 소제목만 놓고 보면 들라마르의 책과 별반 다를 게 없습니다.

이런 교과서들 중에 가장 중요한 것은 요한 하인리히 고틀로프 폰 유스티von Justi, Johann Heinrich Gottlob의 《경찰 입문Elements of Police》입니다. 경찰의 구체적 목적은 사회에서 생활하는 개인들을 단속하는 것입니다. 하지만 폰 유스티가 교재를 편성한 방식은 약간 다릅니다. 그는 먼저 '국가의 부동산' 곧 영토를 다룹니다. 그는 이것을 두 가지 측면에서 살펴보는데 첫째, 토지에 거주하는 방식(도시냐 시골이냐)이고 둘째, 그 땅에 사는 사람(사람들의 수, 그들의 성장, 건강, 사망률, 이주)에 관해서입니다. 폰 유스티는 이어 '재화와 동산' 곧 상품, 제품, 그 유통에 관련된 문제들(비용, 융자, 화폐)을 살펴봅니다. 그리고 마지막으로 개인들의 행위를 다룹니다. 개인들의 도덕, 직업적 능력, 정직함, 준법 태도 등.

내가 볼 때 폰 유스티의 저서는 들라마르의 법령집보다 훨씬 세련되게 경찰(단속 행위 _옮긴이) 진화의 과정을 보여줍니다. 여기에는 다음 네 가지 이유가 있습니다.

첫째, 폰 유스티는 **경찰**의 핵심적 역설逆說이 무엇인지 분명하게 보여준다. 경찰은 국가의 힘을 강화하고 그 힘을 최대한 활용하게 해주는 것이라고 그는 말한다. 한편으로 경찰은 시민들을 행복하게 해주어야 한다. 행복이란 곧 생존, 생활, 향상된 생활 조건을 말한다. 그는 근대적 통치 기술의 목적, 혹은 국가 합리성을 완벽하게 정의했다. 그것은 개인의 생활을 구성하는 여러 가지 요소를 잘 개발하여 국가의 힘이 신장되도록 하는 것이다.

둘째, 폰 유스티는 이러한 경찰 업무를 동시대 저술가들과 마찬가지로 폴리차이(Polizei: 경찰, 치안)라고 부르면서, 그것을 폴리티크(Politik: 정치)와는 구별했다. 폴리티크는 근본적으로 부정적인 일이다. 그것은 국가가 대내외의 적과 투쟁하는 것을 의미한다. 반면에 폴리차이는 긍정적인 일이다. 시민의 생활 **그리고** 국가의 힘을 개선하기 때문이다.

셋째, 폰 유스티는 18세기에 점점 더 중요하게 된 개념 곧 인구를 들라마르보다 훨씬 강조했다. 인구는 살아 있는 개인들로 구성된 집단으로서 이해되었다. 인구의 특징은 곧 이웃을 이루며 살고 있는 동일한 종種에 속한 개인들 전부의 특징이었다(이 때문에 그들은 사망률과 출생률을 산출하고, 같은 전염병과 인구 팽창 등을 겪는다. 그들은 특정 유형의 지역적 분포를 드러낸다). 들라마르도 경찰의 특징적 관심사를 설명하는 데 '생활'이라는 용어를 사용했다. 하지만 그는 이 낱말을 그리 강조하지는 않았다. 18세기를 지나오면서, 특히 독일에서 경찰의 단속 대상은 인구가 되었다. 이것은 어떤 특정 지역에 거주하는 사람들의 집단을 가리키는 것이었다.

넷째, 폰 유스티의 교과서를 읽으면 그것이 튀르케의 문헌처럼 이상적인 계획일 뿐만 아니라 체계적으로 편찬된 법령집임을 알 수 있다. 폰 유스티는 자신이 경찰학을 정립했다고 주장한다. 그의 책은 처방전 목록에 그치지 않는다. 그것은 국가—곧 영토, 자원, 인구, 도시 등—를 감시하는 틀이다. 폰 유스티는 '통계'(국가의 기록)와 통치 기술을 종합했다. 경찰학은 통치 기술인가 하면 동시에 일정한 영토 안에 거주하는 인구에 대한 분석 방법이기도 하다.

이러한 역사적 고찰은 아주 막연하게 보일지 모릅니다. 오늘날의 관심사에 비추어보면 쓸모없는 것으로 여겨질 수도 있습니다. 나는 독일 소설가 헤르만 헤세를 길게 인용하지는 않겠습니다. 그는 "역사, 과거, 고대를 끊임없이 참고하는 것"만이 풍성한 결과를 가져온다고 했습니다. 역사 속에 나타난 합리성의 다양한 형태를 살펴보는 것은 그저 추상적인 비판을 내세우는 것보다 더욱 강력하게 우리 시대의 확신과 교리를 뒤흔들 수 있습니다. 여러 세기 동안 종교는 자신의 역사를 누군가가 말하는 것을 참지 못했습니다. 오늘날 합리성을 옹호하는 학파는 그들의 역사를 다시 쓰는 것을 거부합니다. 이것만 봐도 이 작업이 중요하다는 것을 알 수 있습니다.

내가 드러내 보이려 한 것은 연구의 방향입니다. 지금까지 말해온 것은 내가 지난 2년 동안 해온 작업의 기본 개요입니다. '통치 기술'이라는 낡은 개념을 역사적으로 분석해본 겁니다.

이러한 연구는 여러 가지 기본 전제를 깔고 있습니다. 그것을 다음과 같이 요약해보겠습니다.

1. 권력은 실체가 아니다. 그 근원을 파헤쳐야 하는 신비한 속성이 아니다. 권력은 개인들 사이에 존재하는 특정한 유형의 관계일 뿐이다. 이러한 관계는 구체적이다. 그 관계는 교환, 생산, 소통과는 관련이 없다. 비록 그것들과 결합되기는 하지만 말이다. 권력의 주된 특징은 어떤 사람이 다른 사람의 행위를 거의 전적으로 결정한다는 것이다. 하지만 강요하거나 압제하는 방식을 쓰지는 않는다. 구타당하거나 쇠고랑을 찬 사람에게는 폭력이 가해지는 것이지 권력이 가해지는 것은 아니다. 하지만 그 개인이 입 다물고 가만있는 게 유일한 수단일 때에도 죽음을 무릅쓰고 발언을 한다면, 그는 어떤 특정한 방식으로 행동하도록 동기가 부여된 것이다. 그의 자유는 권력에 종속되고 그 자신은 통치술에 노출되었다. 아무리 사소한 것이라도 개인이 자유로운 상태로 있으면 권력은 그를 통치술에 복종시킨다. 잠재적 거부와 반항의 가능성이 없는 권력이란 없다.

2. 사람들 사이의 관계에서 많은 요소가 권력을 결정한다. 하지만 언제나 합리화가 권력 결정에 작용한다. 이러한 합리화에는 구체적 형태가 있다. 그것은 경제 과정, 생산, 소통 기술 등에서 찾아볼 수 있는 합리화와는 다른 것이다. 과학적 담론의 합리화와도 다르다. 인간이 인간을 통치하는 데에는 특정한 유형의 합리성이 개입한다. 권력 적용 대상이 소규모 혹은 대규모 집단이든, 혹은 여자를 상대로 남자가 휘두르는 권력이든, 아이를 상대로 어른이 휘두르는 권력이든, 한 계급이 다른 계급을 상대로 휘두르는 권

력이든, 관료제가 대중을 상대로 행사하는 권력이든 다 마찬가지다. 권력의 합리성이 도구적 폭력을 수반하지는 않는다.

3. 따라서 어떤 형태의 권력에 저항하거나 반항하는 사람들은 폭력을 비난하거나 제도를 비판하는 데 그쳐서는 안 된다. 일반적인 이성을 비난하는 것으로도 충분하지 않다. 권력이 어떤 합리성의 형태를 취하고 있는지 파악해야 한다. 정신병자와 광인에게 행사되는 권력에 대한 비판은 정신병원에 국한되어서는 안 된다. 징벌 권력을 비난하는 사람들은 형무소가 잘못된 기관이라고 비난하는 것에 그쳐서는 안 된다. 문제는 이것이다. 이런 권력 관계가 어떻게 합리화되는가? 이렇게 질문하는 것이, 그와 유사한 다른 기관들이 그 기관의 자리에 대신 들어서서 똑같은 목적을 추구하고 똑같은 효과를 일으키는 것을 막는 유일한 방법이다.

4. 지난 여러 세기 동안 국가는 가장 획기적이고 가장 가공할 인간 통치술의 형태였다.

의미심장하게도 정치 비평은 국가가 개인화의 요인이면서 동시에 전체주의의 원리였다고 비판해왔습니다. 초기의 국가 합리성, 국가의 초창기 단속 프로젝트를 살펴보면 처음부터 국가가 개인화 과정이면서 동시에 전체주의적이었다는 것을 명백하게 알 수 있습니다. 개인과 그의 이해를 국가와 대립시키는 것은, 공동체를 국가와 대립시키는 것처럼 위험한 일입니다.

정치적 합리성은 서구 사회의 역사를 관통하면서 점점 성장했고 굳건히 자리를 잡았습니다. 처음에는 목자권력의 관념을 취했고 이어 국가이성의 형태를 취했습니다. 그 불가피한 효과가 개인화와 전체주의화입니다. 해방은 두 가지 효과 중 어느 하나만을 공격해서는 얻을 수 없고, 정치적 합리성의 근본을 파헤쳐야 비로소 얻을 수 있습니다.

6장

정부에 맞서

인권[1]

미셸 푸코

Confronting Governments
Human Rights

우리는 평범한 개인들로서, 현재 벌어지는 일을 겪으면서 어려움을
공유한다는 것 외에는 달리 발언할 근거를 갖고 있지 않습니다.

물론 우리는 일부 선남선녀가 자신들의 나라에서 살지 않고 이민을
떠나는 이유에 대해서 우리가 조치할 수 있는 게 별로 없다는 명백한
사실을 받아들입니다.

그렇다면 누가 우리를 임명했습니까? 아무도 임명하지 않았습니다.
그것이 바로 우리의 권리를 구성하는 바입니다. 우리는 이 운동과 앞
서 벌어진 운동들 가령 일 드 뤼미에르île-de-Lumière, 케이프 아나무어
Cape Anamour, 엘살바도르행 비행기the Airplane for El Salvador, 테르 데
좀므(Terre des Hommes: 인간의 대지), 앰네스티 인터내셔널 등을 이끌었
던 다음 세 가지 원칙을 명심해야 합니다.

1. 권리와 의무를 동반하는 국제 시민권이 존재한다. 이 때문에 우

리는 그 행위자가 누구든 그 피해자가 누구든 상관하지 않고 모든 권력의 남용에 항의할 권리를 지닌다. 결국 우리는 피통치자 공동체의 구성원이고 그 때문에 상호 연대를 보일 의무가 있다.

2. 각 정부는 사회의 안녕을 보장한다고 주장하기 때문에, 그들의 결정이 가져오는 혹은 그들의 태만이 허용하는 인간의 불행을 혜택이나 손실로 판정하는 권리를 임의로 가져간다. 따라서 국제 시민은 사람들의 고통을 정부의 눈과 귀에 증언해야 한다. 정부가 사람들의 고통에 책임이 없다고 말하는 것은 진실이 아니다. 사람들의 고통은 묵묵히 참아야 할 정책의 결과물이 절대 아니다. 이는 사람들이 권력에 대항하여 발언할 수 있는 절대적 권리를 토대로 한다.

3. 우리는 우리에게 종종 제안되는 노동의 분업을 거부해야 한다. 개인은 분노하며 발언할 수 있다. 정부는 이에 응해 행동해야 한다. 좋은 정부는 피통치자의 신성한 분노를 존중한다. 그러한 분노가 서정적인(폭력적이지 않은 _옮긴이) 상태로 남아 있는 한. 하지만 때때로 통치자가 일방적으로 말하고, 자신의 말만 고집하는 것을 종종 발견하게 된다. 경험에 비추어 볼 때 우리는 우리에게 주어지는 단순 무식한 연극적 역할을 거부해야 한다. 앰네스티 인터내셔널, 테르 데 좀므, 메데생 뒤 몽드(Médecins du Monde: 세계의사회) 등은 이런 새로운 권리를 창조한 주도 세력이다. 이들은 국제적 정책과 전략의 영역에 효과적으로 개입하는 개인들의 모임이다. 정부가 권력을 독점하려는 자리에 개인들의 의지가 구체

적으로 모습을 드러내야 한다. 그리하여 우리는 날마다 조금씩 그 권력의 독점으로부터 우리의 권리를 탈환해야 한다.

주 석

1_ 이 성명은 1984년 6월《리베라시옹-Libération》에 게재되었다. 푸코는 제 네바에서 해적 행위에 반대하는 국제위원회가 창설되었다는 소식을 듣 고 이 글을 썼다.

1971년 11월 네덜란드의 암스테르담에서 노엄 촘스키(1928~)와 미셸 푸코(1926~1984)는 네덜란드 철학자 폰스 엘더르스의 사회로 세 시간 정도 토론을 벌였다. 방청객들이 구경하는 가운데 텔레비전으로 중계된 토론이었고, 주제는 인간성과 인간의 사회(정치) 두 가지였다. 1971년은 프랑스의 1968년 5월 위기가 있은 지 얼마 되지 않은 때였고 미국에서는 켄트대학의 학생시위에서 경찰 발포로 학생 4명이 살해되는 등 반전 운동이 광범위하게 전개되던 때였다. 그런 만큼 두 사람은 정치에 대해 굉장한 관심을 표명했고, 그 배경이 되는 인간성 문제에 대해서 평소의 지론을 솔직하게 털어놓았다.

인간성과 관련하여 촘스키는 제한된 데이터로부터 고도로 복잡하고 조직적인 지식을 끌어내게 하는 타고난 구조야말로 인간성을 구성하는 기본적 요소라고 주장한다. 나아가 사상의 표현이나 사람들의 상호 작용, 그리고 사회의 구성에 이 요소가 작용한다고 본다. 그는 이런 구성 요소가 생래적인 것이라고 본다. 이런 타고난 인간성이 사회적·지적·개인적 행동을 인도한다는 것이다. 이렇게 말하는 촘스키는 관념론의 입장에 서 있다.

반면에 푸코는 인간성을 과학적 개념으로 보기 어렵다는 주장을 편다. 언어학자들이 자음 변화의 법칙을 발견하고, 프로이트가 꿈 분석의 원칙을 발견하고, 문화인류학자들이 신화의 구조를 발견한 것은 인간성을 연구한 결과가 아니라는 것이다. 지식의 역사에서 볼 때, 인간성이라는 개념은 주로 인식론의 지표에 지나지 않았고 시대별 그리드(grid: 사상의 틀)의 소산이라는 것이다. 따라서 인간성은 시대별로 다르게 이해되었기 때문에 어떤 본질적 실체는 없다는 의견을 밝혔다. 이렇게 말하는 푸코는 경험론의 입장에 서 있다.

이러한 토론이 흥미로운 것은 사회자 폰스 엘더르스가 말했듯이 두 사람이 산의 정반대 방향에서 작업을 하고 있기 때문이다. 인간성과 인간 사회의 진보라는 주제에 대해 두 사람은 정반대 방향에서 등정하고 있었다. 사실 인간 사회는 인간성의 작용만으로 진보하는 것은 아니고 그를 둘러싼 사회적·지적 조건들의 상황에 많은 영향을 받는다. 결국 사회의 진보는 인간성과 환경의 상호 작용이라고 볼 수 있는데, 이와 관련하여 촘스키는 인간의 정신mind을, 푸코는 사회·정치적 조건을 더 강조한다.

인간성에 대한 이해가 이처럼 다르기 때문에 정치 분야에 대해서도 두 사람은 의견을 달리한다. 촘스키는 인간성에 바탕을 둔 더 나은 정의로운 사회를 내다본 반면, 푸코는 서구 사회의 현재 제도는 부르주아 사회가 만들어낸 것이라고 판단한다. 정의와 인간 본질의 실현 같은 개념은 부르주아 문명이 만들어낸 것이다. 따라서 시대가 바뀌면 얼마든지 다르게 구성될 수 있다.

이러한 두 사람의 입장 차이를 놓고 보면, 촘스키는 더 나은 미래를 내다보며 발언하는 반면 푸코는 지금 여기를 더 강조한다. 또한 촘스키는 인간성은 무엇이다 하고 말하면서 적극적으로 의견을 개진하는 반면 푸코는 인간성은 무엇이 아니다 하는 부정적 측면에 더 집중한다.

비록 텔레비전 방송국에 나와 세 시간 남짓 대화를 한 것이지만 이 토론은 두 사람 사상의 핵심을 잘 드러낸다. 가령 촘스키는 자신이 데카르트의 영향을, 푸코는 니체의 영향을 많이 받았다고 말했는데, 뒤에 붙어 있는 두 사람 각각의 대담과 강연은 이러한 사상적 원천을 좀 더 자세히 설명해준다.

촘스키는 미추 로나와 대화하면서(2장) 미국 정부의 지배 욕망은 곧 다른 나라의 내정에 무력으로 개입하기에 이르렀으며, 그러한 개입은 세계 질서의 특정한 체계를 유지하기 위한 것이었다고 지적한다. 다시 말해 미국의 대기업들이 세계 각국에 진출하여 경제적 착취를 할 수 있도록 지원하기 위해 그런 무력을 행사한다는 것이다. 이것은 나중에 더욱 정교하게 발전된 촘스키의 신념, 즉 정치란 대기업이 사회에 던지는 그림자에 지나지 않는다는 사상을 미리 보여준다.

이에 대해 그것이 영시英詩 약강 5보격iambic pentameter의 예외 규정과 비슷하다는 논평이 제시된다. 약강 5보격을 구체적 사례를 들어 설명하면 이러하다.

We are/ not now/ that strength/ which in/ old days/
Moved earth/ and heaven/ that which/ we are/ we are./

(과거에 땅과 하늘을 움직였던 힘을 우리는 지금

갖고 있지 않으나 그래도 우리는 여전히 우리일 뿐.)

— 테니슨Tennyson, Alfred 〈율리시스Ulysses〉

위의 시행 중 밑줄 쳐진 부분이 강하게 읽히는 부분이다. 첫줄은 약강, 약강, 약강, 약약, 강강으로 되어 있고 둘째 줄은 강강, 약강, 강약, 약강, 약강으로 되어 있다. 보격이 늘 약강으로 일정하게 발생하는 것이 아니라 강강, 약약으로 변형되면서 파격을 이루고 이렇게 하여 리듬의 효과가 더욱 커져서 때로는 정통적인 약강 5보격보다 더 아름다운 시가 된다는 것이다. 하지만 약한 모음 두 개에 둘러싸인 강한 모음 자리에 보격의 약한 모음이 위치하게 해서는 절대 안 된다. 이것은 약한 모음이 세 번 연속 나와 약약약이 안 되게 하는 것으로, 철저히 피해야 할 사항이다. 다시 말해 정치적, 사회적 모순에 대해서는 미국 정부가 어느 정도 비판을 허용하지만 경제적 모순에 대해서는 비판을 허용하지 않는 양태가, 약약약을 기피하는 약강 5보격의 철칙과 비슷하다는 것이다.

푸코는 1976년 이탈리아에서 폰타나, 파스퀴노와 인터뷰했는데(이 책의 4장), 이 인터뷰의 끝부분에서 다시 니체를 언급했다. 그는 촘스키와 대화할 때도 니체의 중요성을 강조하면서 이런 발언을 했다.

"제가 보기에 정의라는 개념은 특정 정치·경제 권력의 지배 수단으로서 혹은 그러한 권력에 대항하는 무기로서, 여러 다른 유형의 사회 안에서 발명, 유통된 개념입니다."

이어 푸코는 권력이 진리도 생산한다고 주장한다. 진리는 결코 권력과 무관하지 않다는 것이다. 일반적으로 진리는 자유로운 영혼의 보답이고, 오래 견딘 고독의 아들이고, 자기 자신을 해방시키는 데 성공한 사람들의 특권이라고 보는 사람이 많은데 그건 사실이 아니다. 진리는 이 세상에서 생겨난 것이고 다수의 제약 형태에 의하여 생산된 것이고 권력의 규칙적 효과라는 것이다. 그러면서 이러한 판단이 니체로부터 강한 영향을 받은 것이라고 말한다.

진리에 대하여 니체는 어떻게 말했을까. 니체는《반反그리스도》46장에서 요한복음 18장 38절에 나오는 빌라도의 말을 인용한다. 빌라도는 예수에게 "진리가 무엇인가?" 하고 물었다. 니체는 신약성서 중에서 존경스러운 인물은 빌라도 한 명뿐이라고 말한다. 로마 총독은 일개 유대인 사건에 그렇게 속을 썩일 필요도 없었지만 그 문제를 아주 진지하게 다루면서 이런 질문을 했다. 다시 말해 이 로마인은 '진리'라는 용어를 뻔뻔스럽게 남용하는 현상을 고상하게 경멸했다는 것이다. 니체는 신약성서에서 이런 질문이 제기되었기 때문에 그 책이 비로소 진정한 가치를 갖게 되었다고 말한다. 그러면서 그 질문이 진리에 대한 비판이며 파괴라는 반기독교적 주장을 편다. 다시 말해 기독교 교리에 의해 결정되어온 진리, 기존의 도덕 혹은 선악의 문제는 재고되어 마땅하다는 것이다. 니체를 인용한 푸코는 부르주아 사회가 결정해온 진리, 정의, 권력을 재고해야 한다고 일관되게 말한다. 그럼 만큼 인간성에는 정의를 향하는 본질적 측면이 있다는 촘스키의 주장에 동의하기 어려웠을 것이다.

양자 토론에 대한 청중의 반응이나 사회자의 질문 상황 등을 놓고 볼 때 촘스키가 푸코보다 토론을 더 잘한 것 같다는 인상을 준다. 그러나 이것은 일반적인 정황일 뿐, 반론 기회가 충분치 못한 시간 제약이 있는 텔레비전 토론이라는 사정을 감안해야 한다. 따라서 4장과 5장에서 푸코가 권력의 본질과 도구를 분석한 대담과 강연을 면밀히 읽고서 촘스키와 푸코의 토론으로 되돌아가면 누가 더 토론을 잘했다고 할 수 없다는 것을 발견하게 된다. 단지 두 사상가의 생각이 이처럼 다르다는 것만 확인될 뿐.

대체로 보아, 사상가들의 본격적 저술은 읽기가 쉽지 않다. 그러나 촘스키와 푸코의 토론, 그리고 그 뒤의 대담은 모두 일반 대중을 상대로 발언한 것이기 때문에 이해하기 쉽고, 또 어렵지 않게 두 학자의 사상적 배경을 파악할 수 있다. 이 자료들은 그들의 머릿속에 떠오른 생각을 있는 그대로 기록해놓은 것이기 때문에 그들의 논문에서 발견되는 애매모호한 표현도 없다. 두 사상가의 학문에 관심이 많은 일반인들이 한번 읽어볼 만한 좋은 책이다. 이 책의 3장(언어철학) 끝부분에는 촘스키 자신이 푸코와 토론한 내용을 요약 설명해주는 부분이 8쪽가량 들어 있으므로, 두 철학자의 사상에 익숙하지 않은 독자는 이 부분을 먼저 읽고 토론 부분(1장)을 읽으면 훨씬 이해가 빠를 것이라 생각한다.

독자를 먼저 생각하는 정직한 출판